文化都昌丛书

主编 ◎ 李懋　罗水生

文化都昌
闻人卷

WENHUA DUCHANG
WENREN JUAN

江西高校出版社
JIANGXI UNIVERSITIES AND COLLEGES PRESS

图书在版编目(CIP)数据

文化都昌. 闻人卷/李懋,罗水生主编. --南昌:江西高校出版社,2019.10（2022.3 重印）

（文化都昌丛书）

ISBN 978-7-5493-8295-8

Ⅰ. ①文… Ⅱ. ①李… ②罗… Ⅲ. ①文化史—都昌县 ②名人—列传—都昌县 Ⅳ. ①K295.64 ②K820.856.4

中国版本图书馆 CIP 数据核字(2019)第 007173 号

出版发行	江西高校出版社
社　　址	江西省南昌市洪都北大道96号
总编室电话	(0791)88504319
销售电话	(0791)88522516
网　　址	www.juacp.com
印　　刷	天津画中画印刷有限公司
经　　销	全国新华书店
开　　本	700mm×1000mm　1/16
印　　张	16.5
字　　数	220 千字
版　　次	2019 年 10 月第 1 版 2022 年 3 月第 2 次印刷
书　　号	ISBN 978-7-5493-8295-8
定　　价	58.00 元

赣版权登字-07-2019-18

版权所有　侵权必究

图书若有印装问题，请随时向本社印制部(0791-88513257)退换

编委会名单

主　任	钟有林
副主任	樊珈妤　刘　红　江期论　陈长虹
主　编	李　懋　罗水生
副主编	潘敏祚　段温泉
委　员	汪国山　李文艳　曹开东　伍菁华
	王志群　傅鸿剑　王毅群　曹晓东
	董晓霞　高秋霞　占礼军　江承纹

秀美都昌　等你点赞

——写在《文化都昌丛书》出版的时候

中华民族优秀的传统文化,深深地烙上了五千多年中华文明的印记。这些民族文化,是当代中国、当代中华民族的魂,是习近平新时代文化思想形成的根基和源头。党的十九大报告指出:"没有高度的文化自信,没有文化的繁荣兴盛,就没有中华民族伟大复兴。"弘扬和传承民族、民间的优秀传统文化,是国家的战略,是民族的呼唤。《文化都昌丛书》这套书的问世,恰逢其时。

《文化都昌丛书》展示的是都昌民间优秀传统文化的渊源和底蕴。

都昌,历史悠久,文化灿烂。汉武帝之初立鄡阳,唐武德五年(622年)置都昌。都昌有两千多年的沧桑变迁历史,是江西十大古县之一。古鄡阳、古彭蠡泽、古刹老爷庙、古道都景路等,无不留下都昌古老的风骨,见证都昌久远的辉煌。都昌承彭蠡泽的精魂,沐鄱阳水的灵气,孕育出一代又一代的精英人杰:陶母,以"截发筵宾、锉席喂马"名闻天下,成为中国古代三贤母之一;其子陶侃忠守孝悌,以"垂钓侍母"而流芳百世;南宋刘锜以寡敌众,以抗金名将载入史册;南宋江万里以身许国,举家赴止水而殉国;黄灏、曹彦约以弘扬理学的研究成就垂名于中国古代教育史。国士学子,为"举国兴邦平天下"慷慨激昂,勇于担当,铸就了都昌灿烂的名人文化。没有精英模范、英雄豪杰的国度是贫瘠的、软弱的。都昌的先贤为中华民族挺身于世界民族之林,撑起了一方天地。

"鄱阳湖上都昌县",苏东坡的千古绝句确立了都昌在鄱阳湖上的优越地位。她是鄱阳湖的"中流砥柱""北门之钥匙",位居南昌、九江、景德镇的金三角中心地带,昌九、九景高速紧绕两侧,九景衢铁路穿境而过。都昌发展再造前景,光明远大。这里有八百里鄱阳湖五分之二的水域,有"落霞与孤鹜齐飞,秋水共长天一色"的湖光山色,有凶险莫测的魔鬼湖"东方百慕大",有"沉鄡阳,浮都昌"传说中的古鄡阳遗址,有道教五十一福地苏山,有千年古村和迷宫围屋,有三尖源绵延百里的原始森林,有皖鄂赣革命根据地旧址望晓源……都昌有了风景独好的山水,就有了历代文人墨客的流连忘返。都昌的名山名水、胜景胜地、古建古迹,到处印刻着谢灵运、舒元舆、李白、苏东坡、欧阳修、黄庭坚、文天祥等人寻山问水时醉迷惊叹的吟唱。

"百里不同风,千里不同俗""入乡问俗",说的就是民风民俗因地而异的特点。都昌的民风民俗古朴淳厚、多姿多彩,极富都昌地域特色。鄱阳湖传统的湖渔风情浓郁纯真,"祭网开渔""栽须祭船"、祈求平安的"河灯、渔火"、闹端午的"花龙船"等彰显的尽是古朴的湖风渔俗;都昌的民风民俗以人为本,至今还在沿袭的生日、戏周、寿庆、嫁娶、丧葬、上梁、安座、出天方、拜谱年等全都是成套的人生礼仪习俗,在日常生产、生活中还传承着"宜陶则陶,宜稻则稻"的环保习俗。民风民俗是草根文化,有着最接地气、最原生态的韵味和魅力。民风民俗是一个地区、一方民众所创造的生活文化,随着社会的进步、文化的积淀,有的在继往开来,有的在隐没淡逝。这是文化长河的必然流向。

都昌的民间演艺,是一朵奇葩,是都昌非物质文化遗产的宝贵财富。都昌老戏"高腔"(即青阳腔)已被列入国家保护名录,清末发展至鼎盛;源于宋盛于清的"都昌鼓书"是都昌独有的特色乡音,成为盛行的说古道今、颂唱英模人物的民间文艺形式;百年文词戏是都昌遍地演唱的乡戏,剧本家存户有,演唱妇孺皆通;源于隋末的都昌《打岔伞》等六个民间舞蹈入选《中国民族民间舞蹈集成·江西卷》;都昌民歌《奉香茶》《红绣鞋》唱进了中南海,享誉华东六省一市。都昌的民间演艺,折射着都昌的风土人情,反映了民众的喜怒哀乐。跳一曲民舞《扎花子》,便再现了旧社会花子乞讨的苦楚;一句鼓书开唱"万贯家财都在鼓板中",道出了说书人的无奈;一首"日头哥哥快下山,俺打长工好不难"的民歌,诉说着旧社会长工的艰难。都昌不少的民间歌、舞、戏精品成了地方经典。

都昌的传统技艺,名目繁多,工艺精湛,影响深远。瓷都景德镇的文化脉根在都昌。都昌瓷业人创造了景德镇瓷业的举世辉煌。始于民国初年的珠贝业,让都昌成了闻名全国的"珍珠之乡",孕育出都昌的百年珠贝文化,珠贝产品享誉东南亚;起业于明末清初的都昌九山村的木雕工艺传授到塞北江南,能工巧匠的精湛雕技走进了人民大会堂;"都昌豆参"是独特的地方美食辅料,独有工艺绝招,入选国家地理标志保护产品,从舌尖上感动了中国。流传在都昌的传统技艺,大多出于民间匠人之手,他们不仅构思缜密独到,而且制作精益求精,其"勿精不舍,勿妙不弃"的精神,就是大国工匠精神。

都昌的民间传说，丰富多彩，流传广泛。鄱阳湖的传说是一道最绚丽的风景，最显都昌地域特色；都昌的一山一水，都有一歌一传说，鄱阳湖中一鱼一禽，都有一叹一故事；人文陈迹的传说是最亮色彩中的"精彩"，其中最有影响的是红色故事、名人逸事、元末明初的鄱阳湖大战和风俗传说，具有深厚的文史内涵；"都昌味道"是都昌民间传说中最值得"点赞"的，它的内涵绝不只是一道美食佳肴，更是独具特色的鄱阳湖菜肴文化。一个地方的民间传说，与民风民俗紧密相连，或许可以说是一个地域的文化名片。有幸听讲一回都昌的民间传说，你可以得到一次田园味的身心愉悦。

《文化都昌丛书》囊括了"闻人""山水""风俗""演艺""技艺""传说"六大板块，将都昌传统的自然美和人文美完美统一。她的美不可以复制，但可以激活，可以传承，可以再造，可以发扬光大。我们编纂出版这套书，就是要留下都昌优秀的文化因子，植下都昌的文化大树，再造新时代都昌文化大繁荣、大发展的明天；就是要让《文化都昌丛书》成为开怀扬臂、迎接八方来宾的名片。

醉美了，我的都昌！这个美，在这套书里读得到，品得到，就等着你来点赞。

地灵人杰说都昌

都昌这块土地,从西汉初年建县鄡阳至今有两千余年的历史。县邑地处庐山、长江之侧,被鄱阳湖萦绕于东、南、西三面,可谓"绾毂东南,山川壮丽"。地灵必出人杰。从古至今,有众多的闻人贤才或出生于斯处,或留驻于斯处。他们文经武略,立国淑世,创下了足可留传青史的业绩。

秦汉时的名将英布虽然是安徽六县人,但其起点却在长江南岸、彭蠡东侧的这块土地。他得知吴芮起兵抗秦,便率领部众投靠,后随项羽灭秦,又转随刘邦,为击灭暴秦立下功劳,成为彪炳史册的一代名将。而英布的死也成了建立鄡阳县的原因。其子孙以"殷"为姓,也一直生活在鄱阳湖区。

中国的本土宗教是道教,而道教按一般说法是张道陵肇建的。但汉时湖南郴州人苏耽爱鄱阳湖的山水,携母在元辰山修道,遂使其地成为道教的五十一福地,实为这块土地上宗教的发端。

迨至三国末期,孙吴国灭,陶侃因鄱阳城破、父亲陶丹病亡,与母湛氏困居鄡阳。陶母截发留宾,陶侃钓梭挂壁,均成千古佳话。后来,陶侃官居刺史,封大将军,拜太尉,履剑上殿,位极人臣,扶持晋王朝半壁江山,却居功不骄,忠于晋室,其人品和功业在历史的长河中闪耀着光辉。

都昌这块热土浸染着忠烈节义,尤其是自宋以后,忠贞节烈之士绵绵不绝。南宋江万里、江万顷兄弟殉身报国,一门节烈。余濂、余应桂为官清廉,劾奸抗倭,其精神和事迹是中华民族丰厚的历史文明积淀中的一部分。

南宋淳熙年间(1174年—1189年),朱熹知南康军。都昌南康军为所辖县,朱熹遂与都昌结缘。在其重修的白鹿书院中,大批都昌学子师从朱熹,重教重学之风遍蔚都昌。"朱门四友"黄灏、彭蠡、冯椅、曹彦约文采斐然;深受程朱理学陶冶的陈澔,著书育人,光泽儒林。

晋代谢灵运在鄡阳建石壁精舍,诗吟山水。其后,李白、刘长卿、苏轼、黄庭坚、朱熹都曾在都昌的青山绿水中歌咏如画美景。文人诗者迭代辈出,江一川、刘希匡、万起鸿、刘梦莲、李秀峰、余笛等乡土诗人也积极地用他们的文字诗化人生、诗化湖乡。

两千余年来,都昌因为地处江湖要冲,地势雄险,历史上时起烽烟。元代初年杜可用第一个树起义旗,反抗忽必烈;元末朱元璋与陈友谅大战于鄱阳湖;清同治年间,太平军与清军和地方团练在都昌血战;抗日战争期间,日寇侵入都昌,蹂躏城乡。战火中,许多热血英雄涌现了出来。尤其是20世纪上半叶,一批都昌热血青年勇立时代潮头,扬起马列旗帜,为救国救民流血牺牲。冯任、刘肩三、谭和、向先鹏和新四军驻都昌留守处主任田英等人,血沃湖山,竖立了光照日月、彪炳千秋的宏伟丰碑。

斯人已逝,硝烟远去。神州筑梦,重开新局。笔者奉命编写《文化都昌·闻人卷》,对两千余年来留迹于都昌的闻人名士加以宣扬。虽然由于历史的局限,许多出生在封建王朝的官吏、将帅和文人墨客的所作所为都是出于忠君的目的,但我们不能也不必苛求古人,他们的品德和功绩足可使我们钦慕和敬仰。

以镜为鉴,可以正衣冠;以人为鉴,可以明得失。在改革开放的新时代,我们需要在历史的荣耀中获得启迪,从历史智慧中吸取营养。具有优秀历史传统的都昌人民一定会借鉴历史,继往开来,创造出无愧于先贤的辉煌业绩。

罗水生

二〇一八年十二月二十日

目录

- 001 鄡阳因之得名的秦汉名将英布　罗水生
- 003 炼丹元辰山的苏耽　罗水生
- 005 忠节标青史的陶侃　余星初
- 009 屯兵左里的檀道济　熊素斌　余星初
- 012 在都昌修道的吴猛　吴柏初
- 014 立都昌县的安抚使李大亮　余星初
- 016 与彭蠡结缘的李白　潘雪明
- 019 弘法都昌的大和尚马祖道一　罗水生
- 022 在都昌广建道场的智常禅师　罗水生
- 024 在都昌留迹的才子罗隐　徐观潮
- 028 欧阳修为其写墓碣铭的吴举　吴柏初
- 030 在都昌为冯姓开宗立派的冯公甫　冯唐波　冯光曦
- 032 戍边卫国的军事能才刘彦诚　刘铨
- 033 居守西隆的排门刘姓始祖刘仲武　刘铨
- 034 恪尽职守、善察民情的吴中复　吴柏初
- 037 南宋抗金名将刘锜　邵天柱
- 040 教化都昌的大儒朱熹　闵正国
- 048 尊师重教的朱熹弟子黄灏　闵正国

052	"白鹿薪传" 都昌三彭	闵正国
055	南宋理学世家冯氏群儒	闵正国
058	南宋政治家、军事家曹彦约	闵正国
061	文天祥的太老师、南宋名相江万里	马楚坚
068	南宋忠臣江万顷	尹 波
073	江万里的再传弟子文天祥	刘文源
077	受江万里知遇之恩的刘辰翁	胡迎建
083	宋代白鹿洞正刘元龙	闵正国
085	南宋孝宗朝任都昌主簿的王阮	张春生 余略逊
087	著写《礼记集说》的白鹿洞主陈澔	闵正国
091	建立矶山书舍的王石梁	王旺春
094	写都昌《先贤祠记》的元儒吴澄	张春生 余略逊
098	元初第一个抗元的杜可用	罗水生
100	元代名诗人黄异	闵正国
103	在都昌广留胜迹的朱元璋	余星初
106	扶助朱元璋的英烈侯余及三	罗水生
107	明初怀远大将军于光	于承谱 曹达淼 邵猷道 陈海澄
109	明正统进士余广	罗水生
110	劾奸戍边的余濂	罗水生
115	被御赐古楼的刘溉	王三定
119	明代嘉靖进士江一川	王三定
121	知爱知敬、讲学白鹿洞的余经元	闵正国
123	撰写《土目鹞石铁柱记》的余忠宸	闵正国

125	抗倭、劾奸、抗清的余应桂　罗水生
129	两主白鹿洞务的邵良杰　闵正国
131	"父子洞生"刘希匡与刘綮龙　闵正国
134	清代江西诗坛翘楚刘梦莲　董　晋
135	两修枕流桥的陈氏父子　闵正国
137	白鹿洞书院"屡取第一"的诗人余笛　闵正国
140	清道光朝榜眼曹履泰　冯唐波
142	主讲白鹿洞书院的万起鸿　闵正国
143	题联点将台和白鹿洞的李秀峰　闵正国
147	重教爱民的江南金　江政姜
150	以血书经的普超法师　罗水生
154	江西省教育耆宿杨士京　闵正国
157	盲诗人吴伞　吴荣森
159	郭沫若为其写墓志序的李伯农　刘章高
162	创办《贯彻日报》的李幼农　邵天柱
166	与蔡元培姻缘天定的黄仲玉　凌凤章
170	国民党江西省政府主席曹浩森　龚　屏
177	国民党政府国防部次长刘士毅　龚　屏
185	赣东北护法军总司令黄淦　邵天柱
186	中共都湖鄱彭中心县委书记刘肩三　邵天柱
192	中共湖北省委代理书记冯任　邵天柱
199	中共湖口县委书记谭和　邵天柱
202	中共赣东北特委秘书长刘乙照　邵天柱

| 206 | 中共赣东北省委常委、省苏维埃副主席詹锦坤　邵天柱
| 209 | 中共都昌县委书记、茅垅暴动的领导者向先鹏　邵天柱
| 215 | 中共乐平县委书记黄徽基　邵天柱
| 218 | 统计专家刘轶　刘友松
| 221 | 中共都昌党组织的创建人之一刘一燕　向法宜
| 230 | 中共都湖鄱彭中心县委书记田英　罗水生
| 232 | 红十军代军长匡龙海　罗水生
| 233 | 远征军少将总指挥吴击楫　吴柏初
| 235 | 中共景德镇市委副书记罗迈生　邵继梅　周银生
| 237 | 都昌、湖口两县县长詹日新　王显道
| 240 | 江西省基督教会常委万仞山　龚兴友　万荣生
| 242 | 中共九江地委副书记周遇炳　周遇会

246 | **梦满梅枝总迎春**——代后记

鄡阳因之得名的秦汉名将英布

罗水生

秦汉时有一名将,他曾驰骋纵横在今天都昌的这块土地上,而且人们也因他而置县于此。此人就是英布。

英布为秦时六县(今安徽六安)人,出身贫贱,因犯法而受黥刑,故亦称"黥布",后被押送到骊山为秦始皇修造陵墓。他与一同修陵的"徒长豪桀交通",不久即逃亡到长江彭蠡湖一带为盗匪,打劫富豪的客船、货船。后来,他所在的团伙在湖东一处名叫团子口的小湖泊的南岸(今都昌县多宝乡的东殷和西殷两村)立寨,驻扎下来。不时有难民和贫民加入团伙,团伙逐渐聚众数千人。陈胜、吴广起义后,心存大志的英布也想寻求新的出路。在得知番县(今鄱阳)令吴芮已举起反秦的义旗后,他决定就近投奔吴芮。到番县见过吴芮后,英布便赶回位于团子口南端的山寨。半个月后,英布带领队伍来到番县德胜山下的吴芮的兵寨。见英布武艺高强,年轻英俊,吴芮便将宝贝女儿梅子许配给他为妻。

英布新婚不久,便奉吴芮之令,带领三千人马前往六县。在与陈胜旧将吕臣相遇后,他北击秦左右校,又引兵而东,在淮河西岸的一个小镇牛店(今安徽怀远境内)与项梁、项羽率领的项家军相遇。自此,英布追随项家军在反秦战争中屡立殊勋。在楚汉之争中,英布转而归汉。刘邦消灭项羽后,封英布为淮南王。英布以六县为都,治下的地区包括九江、庐江、衡山、豫章等郡。汉高祖十一年(前196年),刘邦与吕后先后诛杀韩信和彭越,英布心中非常恐惧,遂发兵反汉。刘邦亲自率兵击败英布。英布兵败后,带百余人逃往江南。当时,英布的岳父吴芮已病死,其妻兄吴臣袭封长沙成王。吴臣假意与英布同往越地(今浙江)。英布相信了吴臣的话,跟随他到番县,在兹乡一民舍中被杀。英布死亡的消息传到长安汉高祖刘邦那里后,刘邦大喜,遂在其处立县以记其事。其县名"鄡阳",意为斩杀一国之王而悬首。《史记索隐》说,兹乡为"鄱阳鄡县之乡"。《史记正义》记述:"英布冢在饶州鄱阳县北百五十二里十三步。"此地亦在鄡阳县境内。

据说,为避祸,英布子孙改姓为殷,《殷氏家谱》有记载。英布发迹时居地在今都昌县多宝乡东殷村与西殷村处。汉高祖十二年(前195年)建立的鄡阳县因英布而名,"鄡阳县"是都昌县的古名。

鄡阳城遗址

炼丹元辰山的苏耽

罗水生

苏山乡有座元辰山。此山因位于县北,拱辰(北极星)而居,且海拔高度为384.7米,为都昌西北群山之首,故名"元辰山"。传说汉文帝时,苏耽奉母结庐于此山,在此山上修炼,故后人又称此山为"苏山"。山西北部群岭葱翠,林木茂密,似披甲之蛟龙逶迤而去;山东南岭峭坡陡,数里开外,村舍棋布,平畴如茵。山中翠竹摇曳,奇木异草,鸟声啁啾,时有云雾腾起,空蒙灵幻,人入其中,顿生离尘脱俗之感,道书称之为"天下道家第五十一福地"。山腰处有马蹄洞,洞中虚旷深广,传说苏耽曾在此驻马飞升。山南一平坦巨石上有靴迹印痕,亦传说为苏耽所留。山顶有一平台,呈长方形,宽广约三亩,为苏耽结庐修炼之处。其处旧建有一庙,主要祭祀苏耽,众人呼之为"苏仙庙",其建筑年代无考,20世纪六七十年代遭拆毁,现又重建。平台南边有两块大石。一块大石上有两个茶杯大小的小潭,传说能出油盐,仅供庙中僧人一天之用。后来庙僧贪心,将其凿大了一些,小潭遂不再出油盐,仅留遗迹在石上。另一块大石上有一圆形臼洞,碗口大小,臼内壁有深刻条纹,苏耽修道时常在此捣药,用以治病救人。此药臼至今仍完好,水贮其中不涸不腐,令人称绝。站在庙前平台上四方眺望,鄱湖烟水,匡庐云峰,白帆绿岛,俱历历在目;百里沃野,星罗村镇,大千世界,全入胸中。

元辰山顶东南端岩罅下有一口井。据东晋葛洪所著《神仙传》载,苏耽修炼得道后,乃跪别母,说:"某受命当仙,被召有期,仪卫已至,当违色养。"母含泪说:"汝去之后,使我如何存活?"苏耽说:"明年天下瘟疫,檐边井水,井旁橘树,可以代养。井水一升,橘叶一枚,可活一人。"次年,果然发生大瘟疫。苏母用井水、橘叶救活了无数人,亦得道仙去。后人遂称此井为"橘井",橘井于是名闻天下。唐代诗人杜甫曾有诗云:"敢忘二疏归,痛迫苏耽井。"井壁由嶙峋花岗岩构成,石缝渗水为井。井口约一平方米大小,井深约一米。井水清冽甘甜,大旱之年,亦不干涸。井水密度大于一般井水,富含有益人体的微量元素。附近乡人有得病者,多登山取水饮服,有许多人竟得以痊愈。井旁岩石上藤萝缠绕,井畔芳草奇花丛生。崖石上旧时所刻的"橘井"二字至今仍清晰可见,但井旁橘树已不复存在。

苏仙剑池是都昌八景之一,在县城金街岭一姓黄的老百姓的园内,也就是原都昌中学(现任远中学)的校舍内。校园内原来有一泉水溢成的清澈见底的水池。相传在汉代,苏耽和他母亲一起在都昌元辰山隐居,修仙慕道。一回,苏耽游历鄱阳湖,途经此地时,爱上这一池好水,便常来此磨剑。后来,苏耽九转丹成,得道成仙,这池也能随物著象,人们只要将这池中之水舀起,盛于碗、盆、杯、盏中,便可隐隐约约看见水中有一红点飘忽。于是,当地人便称此池之水为"丹泉"。

忠节标青史的陶侃

余星初

陶侃,字士行,东晋鄱阳郡人。他早岁孤贫,后为县吏,任过督邮、枞阳令、武冈令、东乡侯,后任江夏、武昌太守,历任广州、江州、交州、荆州刺史,并先后获封鹰扬将军、扬威将军、龙骧将军、征南大将军、征西大将军,后获封长沙郡公,拜大将军,称太尉,履剑上殿,位极人臣,去世后获赠谥号"桓"。其仕途生涯长达五十余年,在军中任职达四十一年。

陶侃生活的年代是一个动荡的年代。陶侃生逢乱世,戎马一生,历经战阵,功勋卓著。他参加的第一次军事行动,是荆州刺史刘弘统率下的平定张昌之乱。张昌发难,使"江夏失守",又"东寇扬州,击败刺史陈徽,诸郡尽皆陷没。又攻破江州,连陷武陵、零陵、豫章、武昌、长沙诸郡,沿江大震"。刘弘遣陶侃领军,以牙门将皮初为副将,进据襄阳,张昌屡攻不克。陶侃留皮初守营,亲自率兵与张昌前后数十战,尽得胜仗。张昌窜入下俊山,侃军入山搜缉,昌众尽死,最后剩昌一人一骑,也被侃军抓获。陶侃回荆州复命,刘弘起坐相迎,欢颜与其语道:"我昔为羊公(祜)参军,蒙羊公器重,谓我他日必镇此地,今果得验。我看卿亦非凡器,他日必继老夫矣!"后来,陶侃果然成为荆州刺史。陶侃一战功成,刘弘叙劳上奏,朝廷封陶侃为东乡侯,授江夏太守。

在陶侃作为主帅进行的平乱平叛诸多战役中,最重要的战役是陶侃主盟的平定苏峻叛乱之战。历阳内史苏峻曾是晋廷一员悍将,凭着"讨贼有功,威望素著,部下甲杖精锐,遂致轻视朝廷",野心不断膨胀,并联络自恃望重对晋廷心怀不满的豫州刺史祖约,共同举兵谋反,兵势气焰甚盛,一举攻下东晋都城建康(南京),全国震动。时有江州刺史温峤,首倡讨逆,并发出檄文倡导天下勤王,推举位重兵强的荆州史陶侃为统帅。这是一场挽救东晋王朝的战争。陶侃经过深思熟虑和周密安排,"投袂而起,大集将士,戎服登舟,倍道急进"。侃军将至浔阳,温峤喜出望外,与护军庾亮同舟相迎。庾亮原先对陶侃存有疑心,不信任,心存芥蒂。至此,庾亮引咎自责,温峤从中排解,"侃益释然"。他们"相偕入浔阳城,大开筵宴,欢谈竟夕"。越宿,陶温联军"登舟启行,共计戎卒四万,旌旗相蔽,轴舻互连,钲鼓声远达数百里",使敌军闻风丧胆,给天下诸侯以极大鼓舞。天下诸侯纷纷起兵响应,募兵讨贼。陶侃挥动舟师,直指石头,屯次查浦。贼首苏峻闻西军大至,"自登烽火楼,望见长江一带,舟楫如林,不禁失色"。他慌忙派兵,分道扼守,驱兵掠地攻打,"侃部下都欲决战"。陶侃胸有成竹,考虑"贼众尚盛,未可争锋,不如宽待时日,用计破贼,方保万全"。在构筑军事堡垒方面,大多数人都主张在驻地查浦筑垒防守,唯有部将监军李根建议在另一个地方——白石筑垒。李根认为查浦地势低下,而白石高峻险要,可以容纳数千人,敌人根本无法进攻,那里才是打击敌人的最佳阵地。陶侃听后觉得有理,夸赞李根,下令在白石筑垒。筑垒工作夜晚动工,天明告成。苏峻见到白石垒,大吃一惊。苏峻强攻大业垒,陶侃拟派兵救援,长史殷羡献"围魏救赵"之计。殷羡说:"若援救大业,步战不如峻,则大事去矣。应当急攻石头,峻必救之,大业之围自解。"侃从羡言,峻果弃大业而救石头。诸军与峻大战于陵东,侃督护、竟陵太守李阳的部将彭世斩峻于阵前,于是峻乱告平。

在平定苏峻叛乱之后,后将军郭默擅自袭杀平南将军、江州刺史刘胤,自领江州刺史。这种目无纲纪国法之徒居然还得到了朝廷的承认。陶侃非常气愤,毅然上表朝廷,要求讨伐郭默,并致函司徒王导说:"郭默害方州,就用为方州,倘再害宰相,莫非便使为宰相吗?"侃军围攻郭默,默部将惧侃威势,缚默出降,

侃斩默枭首,解送京城。侃既平郭默,威名益振,史称"侃戎齐肃,凡有虏获,皆分士卒,身无私焉",所以侃军所向披靡。

陶侃一生勤奋,珍时惜物,他的一些言论、故事被人津津乐道而流传至今。史称,"侃性聪敏,勤于吏职,恭而近礼,爱好人伦。终日敛膝危坐,闻外多事,千绪万端,罔有遗漏。远近书疏,莫不手答,笔翰如流,未尝雍滞"。晋代曾崇尚《老》《庄》,清淡成风,陶侃对此深恶痛绝。他说:"老庄浮华,并非先王法言,怎可遵行?君子当正衣冠,摄威仪,岂能蓬头跣足,自诩宏达?"部下参佐人员有酗酒赌博现象,偶于废事,经侃查察,搜得酒赌具,悉令投之于江,将吏有犯,严加鞭打。陶侃告诫他的部下说:"大禹圣人,乃惜寸阴,至于众人,当惜分阴,岂可逸游荒醉?生无益于时,死无闻于后,是自弃也!"陶侃莅任广州刺史,平定杜弘、王机叛乱后,一时相安无事,朝运百甓(砖)至斋外,夜运百甓至斋内。左右问他为什么这么做。陶侃答道:"我方欲致力中原,不宜过逸,今得少暇,欲借此习劳,免至筋力废驰也。"左右叹服。陶侃非常爱惜资财,反对浪费,制造船只时,剩下一些锯末、竹头,他也舍不得丢掉,而命人好好保管和贮存起来。许多人想不通他为什么这样做。后来要召开大会,恰逢积雪初融,地面潮湿泥泞,陶侃便叫人把贮存的锯末拿出来铺撒在地面上。桓温出兵伐蜀,陶侃收集的竹头全部被劈成竹钉用到修造船只上去了。

陶侃成功,还有一个重要原因,就是他母亲的教诲。陶侃六岁丧父,家境贫困,靠母亲湛氏抚养成人。侃母善良贤惠,深明大义,纺纱织布资侃读书。一次,鄱阳范逵路过侃家,恰逢天下大雪,陶母把自己床上铺着的新草苫铡碎给客人喂马,把头发剪下来换钱,备办酒菜,招待客人。范逵知道这些事后,叹道:"非此母不生此子。"经范逵推荐,陶侃步入仕途。到了晚年,陶侃即将退休到封地长沙养老,上表写道:"臣父母旧葬,今在浔阳……刻以来秋,奉迎窀穸,葬事讫,乃告老下藩。"他表示,要先把父母的坟墓从浔阳迁到长沙,以便于敬奉祭祀。但天不假时,陶侃未到长沙身先死,其迁葬父母的愿望也未能实现,以至其母之墓迄今仍在故乡鄡阳,即今都昌县城之郊石壁精舍处。陶母教子成名,在中国历史上被誉为三大贤母(孟母、陶母、岳母)之一,陶侃也以"不违酒约"成为中国历史上二十四孝子之一。

　　陶侃作为一代儒将,其治绩军功卓然独出。史称:"总计侃在军中四十一年,雄毅有权,临机善断,事无大小,莫不明察,因此兵民不敢相欺。自南陵至白帝城,道不拾遗。"陶侃临终之前,上《归国辞位表》,除向晋廷陈肺腑之言,最后还谈道:"谨遣左长史殷羡,奉送所假节麾、幢曲盖、侍中貂蝉、太尉章,荆、江州荆史印传启戟。"他还将后事举右司马王愆期以自代。对所有军需物资、武器辎重、牛马舰船,他全部登记造册,亲自上锁,然后登舟离任。这种清清白白做人、清清白白为官的处世风格在当时被朝野传为美谈。陶侃死于从荆州到长沙的路上,享年七十有六。讣闻晋廷,有诏颁发,并赠大司马,封赠谥号"桓",祀以太牢礼。对于陶侃,历代评价都很高。与陶侃同朝的尚书梅陶称:"陶公机神明鉴似魏武,忠顺勤劳似孔明。"宋代苏东坡有言:"桓公忠义之节,横秋霜而贯白日。"朱熹称赞陶侃"穷晋二百年间,卓然独出",清代史学家王鸣盛称"陶侃乃东晋第一纯臣"。

屯兵左里的檀道济

熊素斌　余星初

檀道济不是都昌人,都昌却有一座檀道济庙。这座檀道济庙坐落于左里镇旧山村委会城山岭上,落成至今已有一千五百多年,屡废屡兴,但香火不断。

清同治版《都昌县志》"寓贤"记载:"檀道济,(山东)高平人,初为晋太尉刘裕参军,义熙六年,从征卢循,循败,将趋豫章,悉力栅断左蠡(左里),道济就今县北境,依山筑城,扎营为游兵。道济累官至征南大将军、江州刺史,封武宁郡公。文帝疾笃,会魏南侵,召道济入朝未发,义康忌其威名,矫诏收付廷尉。道济愤怒,脱帻于地曰'乃坏汝万里长城',遂被杀。子孙流落城山,今名檀家嘴。"我们由此可知,檀道济因随裕从征卢循,而屯兵鄡阳(后称都昌)。

刘裕征剿卢循,在鄱阳湖左蠡(左里)打了一场恶仗。据有关史料记载,卢循先是随妻兄孙恩造反,孙恩败亡,恩手下残众推他为主。这时,荆州刺史桓玄方都督荆、江八州军事,威焰逼人。晋安帝从弟司马元显与玄有隙,玄遂举兵作乱,授卢循为永嘉太守,使作爪牙。循攻长沙,一鼓即下,连陷南康、庐陵、豫章诸郡,沿江东趋,舟楫甚盛。卢循刚在长江水域被刘裕打败,仓促遁走,既还浔阳,复趋豫章,在左蠡(左里)竖起密栅,阻击晋军。刘裕在长江大获全胜,再督兵往攻左蠡(左里)。将到栅前,刘裕所执旗杆无故自折,沉入水中,大众不禁惶惧。刘裕却振臂一呼:"天助我也,破贼无疑了!"他易旗督攻,破栅直进。贼众虽然苦战,终招架不住,或饮刃,或投水,死亡万余人。卢循孤舟遁去,余众多降。这一仗,直杀得天昏地暗,左蠡(左里)附近,湖水泛红。晋末发生在鄱阳的左蠡(左里)之战,由太尉刘裕亲自指挥,檀道济以参军身份从征。

檀道济参加征剿卢循的左蠡(左里)之战,有一个意外收获。他发现鄱阳湖的北庙水湾以及离岸很近的傅家桥一带是寓兵练兵的极佳场所。刘裕代晋为宋,檀道济为宋主平定谢晦之乱,立了大功。宋主加封檀道济为征南大将军,兼江州刺史。鄱阳是江州属地,檀道济即在鄱阳湖的北庙水湾临水泊船、依山筑城,水陆两栖,异常隐蔽,秣马厉兵,兵强马壮。那筑城之山,后人称为"城山"。据老人回忆,中华人民共和国成立前城山尚留有城垛和跑马驰道。檀氏寓兵于此,军纪严明,军民互助,秋毫无犯,老百姓对于檀道济的往事传说至今津津乐道。

檀道济冤死后,为悼念这位忠臣,当地居民捐款建庙、塑像,永远祭祀,以慰忠魂。

檀道济当年在城山岭安营扎寨,驻马练兵,后来老百姓都称他为"城山老爷",敬奉祭拜,虔诚非常。每逢农历初一、十五和重大节日,当地百姓都要到城山庙敬香、燃烛、放鞭炮,祭拜"老爷"。据传,农历八月初一是檀道济生日,当地形成例规:每年正月初一至初四,由甲村敲锣接"老爷"进村,敬奉四天;正月初五至初八,由乙村接到村敬奉四天……每到那时,家家户户大扫除,干干净净迎"老爷",热热闹闹做佛事。这在一定程度上也起到了促使村容整洁、村民向善、社会和谐的作用。20世纪六七十年代,庙宇被毁。2003年,群众捐钱捐物,城山庙又被修葺一新。

檀道济是怎么死的?刘宋元嘉十二年(435年),右卫将军刘湛等谋乱,企图毁坏宋室长城。当时的宋室良将首推檀道济。檀道济自历城全师退归,进位司空,仍然还镇浔阳。檀道济有子数人,如檀植、檀粲、檀隰、檀承伯、檀遵,各具才华。功高未免震主,檀道济气盛凌人,朝廷已时加疑忌。会宋主寝疾,历久不愈,刘湛密语义康道:"宫车倘有不测,余不足忧,最可虑的是檀道济。但托言索虏入寇,要他来都面议,乘此除患,便易下手了。"义康点首称善,遂下诏飞召。道济到达建康,与义康晤谈。此时,宋主病情牵缠不退,道济只好在都问安,自元嘉十二年(435年)冬入都,至次年春暮,见宋主稍瘥,乃辞行还浔。道济方才下船,忽有中使驰至,谓圣躬又复不安,命他还朝议事。道济不敢不依,遂入都城,甫至阙下,忽有义康出来,指示禁军,拿下道济,且令他跪听诏书。道济听毕诏书,不禁大愤,张目注视刘湛,好似电闪一般,脱帻投地:"乃坏汝万里长城!"即自投狱中。那阴险毒辣的刘湛竟怂恿义康收捕道济在京诸子,与乃父一同牵出,还有随从参军薛彤,一同收斩;又派人领兵至浔阳,抓捕道济之妻向氏,少子夷、邕、演等,及参军高进之,悉置死刑。道济有子十一人,统遭杀戮,诸孙亦死,只留邕子孺一人,使续檀氏宗祀。薛彤、高进之皆有勇力,为道济所倚任,时人比为关羽、张飞。魏人闻道济被诛,自相庆贺道:"道济一死,吴人均不足畏了。"

檀道济作为刘宋第一良臣,在历次战争中冲锋陷阵,功勋卓著,是难得的将帅,只因功高遭忌,被刘宋杀害,全家遭戮,真是千古奇冤。

都昌檀道济庙历一千五百多年至今屹立不倒,而其灯火还将继续燃烧。

在都昌修道的吴猛

吴柏初

吴猛,字世云。《江西通志稿·氏族志》说他祖籍河南濮阳,东晋时任西安(今江西武宁)令,家族南迁至分宁。据《中华吴氏大统宗谱》载,吴猛是中华吴氏泰伯,仲雍之后季札次子征生系,是都昌吴姓人之四十七世先祖,生于公元255年,河南濮阳人,后迁江西豫章(今南昌)。吴猛少至孝,盛夏卧不驱蚊,恐蚊虫叮咬父母。元朝郭居敬将其人其事收入《廿四孝》,使得"恣蚊饱血"的故事广为流传,使吴猛为世人所崇。吴猛在西晋惠帝朝为散骑常侍。吴猛博学,擅长医术,济世为民,祛除瘟疫,人称"神医"。江州刺史庾亮(其妹为东晋明帝皇后)病重请为医治,吴猛见亮病重无救,又料不给医治亮会加害,遂离家隐居,云游山水,求仙慕道。传说吴猛乃神仙般的人物,关于他的诛杀海昏蛇精、力拔豫章石笋等传奇故事在民间广为流传。

吴猛同许逊结伴同行。云游到彭蠡泽边,许逊在大矶山(今都昌县城滨水西区)隐居修道;吴猛则在游历庐山途中遇苏耽,来到位于左蠡湖畔的旧山广福庵建立道场。据清同治版《都昌县志》记载,在东晋元帝建武年间,许逊之友苏耽偕吴猛在此修道炼丹,建苏吴祠,立匾额为"古颜仙"。若干年后,苏耽移居左蠡与苏山交界的元辰山继续修道炼丹,道书称此地为"第五十一福地",后人称此山为"苏山"。吴猛仍留旧山。

晋时,当地民众奉吴猛和苏耽二人为镇祠大仙。传说吴猛的孝心和诚心感动了天上的神仙。在吴猛不惑之年时,神仙丁义授其仙术。有一次,吴猛回豫章,到江边时竟不要舟楫,以一把蒲扇划水而渡。吴猛善卜卦,明辨阴阳,德尚以道,名噪天下。其道行深,以扇划江水,如履平地;医德高,指草为药,拯救黎民。他道深德厚而不事王侯,此其之高节也。吴猛能体恤贫贱,惩恶扬善,大得民心,大有功于后世也。

吴猛在旧山修道四十余年,成为东晋早期的一代道教宗师,也是都昌县道教文化的开创者。猛公之德,包乎天地之间。北宋政和年间,猛公被追封为"神烈真人"。千余年,猛公道冠诸公,德济天下,而成为道教之宗,故于旧山得道成仙。赣省域内外,无不敬仰而祀之。

抚今追昔,浮想联翩。旧山为道教圣地,自猛公得道成仙后,此地经台、水眼犹存,唯有慧心者能识之。伟哉猛公,洵无愧于"三让"门第、至德世家之苗裔。明代杨继盛在《吴氏余宗》中称:周朝开国以后,在全国大封同姓子侄为诸侯,周成王用"文、武、德、功、忠、孝、信、义、祯、和、顺、祥"十二个字以命吴氏的宗派(即十二大宗)。其中,由山西南迁的属"祯"字宗,开派始祖为吴猛。

旧山苍苍,蠡水泱泱;猛公之风,山高水长。经历千余年的沧桑,历遭劫难的吴猛祠现在旧貌换新颜,朝拜者络绎不绝,香火鼎盛,特别是祠内佛道合一,共生共荣,使当今的凌云阁更显活力。赞曰:"左蠡湖边仰旧山,古颜仙寺换新颜;恣蚊饱血声名远,佛道调和化鹤还。"又有赞云:"凌云阁上九重天,佛道修成了俗缘;自古蓬莱无觅处,康宁长寿赛神仙。"

立都昌县的安抚使李大亮

余星初

清同治版《都昌县治》载:"唐武德五年,安抚使李大亮奏请割鄱阳西雁子桥之南,置都昌县,县名都昌实始于李也。"

李大亮,史书称他是初唐重臣,有大功于唐,深受唐高祖李渊、唐太宗李世民信任。

开始,大亮为隋低级军官,与李密战,战败,同辈百余人皆被杀。贼帅张弼见而异之,将他释放,结交于幕下。大亮绝处逢生。

义兵入关,大亮归唐,授官土门令。所属百姓饥荒,盗贼侵寇,大亮卖乘马,分给贫弱,劝以垦田,剿捕盗寇,所击皆平。时李世民巡抚北境,闻而嗟叹,下书劳之,赐马一匹,帛五十段。

其后,胡贼寇境,大亮众少不敌,遂单枪匹马,直闯贼营,见其敌帅,晓谕祸福。群胡感悟,相率请降。大亮又杀所乘马与众宴乐,自己徒步而归。前后降者千余人,所在县境遂安。高祖李渊闻报大悦,授大亮全州总管府司马。

时王世充遣将据襄阳,大亮进兵击之,一鼓荡平,所下十余城。高祖劳勉,迁安州刺史。

高祖又令大亮循抚广州。大亮途经九江,遇辅公祐反,以计擒其悍将张善安。公祐兵围猷州,刺史左难当婴城自守,大亮进援,击贼破之,升越州都督。唐贞观元年(627年),大亮转为交州都督,受封武阳县男。大亮循边安边,多有建树,亦有建言,太宗尽纳其奏。

唐贞观十八年(644年),大亮染病,太宗亲为调药。大亮临终上表,请停辽东之役,又言京师长安宗庙所在,愿以关中为意。大亮表成而卒,享年五十九。太宗为之举哀,哭之甚恸,废朝三日,赠兵部尚书、秦州都督,谥号"懿",陪葬昭陵。

大亮,文武兼才,贞确成性。其卖马劝农,是为政也;投身谕贼,略也;放奴婢从良,仁也;因鹰谏猎,临终上表,忠也;报张弼恩,义也;侍兄嫂如父母,孝也。房玄龄称大亮有王陵、周勃之节,岂虚言哉!这样一位重要历史人物,为何与都昌有缘呢?

清同治版《都昌县志》载:"李大亮,泾阳人,有文武才略。初使循广州道,闻辅公祐反,其将张善安掠据洪州(南昌)。大亮遂扎营于县北境,以计擒善安,公祐既破,授大亮洪州都督安抚使。"当时大亮扎营于县北境。清同治版《都昌县志》载,"治北五十里有李大亮营",说明李大亮曾驻军于徐埠、洞门、张岭等地。大亮选择洞门口王市(今蔡岭镇洞门口)作为都昌立县治所。王市当时有大观楼、鬼神坛、城隍墩等古迹。王市作为都昌县治所共一百四十多年。公元770年前后,都昌县治所由王市迁至都村。

大亮走遍鄱阳四境,发现交通不便,于是亲拟奏折,"评论土地之饶,户井之阜,道途之远近,水陆之阻碍",即彭泽和鄱阳之西,土地富饶,户井殷阜,交通不便,水陆阻隔,"请刘鄱阳西雁子桥之南,置都昌县"。李大亮奏疏,获得朝廷批准,都昌县正式出现在中国版图中。"县名都昌实始于李也。"当时人们考虑"以县有都村,南接南昌,西望建昌",所以取名"都昌"。都昌立县是发生在唐武德五年(622年)的一件大事。《彭泽县志》载:"唐武德五年,安抚使李大亮奏请置州浩山下(称浩州),又刘彭泽之西为都昌县,八年州废……彭泽与都昌俱属江州。"

与彭蠡结缘的李白

潘雪明

　　谢公之彭蠡,因此游松门。余方窥石镜,兼得穷江源。
　　将欲继风雅,岂徒清心魂。前赏逾所见,后来道空存。
　　况属临泛美,而无洲渚喧。漾水向东去,漳流直南奔。
　　空濛三川夕,回合千里昏。青桂隐遥月,绿枫鸣愁猿。
　　水碧或可采,金精秘莫论。吾将学仙去,冀与琴高言。

　　这首五言古诗名曰《入彭蠡经松门观石镜缅怀谢康乐题诗书游览之志》,是唐代大诗人李白泛舟彭蠡湖(鄱阳湖)过都昌松门山时所作的。

　　诗的大意是这样的:谢灵运先生曾经由此泛舟鄱阳湖,并游览松门山。我也刚刚从那里仰望山上的石镜,并顺流下达流水尽头。此行是继承了谢公的风雅传统和精神的,不仅仅是来散心的。前辈的高见超迈,我辈何处寻真知?现在正临大水汛时期,湖水浩浩,无比壮美,而没有江岸边激流的喧闹。漾水向东方流去,漳水向正南方奔逝。两水与湖交汇,蜿蜒千里,在夜色中空空蒙蒙,一派混沌。天空明月隐蔽在青青的桂花树丛,愁猿的哀啼笼罩着翠绿的枫林。在江中也许可以采到碧绿的水玉,可是炼金丹的秘诀何处可寻?我要学仙去了,希望可以与仙人抚琴谈心。

　　李白是唐代诗歌的代表人物,后人谓之"诗仙"。他的诗,诗风浪漫,想象奇特,对后世产生了深远的影响。这首传诵不广的五言诗在李白众多脍炙人口的诗篇中很不引人注意,却颇耐人寻味。

这首诗大概写于唐肃宗上元元年(760年)。这时的李白已经是位年近六旬的老人了,当年那个仗剑游侠、恃才傲物、醉卧长安、让高力士为之脱靴的旷世才子已须发斑白。他是中国唐代诗歌的一个神话,但他也是一个凡人,是诗仙而不是神仙。当岁月悄无声息地染白他的鬓发时,年轻时远大的政治抱负与现实跌宕多磨的生活反差真的让他感到疲倦了。在经过大半生的颠沛流离之后,李白,这个唐代诗歌成就登峰造极的人物,在风烛残年时最大的心愿是什么呢?当然是去努力完成他平生未了的一个最大的心愿——飘然隐退,修道成仙。所以他从心底里发出了一个声音:吾将学仙去。他觉得他真的需要找个山清水秀的地方好好清修。

唐肃宗上元元年(760年)春,李白由洞庭返江夏。秋,李白至浔阳(今江西九江境内),再登庐山,决意游仙学道以度余年。

当他有一天站在烟波浩渺的鄱阳湖的边上时,他很自然地联想到他一生都在追求的那个理想,也由此想到了世上与这理想有所关联的人和事。那么,鄱阳湖上既和他相似又像神仙一样神秘的人是谁呢?当然是谢灵运了。

谢灵运,南北朝的杰出诗人,山水派诗人的鼻祖。李白对谢灵运是十分钦佩的,从诗中"谢公之彭蠡,因此游松门"这句就可以看出来。他之所以舟泛鄱湖,多半是因为谢灵运。

"谢公之彭蠡,因此游松门。余方窥石镜,兼得穷江源。"李白观过庐山的石镜后又顺流而下泛舟都昌松门。他此行的一个目的是去看一个地方,这个地方也和谢灵运有关。从都昌县城南门港顺流而下约三千米处有一片壁石,高约数丈,镶嵌在西山脚下,那就是"石壁精舍",是当年谢灵运筑庐读书之处,现已被列为"都昌八景"之一。

晋义熙七年(411年),刘毅出任江州都督兼刺史镇豫章(今南昌),谢灵运随军至江州,在此期间上庐山拜见了心仪已久的慧远大师。由于谢灵运袭封康乐公，加上此人一贯不愿受人约束，喜游而不理政事，故其在都昌择地建舍读书，并题诗《石壁精舍还湖中作》，描绘了一幅夏季鄱阳湖畔独有的山水风光画卷。

谢灵运，这诗与人空灵合一的神一般的人物，加上鄱湖这一带奇绝的山水风光，促使李白起程了。和谢灵运当年一样，他走的是水路。鄱阳湖烟波浩渺，水天一色，舟在湖上行，人在天际游。他比谢灵运迟到了三百多年，他是一个受道教熏陶多年、骨子里有着仙人一般的气质和灵气的"谪仙人"。他向谢灵运诗中的松门走来。他一路欣赏着秀丽的湖上风光，一边微笑着和老船夫闲谈，老船夫操着浓重的古鄡阳（都昌旧称）口音，向这位站在船头、举止不俗的外地老者介绍当地的民风、民俗。就这样，李白顺流而下，抵达鄱阳湖中的松门山时已是黄昏时分了。天气晴朗，暮色中的松门山像一条盘旋的巨龙，在烟波浩渺的鄱阳湖中蜿蜒而去。星夜中，水与天色空蒙迷离。松门山那独特的自然景观让他有一种不吟不快之感。他挥笔写下了《入彭蠡经松门观石镜缅怀谢康乐题诗书游览之志》，以记当时之所见所感。

如此畅游过都昌松门山以后，这位中国历史上最伟大的诗人再也没有吟咏过"修仙"的诗题。公元762年11月，李白卧病当涂，走完了自己传奇的一生。

《入彭蠡经松门观石镜缅怀谢康乐题诗书游览之志》这首诗是李白内心深处"成仙"理想的终结篇，是文字上的一言成谶："吾将学仙去，冀与琴高言。"李白题诗后真的驾鹤仙游去了。在江西都昌那片千年的湖光中，李白用诗歌的形式，完成了他一生的"成仙"梦想，也为鄱阳湖上的都昌留下了一段佳话。

弘法都昌的大和尚马祖道一

罗水生

唐肃宗上元元年（760年）的秋天，鄱阳湖西岸庐山地区的吴章山东南麓，一个佛庵前站立着一位年逾五十的老和尚。他放眼向东南方向的都昌县望去，只见那里祥云缭绕，似有五色莲花从天而降。他断定那是充满佛缘禅意的地方，便带领众弟子驾着一叶扁舟，渡过鄱阳湖，到达了这里。当地乡人告诉他，此处名叫芙蓉山。老和尚一听大喜——此处山清水秀，又是一块莲花宝地，正是传承佛种、驻锡修行的好地方，于是诛茅结庵，开始了在都昌县弘法的历程。

这位老和尚就是鼎鼎有名的马祖道一大禅师。祖师俗姓马，汉州什邡（今属四川什邡）人，生于唐中宗景龙三年（709年），幼年在本邑罗汉寺依处寂和尚披剃出家，二十岁前后在渝州（今重庆市）依圆和尚受具足戒，后来一度师从著名僧人、新罗国王子无相。唐玄宗开元二十二年（734年），他入衡山，师从怀让禅师，受"磨砖作镜"教诲，得授心印。而后他进入闽中，于建阳佛迹岭纳志贤、慧海、怀海、道通等人为弟子，建设法堂，升座说法。大约在唐天宝初年（742年），马祖道一率众徒入赣至西里山（今抚州市郊外），诛茅盖篷修行。五年后，马祖又南下赣州日峰山麓觅洞栖身修行。不久，他率众徒迁至龚公山（今赣州市赣县宝华山）肇建禅宗道场。此后，他又北上弘法，先后在宜黄、余江、丰城、金溪、万载、南昌等地播撒佛种。唐肃宗至德元年（756年），马祖道一至庐山凌霄峰下一岩洞中修行达三年之久。唐肃宗乾元二年（759年），马祖道一出凌霄洞来到吴章山东南麓立庵说法。两年后,他率领智常、法藏等弟子来到都昌。南宗禅于是被播撒于这块被鄱阳湖三面环绕的土地上。

都昌于唐武德五年(622年)立县后,由于僻处湖滨,加上战乱频繁,导致经济萧条,文化教育落后。百姓日出而作,日落而息,唯求一饱,精神上处于极度饥渴状态。东晋陶侃母子曾在此居留生活,后来乡人将陶侃敬祀为神,始建庙于鄱阳湖滨。而佛教至初唐时犹未在县内建有庙宇。马祖道一来到都昌后,宣扬"即心即佛""非心非佛""平常心是道"的心法,深受人们欢迎,信众倍增。他先后在都昌建了三座禅宗道场,让佛光禅韵漾遍都昌。

新开寺是马祖道一在都昌建立的第一处道场,位于芙蓉山麓西南的滨湖之所(今都昌县一中校园为其旧址)。新开寺面对南山,胸怀东湖。两山对峙,一水南奔。松门逶迤,如一案横陈其前;印山独峙,似西天飞来之峰。马祖道一喜见如此形胜之地,便率众徒在此以茅结庵,驻锡修行。后人遂于此处将庵扩建为寺,取名"新开"。明万历年间,民众将寺移于县治东之旧学基,于其处改建学馆。明崇祯十三年(1640年),民众复移新开寺于原址。清康熙五十七年(1718年),其址又被改为学馆,新开寺被移于小南门外。清咸丰年间(1851年—1861年),新开寺毁于太平军攻城之战火中。

禅山寺是马祖道一在都昌建立的第二处道场。它位于都昌县腹地阳储山中。阳储山海拔463.4米,其主峰为县境中部之最高峰。每当丽日晴天,站在峰顶可一览百余里外的沃野平畴、鄱湖风帆和城镇村舍。山中草木繁茂,浓绿成荫,洋溢着一派祥和之阳气,乡人故名其山为阳储。马祖道一在唐代宗广德元年(763年)游历至此,在山中阳气之中感觉出一股深厚的禅意,便率众徒从芙蓉山麓移驻阳储山中,诛茅立庵,建立了禅宗在都昌的第二处道场。马祖道一离去后,后人不断扩展禅庭规模,并名之为"禅山寺"。至清代中期,禅山寺已成为都昌禅宗的最大道场。寺内有白云古院、蒙恩方丈、延英精舍,寺外有藏春竹坞、通济石桥、龙潭胜水、碧涧仙坛和关口灵泉,世人称之为禅山寺"八景"。

清人徐相曾有《禅山寺感兴》诗，吟诵寺中的佛韵禅心："云锁禅关白昼闲，惟闻林外鸟间关。坐来独湛冰壶体，偶契心斋陋巷颜。"清同治年间，太平军一度驻于寺中，遂使闻名遐迩的禅山寺毁于战火之中。禅山寺如今剩有一间残破土屋和一块用花岗石雕刻的"禅山寺"庙额。

佛兴寺是马祖道一在都昌建立的第三处道场。清同治版《都昌县志》记载，佛兴寺"在治东六十里孝行乡（今土塘镇）"。马祖道一在都昌弘法释禅，决心广置道场，广结善缘。他率众徒在距阳储山东北二十里处又建造了一处道场，取名"佛兴"。南宋名相江万里出资重建、扩建了寺宇，并捐赠三座铜佛置于寺中。

马祖道一在都昌弘法六年，建置三处道场，取名"新开""禅山""佛兴"，俱有深意。唐代宗大历元年（766年），马祖道一率众徒离开都昌，前往建昌（今永修）、安义、钟陵（今南昌市）弘法，终于结出"洪州禅"之硕果。唐德宗贞元四年（788年），马祖道一圆寂于钟陵开元寺（今南昌市佑民寺），荼毗于建昌石门山泐潭寺（今靖安县宝峰禅寺）侧建塔。唐宪宗于元和年间（806年—820年）赐赠马祖道一谥号"大寂禅师"。

马祖道一离开都昌后不久，都昌县城即由王市迁至大师所置第一道场新开寺所在的芙蓉山西南麓。马祖道一为都昌佛种的播撒者，其无量功德将千秋万代永远辉映于都昌。

在都昌广建道场的智常禅师

罗水生

在中唐时期,都昌佛学大昌。这除了归功于马祖道一在都昌弘法,还得益于僧智常。他在全县广建道场,传承佛种,惠泽了这里的百姓。

唐天宝年间,马祖道一率领智常、慧藏、法藏、普愿等徒离开赣南龚公山北上弘法,先后驻锡于宜黄、余江、金溪、万载、丰城等地肇基建寺。唐至德年间,马祖道一率领智常、法藏等来到庐山凌霄峰下。这里峰岭峻峭,危岩高耸,岩内有一天然巨洞,"洞多巨石,皆有异状"。马祖道一等人在洞中修行了三年之久。其间,他们在洞外建立了凌霄院。此院后又名"明真院",规模宏大,当地有"五老峰间西角外,峰峦奇秀,僧舍都丽,无过凌霄院"之说。唐乾元年间,智常又随马祖道一移至庐山地区吴章山东南麓立庵修行。两年后,马祖道一决定去都昌开基弘法。智常等人也跟随前往。智常协助马祖道一在都昌建立了新开、禅山、佛兴、梅洞教寺等。同时,在马祖道一的教诲下,他认真钻研佛学,法理精进,深得南禅心法。唐代宗大历元年(766年),马祖道一决定去建昌(今永修)开辟道场,智常则留在都昌继续传授佛法。

智常驻锡都昌后,止净于县西北境桃源乡(今左里镇)的白塔寺。他精研马祖道一创定的洪州禅,努力把佛学平民化、世俗化、简易化,主张在平常的生活中体现心性,弘扬真理。有一天,江州刺史李渤问智常:"芥子如何纳得须弥?"智常说:"闻使君读书万卷,信乎?"李渤说:"是的!"智常说:"心如椰子大,万卷书于何处置之?"李渤顿然大悟。又有一次,智常带着徒弟到菜地收菜。他在一棵菜周围画一个圈,说圈中菜不取。最后,菜地中的其他菜都被收取了,唯独此菜独立于地中。一僧见后,说剩下此菜于此无甚用处,也收取了。事后,智常大赞此僧,说我不是圈此菜,而是圈你们的心,你能跳出圆圈,解脱此心,说明你悟得了道—祖师所说的"平常心是道"的禅理。

智常在白凤乡(今苏山乡)建立了资福寺,随后又创建了善明寺、松峰院等。在他的带领和影响下,唐僧英、唐僧赞、唐僧崇、唐僧凝、唐僧善庆、唐马和尚、唐僧超、唐僧道远、唐僧继全、唐僧琪、唐僧法用、唐僧法信在都昌相继建了数十座禅宗道场。都昌全县境内梵宇星罗棋布,佛教大昌。智常受到了大家的敬仰,遂成为一代名僧。由于智常目为重瞳,经常用药手按摩,导致双目尽赤,世人尊称其为"赤眼禅师"。唐元和年间(806年—820年),唐宪宗李纯谥封智常为"至真禅师"。

在都昌留迹的才子罗隐

徐观潮

据《都昌县志》记载,罗隐不知何许人,得天性异,仕宦不达,遂放浪山水,侨寓鄱阳湖强山,佯狂放言,自号"罗隐",卒葬县治西门外。清嘉庆二十五年(1820年),都昌县令吴名凤写过一首名为《罗昭谏墓》的诗,其诗曰:

一官给事老江东,幕府雄谈国士风;

金榜无名成大隐,朱梁未讨泣孤忠;

云英掌上身谁嫁,郑女帘前貌岂工?

数卷诗歌两行泪,望仙山下水连空。

县志的《封域志》于"强山"下注:强山位于都昌周溪东南,绵亘湖中,二峰突起,东边是鄱阳,西边是都昌,以窑为界。旧志记载,罗隐列唐李白后,字昭谏,钱塘人。

旧版《都昌县志》还记载了一则趣闻轶事。罗隐墓原在治西里许。民间相传,宋代疏港开河,掘墓得一石铃。石铃上刻有一首诗:

此地好行船,权葬一千年;

直待顾主簿,移我到望仙。

当时督工的县衙官员正是姓顾的主簿。顾主簿感叹唏嘘,依铃所言,改葬罗隐于县治西的大、小矶山之间。

旧志上说,罗隐墓到处有之,多在水口墩阜,不辨真赝也。

历史上真实的罗隐生于833年,卒于909年,字昭谏,又名"罗江东",因屡试不第,有归隐之志,遂改名"隐"。他是晚唐诗人,主要生活在唐代宣、懿、僖、昭、哀五朝,是历史上有名的"丑才子"。他是新城(今浙江富阳)人,因新城时属余杭郡,故其又自称为"余杭人"。

罗隐一生著述甚丰,今存诗歌约500首,有诗集《甲乙集》,散文名著《谗书》5卷共60篇,哲学名著《两同书》2卷共10篇,小说《广陵妖乱志》《中元传》及书、启、碑、记等杂著约40篇传世。

罗隐在诗歌方面有极高的成就。《罗隐集》里有一首证明罗隐与鄱阳湖有很深渊源的诗《宿彭蠡馆》:

> 孤馆少行旅,解鞍增别愁。
>
> 远山矜薄暮,高柳怯清秋。
>
> 病里见时态,醉中思旧游。
>
> 所怀今已矣,何必恨东流。

此诗中的"思旧游""所怀今已矣"说明罗隐当时在故地重游。

都昌流传的罗隐传说讲的都是小事,却微言大义。

有一次,罗隐遇到一户人家盖房上梁,上前讨酒饭吃,主人慷慨地给他吃了。罗隐酒足饭饱之后,唱道:"扶扇连上梁,丁口甚旺强,从大死到小,父不见子亡。"主人听了甚为恼火,追着打罗隐。罗隐抱头鼠窜,说:"那就大见小亡,乱死就是了。"结果,住进新屋后,这家人小的先死,老的后死,最后一家只剩下鳏、寡、孤、独,以致绝嗣。

一年春天,罗隐骑着毛驴转悠,见一个年轻男子正在田里插秧,想捉弄他,说:"插秧哥,插秧哥,一天要插几万棵。"年轻男子便不由自主地一直插,累得腰酸背痛。直到天黑,他才插完了几万棵。他妻子见状,问他根由,年轻男子有气无力地说了个大概。他妻子说:"你明天见到他,就说'毛驴脚,毛驴脚,一天要跑几万脚'。"第二天,罗隐果然又来了,他想看看年轻男子累成什么样了。谁知年轻男子精神好得很。他还想捉弄年轻男子,那句话刚出口,不料年轻男子马上用妻子教的话应了回去。结果,年轻男子安然无恙,罗隐的毛驴却跑了几个大圈。罗隐大汗淋漓地回来问:"小哥,这话是谁教你的?"年轻男子告诉了他。罗隐想见识见识这位年轻妇女,问了路,来到了年轻男子家。罗隐说:"大嫂,我走路饥渴,麻烦你炒九个菜,我要吃圆桌。"年轻妇女早猜出骑毛驴的先生是罗隐,微笑着说:"请稍等。"一会儿工夫后,年轻妇女把罗隐请到磨坊。罗隐一看,磨盘上放着一碗韭菜和一碗饭。罗隐心想,这女子真聪明。吃过饭后,罗隐牵驴要走。他左脚踩上镫后,回头问:"大嫂,我这是上还是下?"年轻妇女不慌不忙地走到门口,笑吟吟地把一只脚放在门槛外,问:"先生,这是进还是出?"罗隐的驴出门后拉了一堆屎,年轻妇女说:"先生的驴怎么把屎拉在我门口?"罗隐说:"驴屎塞心。"年轻妇女从此变得头发长见识短了。

　　罗隐前半生因"十试不第",足迹遍及今天的浙、苏、皖、赣、闽、湘、鄂、陕等十余省,因而全国各地留有许多关于罗隐的传说故事。罗隐晚年辅佐钱镠,成为吴越国的栋梁。

　　自宋代起,罗隐的故事就被记入了各种文献和笔记。

　　北宋永州祁阳人陶岳撰的《五代史补》对罗隐的故事记述甚多。罗隐在科场恃才傲物,尤为公卿所恶,故屡举不第。长安有个罗尊师,会看相。罗隐因为相貌丑陋,怕相士瞧不起,不敢让他看。等到累遭黜落,罗隐不得已,始往问焉。尊师笑曰:"贫道知之久矣。你执于一第,贫道观之,虽首冠群英,亦不过簿尉尔。若能罢举,东归霸国以求用,则必富且贵矣。"隐憮然不知所措者数日。邻居有卖饭媪,见隐,惊曰:"何辞色之沮丧如此!莫有不决之事否?"隐尽以尊师之言告之。媪叹曰:"秀才何自迷甚焉!且天下皆知罗隐,何须一第,然后为得哉!不如急取富贵,则老婆之愿也。"隐闻之释然,遂归钱塘。

　　罗隐有洞察世事的智慧,但他恃才傲物,言语刻薄。

　　其实,历史上的罗隐没有那么倒霉。他前半生虽然屡试不举,但也赚了一个才子的名声；晚年官运亨通，做了吴越王的近臣，虽然没有做上皇帝，但也不算怀才不遇。

一个关于罗隐之死的传说很有趣。

皇帝嘴乞丐身的罗隐越走越迷茫，越走越孤独，彷徨、惆怅、困惑、无奈。他走着走着，忽然遇到一阵大雨。他见路边有一块悬着的大石，石下有个不大的山洞，仅可容纳几个人。他想进洞避雨，却发现山洞早被几个先到的小孩挤满了。外面的雨越下越大，罗隐大声喊："快出来，石头要塌啦。"他这一喊，洞里的小孩全逃出来了。

罗隐只是想把小孩骗出洞来，自己进去避雨，却忘记了自己金口银牙。罗隐刚走进洞内，只听一声巨响，悬在洞口上的大石塌了下来。他想逃，然而刚露出一个头，身子就被压在大石下面，压得他吐出了长长的舌头。最后，他的舌头还被山上的喳喳鸟啄食了。

喳喳鸟吃了罗隐的舌头后，嘴变成了罗隐的嘴，叫声也能成谶了。据传，喳喳鸟如果在枝头"喳！喳！喳！"地叫，则出门不吉利；它如果"吱喳！吱喳！"地叫，那就是在唱歌，就是在祝你今天出门平安无事。

真实的罗隐的命运由他的性格决定，传说中的罗隐的命运由老百姓决定。关于一代才子罗隐的传说、轶事就是老百姓心里的爱恨情仇的体现。

欧阳修为其写墓碣铭的吴举

吴柏初

吴举,字太冲,号仲举,生于南唐升元四年(940年)。据清同治版《都昌县志》与史学家欧阳修撰写的《宋零陵令赠尚书都官员外郎太冲公墓碣铭》一文记载,五代之际,长江以南为南唐疆土,吴氏亦为不显。李煜在宋建隆二年(961年)继位后,以明经招募人才。吴举在宋开宝元年(968年)就任彭泽主簿,时年二十八岁,效忠于南唐李煜。宋太祖召煜来朝,煜不奉诏,宋太祖便派大将曹彬带兵讨伐。前锋兵破池阳(即今安徽贵池一带),曹彬派使者劝降各郡县。当使者来到彭泽时,县令打算献城投降,却被吴举阻止。吴举大义凛然地说:我们要与南唐李氏共存亡。随即,吴举把曹彬派来的使者杀了,坚守彭泽县城。后来,李煜投降,吴举被宋兵俘获,而后被押送到营中。曹彬问他为什么要杀使者,他说,因为各为其主,现在任尔处之。曹彬被其精神感动,便仗义地将他释放。其间,宋廷下诏,说凡是在南唐出仕做官的人员都可以随李煜到京城重新登记任职。吴举拒之不去,毅然携家眷隐居在都昌县白凤乡(今苏山乡)淄网项山脚(今吴家垅),成为继其祖父吴延章之后在都昌繁衍传代的一支吴氏开姓祖。

三年后,即宋太平兴国二年(977年),朝廷再次诏求李氏部下官吏前往各地任职。此时,吴举终于再度出仕,其经历是:

宋太平兴国二年(977年),任郓州平阴县(今山东平阴县,隶属济南市)主簿,二任六考;

宋太平兴国八年（983年），任益州成都（今四川成都市）令，二任六考；

宋端拱二年（989年），任陕州（今陕县，地处河南西部，隶属三门峡市）录事，二任六考；

宋淳化五年（994年），任襄州宜城（今湖北宜城市，隶属襄阳市）参军，三考；

宋至道三年（997年），任洋州真符（今陕西洋县，隶属汉中地区）参军，三考；

宋咸平二年（999年），任福州连江（今福建连江县，隶属福州市）参军，六考；

宋咸平六年（1003年），任楚州盐城（今江苏盐城市建湖、阜宁、射阳等县域）参军，三考；

宋景德四年（1007年），任耀州同官（今陕西铜川市）参军，六考；

宋大中祥符五年（1012年），任零陵（今湖南零陵）令；

宋大中祥符九年（1016年），道卒扬州，享年七十六岁，葬都昌县白凤乡三十八都长城社。

宋嘉祐三年（1058年），欧阳修为吴举撰写墓碣铭，称举以子恩例赠尚书都官员外郎。

史载，宋乾道以后，县令定为三年一任，仍非二任不除。据宋嘉定十二年（1219年）诏，两经作令满替者，实历九考、有政声无过犯、举员及格，改官人特免再作知县，许受签判或干官，以当知县履历。吴举在此之前为官，任期不受此限，但也要受其满一岁为一考之约束。同时，在偏僻之地，县令一般任期为二任或一任以上，以免新旧交替留下空缺和上任、卸任途中劳苦。朝廷对留守府判官至县令理六考，对军巡判官至县府理七考，率以法计其历任岁月功过而序迁。史又载，凡选人阶官为七等，其五曰县令、录事、参军（即后来的从政郎）。吴举再度出仕后，效忠宋廷近四十年，仕途平稳，虽任地都在偏僻之乡，却守职且任劳任怨，特别是历任参军，频频调防，长途跋涉，亦苦亦累，可谓大义凛然，忠于朝廷，鞠躬尽瘁，昭示后人。其家族，儿孙连续三代七进士，可谓都昌之望族。

在都昌为冯姓开宗立派的冯公甫

冯唐波　冯光曦

冯评,字公甫,约生于974年,卒于1060年。他祖籍安徽休宁,宋天禧五年(1021年)进士及第,官居饶州郡守。冯评以勤政爱民而被尊称为"长者",后辞职定居于灵芝山。南宋丞相江万里在所题写的冯氏迁徙诗中曰:"世居东汇水之阳。"这说的就是冯公甫是都昌冯氏的发祥人。他定居都昌不仅提升了都昌的人文地位,也为都昌培养和造就了一大批俊才。此前都昌虽有出仕官居要职者,但他们大多未定居都昌,而外籍人且在外任要职而定居都昌者则更无一人。冯公甫是外籍官定居都昌的首开纪录者。

据《冯氏宗谱》记载,公甫之父冯伯琪,始任泉州知府,继任洪州刺史,爱民如子,民赠其号"济民翁"。后冯伯琪看不惯腐败,不愿混迹官场,上疏朝廷要求退隐,皇帝准其所奏。冯伯琪某次路经鄱湖,突遇狂风大作,随风飘至东汇长宁(今南芗万湖滨),路遇船只,有落水身亡者二十三人,其中男十六人,女七人。这二十三人中有和尚三人,道士两人。伯琪不忍其暴尸于野,备衣棺将其埋葬,并一一祭奠。其积德行善之举深受民众赞誉。也许冯氏从此便与都昌结下了不解之缘。

冯公甫在饶州任职,鄱阳湖既是其属地之一部,也是其凭舟出行的必经之地。有一次,冯公甫途经鄱湖,船泊湖中夜宿,当晚梦见群魅四周拜谢,说:"蒙您的父亲收殓骸骨,此恩无以为报,请您遇瑞则停,可以定居,特此告之。"第二天,公甫催促开船,顿时东南刮来狂风,而后舟随风止。公甫泊船登岸,见灵芝发秀,一派祥瑞景象。这优越的地理环境自然使他爱慕至极。公甫遂生退隐之心,于宋至和二年(1055年)辞职筑室定居其地,将此山命名为"灵芝山",并将曾祖父南唐户部尚书冯廷鲁及曾祖母之遗骸迁于此。其地就是今天南峰乡石桥村的灵芝山。

大宋王朝在建立之后注重发展经济,奖励农耕,激励官民开发荒芜之地,经济重心开始由中原向江南转移。当时鄱阳湖湖区地广土沃,且长驻居民稀少。对于熟悉"国策"且看穿社会时势,不愿陷于互相倾轧的仕途角逐之中,谋求且耕且读、休养生息的冯公甫来说,其必然要选择一块既利当前安居乐业,又能兼顾长期发展的"风水宝地",都昌长宁地区就是他梦寐以求的安身立命之所。冯公甫深谙堪舆,精通《周易》,生前踏遍古长宁方圆数十里地,为其百年后长眠择得一钟灵毓秀之地。此地就在今天的芗溪乡塘下畈村。

冯公甫陵墓左侧是蜿蜒起伏、连绵不断的山脉,好像一条腾云驾雾的巨龙,被人们称作"龙筋山"。龙筋山麓的塘下畈村而今是冯公甫十三世孙冯相二后裔繁衍生息之地。龙筋山怀抱一方池塘,池塘中池水清澈而甘甜,鱼儿肥硕而悠闲,与塘面上翠绿的荷叶、亭亭玉立的荷花和远处的茂林修竹汇聚成画。端午节时,人们会在池塘里划小船、唱小调,故该池塘又被称作"划船塘",亦被称作"藕塘"。陵墓右侧的山脉稍微前伸,坡势平缓,酷似平卧着的一只老虎,人们因而叫它"老虎峦"。陵墓背后神似龟背的山冈叫"尺八墩"。相传很早以前,山底下有一神龟烦躁不安、蠢蠢欲动,山头日高一尺八寸,天公怒其不轨,电闪雷劈予以警示,神龟才一直蛰伏至今,山也就一直没再长高,"尺八墩"之名由此而来。陵墓前面,近处是宽阔肥沃的稻田,迎面而来的是潺潺不息的河水。隔垄相望的山脉活脱脱就像一只展翅欲飞的大鸟。它承载着理想、信念和祈盼飞向远方的愿望。在这堪舆中称作"左青龙,右白虎,前朱雀,后玄武"的经典之地,山势逶迤,林木茂密,无处不呈祥瑞之兆。于是冯公甫陵墓秉山川之灵气,聚日月之精华,德佑绵绵,嘏泽悠悠。无怪乎其后冯氏在宋朝七代之内出了十六名进士。而今,都昌冯姓皆为冯公甫后裔,其裔孙分布全国各地。

戍边卫国的军事能才刘彦诚

刘 铨

刘彦诚约生于五代后唐初年,卒于宋太祖开宝八年(975年)。他生于仕宦之家,父名逾,字行省,登进士第,官浔州府事,娶金尚书之女,只生下彦诚一子。

刘彦诚生得相貌魁伟,幼攻书史,饱读兵法,博学多才,青年时代即精通太公"六韬",善于策略。由于生于五代十国多事之秋,刘彦诚弃文习武,箭法精奇,世称其"刘一箭"。刘彦诚仕南唐后主李煜,官至散骑常侍、光禄大夫,每劝后主加强武备,以防外乱。李煜虽是诗词音乐方面的风流才子,却疏于治国,只知歌舞升平,宴饮享乐。刘彦诚未得重用,常有去意。

公元960元,赵匡胤于正月初三在陈桥驿被部下用黄袍加身,做了皇帝,取代后周,定国号为"宋",成为宋太祖。公元975年,宋太祖命曹彬攻金陵。毫无抵抗能力的李煜此时只好"肉袒出降",被押送汴京。刘彦诚早在陈桥兵变后就适应时机,率所部及时归附宋朝。宋太祖当时非常高兴,认为彦诚明于大义,深识天时,为不可多得的人才,即封其为彬国公,后来又任命其为都总管知兴国军。刘彦诚上任以后,为政清廉,积极发展农桑,深得群众爱戴,颇有政声。宋太祖闻后,认为彦诚仕宋尽忠,列为开国元勋,赐诸侯王剑。当时宋室初定,西方小戎侵犯,宋太祖命他带兵讨伐。刘彦诚凭借杰出的军事才能很快就平定了小戎之乱,接着又平定了一些地方盗贼,使治所安定。他还向宋太祖献上十六条治国安邦的建议,受到宋太祖嘉奖,仍被封为散骑常侍、光禄大夫。他死后,宋太祖又以开国之勋赐谥"武忠",赐葬故里都昌县。

居守西陲的排门刘姓始祖刘仲武

刘　铨

刘仲武为刘彦诚四世孙，为都昌县排门刘姓始祖。他一生在外征战，寓居秦州成纪（今甘肃天水市）。《排门刘氏小宗谱》载："仲武子孙定居故里黄金乡七里桥……列第宅二十四以居子孙，故号排门。"南宋丞相文天祥题其堂曰"东南文献第一家"。

刘仲武一生军功显赫，仕宋英宗、神宗两朝。《泸州军节度使刘仲武神道碑铭》载："伊彭城公世系东人，因官关中，遂寄于秦州成纪，有赫其功……"他生得相貌英武，一表人才，青少年时受家庭熏陶，饱览诗书，兼习武功。宋熙宁元年（1068年），宋神宗即位，闻其为将门之子，进行召见，在演武场观看其表演射箭，见其百步之外一箭射中靶心，龙颜大悦，封赏有加，官授检校少保，迁升东阁门，命镇守和州。吐蕃数万兵犯边，刘仲武坚守孤城，出奇制胜，大破吐蕃兵，朝廷又将其迁升为泸州军节度使，镇守西陲，抗击西夏的入侵。刘仲武屡立战功，以少胜多，朝廷倚为干城，又任其为熙河兰廓路经安抚使，加封彭城开国侯，食邑一千五百户。刘仲武死于凤翔任上。他死后，朝廷又加赠太师吴越国公，宋禧宁年间又封谥"威公肃"。他原娶薛氏，继娶王氏。薛氏和王氏皆被封为越国夫人。

恪尽职守、善察民情的吴中复

吴柏初

吴中复,字仲庶,江西都昌人,生于宋真宗大中祥符四年(1011 年),于宋仁宗景祐四年(1037 年)登进士第。《宋史》中有吴中复传记叙其一生概况。与吴中复同朝为官的吴中复的成都挚友赵抃撰写的《中复公传》和《中复公墓志铭》的内容则更为系统、翔实。

"吴中复少时性精敏,虽年少如成人,崭然见头角。"这是赵抃《中复公传》的开篇语句。然后,赵抃详列出吴中复一生之简历:

宋景祐四年(1037 年),吴中复登进士第,调任泗州招信使;平泗州巨盗,以功移闰州之金坛令;秩满改秘书省著作佐郎,知临江之新淦;未几,移汉之德阳改秘书丞;期年,河东都转运使;嘉之捷,为通判军州事。

宋皇祐二年(1050 年),吴中复迁太常博士通判潭州。

宋皇祐五年(1053 年),吴中复任监察御史,俄迁主客员外郎、殿中侍御史,通判虔州(未至),移知池州。

宋至和元年(1054 年),朝廷授吴中复殿中侍御史克言事台官,九月命其使北迎章圣皇帝御容,以往致国信还朝,授右司谏兼管勾国子监。

宋嘉祐三年(1058 年),吴中复转起居舍人同知谏院;宋嘉祐四年(1059 年),改任户部员外郎兼侍御史,知杂事兼都水监都水;宋嘉祐五年(1060 年),

除三司副使;宋嘉祐六年(1061年),转吏部郎中;宋嘉祐七年(1062年),进天章阁侍制知潭州;宋嘉祐八年(1063年),宋英宗登极,恩改户部郎中。

宋治平元年(1064年),吴中复改任左司郎中知瀛州;宋治平四年(1067年),转左谏议大夫。

宋元丰元年(1078年),吴中复病卒,朝廷赐其为上柱国渤海郡开国侯,食邑一千四百户,实封六百户,赐紫金鱼袋。

赵抃在详述吴中复生平经历的同时,对其为官风范大加赞赏,并言知公莫如余。概括起来,吴中复为官有如下特点:

1. 铁面无私,直言进谏。吴中复对时任丞相梁适和刘沆的所作所为,敢于上疏弹劾;对贾文元拜枢密使一事,也直言其不宜辅政。宋仁宗对其刚直不阿的品质甚为赞许,并帛书"铁御史"三字赐之,让其留传后世。

2. 恪尽职守,不畏强暴。吴中复刚出仕时任泗州招信使,遇县民高禹谎称使者,惑众于祸福,公悉发其妖状,民安之;在知瀛州时,此地沿边界河虏人嗜利捕鱼,其边臣喜生事,殆至争斗杀伤,公至下令指河北为界,以善约束而平息。

3. 忠于朝政,勇于献身。吴中复受命使北迎章圣皇帝御容,以往既至国信,而北朝自以先当求与章圣二宗御容至本朝,而本朝不当报书议欲无答。他敢于挺身而出,愿自己留在北国当人质,不辱使命。

4. 善察民情,体恤百姓。他在任汉之德阳秘书丞时,地产荔枝、紫竹、胭脂及楠樱二木,在上者求索无度,民甚苦之,他即立石碑刻三诗告后人;移知池州时,当地无学校,他便在秋闱上建校以教诸生,池人后建生祠以颂其德。

5. 因循守旧,反对新法。他在知成德军时,朝廷推行青苗法,他谓敛散固自有期徒,遣武人重为民忧,遂称檄止之,即关白河北安府司韩国魏。他领使北道适与执政辩论青苗法非是得,并移文兼录其语以闻时固不喜,过分强调地域条件,而缺乏革故鼎新之思想。

吴中复开创了吴氏义字宗——这是宋代全国吴氏十二大宗之一,并在宋熙宁乙卯年(1075年)亲自参与纂修延陵吴氏宗谱。他五个儿子中就有三个进士及第,其中长子居湖北黄梅,次子居都昌,幼子居豫章。吴中复为官清廉,秉性耿直,受百姓赞颂,为后人之楷模,不愧为义字宗之开创者。

南宋抗金名将刘锜

邵天柱

刘锜是南宋著名抗金将领,是中国历史上一位颇有建树的军事家。他毕其一生,赤心报国。宋绍兴十年(1140年),他指挥顺昌战役,以五千兵马击溃十余万金兵,创造了中国军事史上又一以少胜多的辉煌战例。在岳飞、韩世忠等抗金将领相继遇害或被贬去世后,宋绍兴三十年(1160年),他又以垂老重病之躯挂帅出征,并坚持指挥抗战到生命最后一息。

刘锜,字信叔,祖籍宋江东路南康军都昌县黄金乡二十都排门村(今江西省都昌县鸣山乡七里桥)。其父刘仲武戍边于泾原、秦凤诸路(均属今甘肃),故刘锜生于是地。

刘锜生于北宋末的元符元年(1098年),自幼随父在军旅生活,具有良好的军人素质。

刘锜正式出仕是在他十九岁那年即宋政和六年(1116年),当时他在父亲帐下"充秦凤路经略司书,写机宜文字"。宋宣和二年(1120年),刘锜随父调任熙河兰廓路经略司书。同年,以高俅荐,朝廷将刘锜调入京师,授阁门祗候,差赴潼州府路任廉访使者。从此,刘锜离开父亲独立任职。其间,他以功累晋升承节郎、保义郎、成忠郎。宋靖康元年(1126年)七月,刘锜"面奏廉访职事",朝廷认为"奏对详明,议论可采,特授阁门宣赞舍人";九月,朝廷差刘锜知岷州兼洮东安抚总领。

宋靖康二年(1127年),金兵俘徽、钦二宗北去,宋高宗赵构即帝位于南京

（今河南商丘）。是年，而立之年的刘锜受命任陇右都护，成为镇守西部边关的地方将领。宋建炎三年（1129年），由枢密使张浚举荐，刘锜晋授右武大夫，升熙河路兵马都监。次年，朝廷又特授其为开州团练使，调任泾原路经略安抚使兼知渭州。这年九月，他同他的五兄刘锡一道随张浚参加了富平之战。在参加战役的五路军马中，刘锜是作战最勇猛的一支，一度致金完颜宗弼（兀术）身陷重围，使其部将韩常中矢伤目。此后不久，因张浚指挥失误，刘锜所辖之泾原渭州失守，刘锜被降秩为武略大夫，直至宋绍兴三年（1133年）方复秩右武大夫、开州团练使、宣抚司统制使，知绵州兼绵、威、茂州、石泉军沿边安抚，分守蜀陕之地。

宋绍兴五年（1135年）十二月，刘锜被召入临安，率师驻建昌府。宋绍兴七年（1137年）九月，刘锜为淮南西路安抚使、马步军都总管，领寿春（今合肥）、安庆两府及六州三军，成为一路之帅。

宋绍兴八年（1138年），刘锜调任枢密院都统制，屯兵镇江。宋绍兴九年（1139年）二月，朝廷命刘锜出任东京（今河南开封）副留守，去接收金按和约交还的失地。同年五月，金单方面破坏和议，下诏复取河南、陕西。刘锜率部到达顺昌（今安徽阜阳）时，闻金军已破东京，并将进逼两淮，便决计坚守顺昌。五月底，金兵三万围顺昌，刘锜部含眷属不足三万，能"出战之士，不过五千人"，加之又是孤军深入，敌我态势于刘锜相当不利，但刘锜不因此而惧，以强烈的爱国主义情操感染将士，以高超的作战艺术指挥全军，将敌人击败。六月，宗弼闻败报，自东京亲率十万大军来援，又被精于韬略的刘锜综合利用天时、地利、人和诸因素在顺昌城下打得一败涂地。顺昌之役，"八字军"以少胜多，重创了金军精锐"拐子马"，令金人此后每见顺昌旗帜便不寒而栗。

顺昌大捷后，刘锜晋授武泰军节度使、侍卫马军都虞候，并权知顺昌府。可是，以苟安为国策的南宋皇室听从秦桧等的谗言，连连下诏令刘锜退兵，改任刘锜为淮北宣抚判官，命其退守太平州（今安徽当涂）。

宋绍兴十一年（1141年）春，喘过气来的宗弼率部再犯庐、和二州。刘锜奉命率部自太平州渡江直抵庐州,与张浚、杨沂中部会合以抗击金兵。刘锜部据东关之险以遏金人之后,旋于二门,与杨沂中、王德部协同作战,大败完颜宗弼、韩常部于柘皋(今安徽巢县西北)。是役基本摧毁了金军精锐的"拐子马",大伤金军元气。四月,岳飞、韩世忠等几员抗金主帅被削去兵权。七月,刘锜亦被免去宣抚判官的职务,被贬知荆南府。

刘锜报国无门,在荆南作了六年闲官之后,于宋绍兴十七年(1147年)以兄刘锡卒于湘潭为由请辞。七月,年方五十、正值壮年的刘锜竟获准提举江州太平观。从此,刘锜闲居湘潭九年。宋绍兴二十五年(1155年)十一月,大臣魏良臣向高宗奏言名将刘锜不当久闲,朝廷乃于十二月下诏,令刘锜知潭州(今湖南长沙)。宋绍兴二十九年(1159年),大臣李宗闵上书,称荆南要地无兵自固,建议朝廷招兵以严守备,刘锜于是获准招兵以重建军队。宋绍兴三十年(1160年)十月,刘锜领兵赴镇江,被授威武军节度使一职。

宋绍兴三十一年(1161年)五月,金国派使者到临安,声称要以长江为界,与宋朝划分疆域。宋高宗恐慌不安,始议调兵守江淮,但由于身边宿将已无在者,只得起用已经患病的老将刘锜。他命刘锜任江淮浙西制置使,挂帅出征,节制各路军马。为了国家安危,刘锜扶病"引兵屯扬州,建大将旗鼓,军容甚肃,观者叹息"。十月,刘锜审时度势,放弃江淮一部地区,而于镇江借长江天堑以遏制精于骑术的金兵。在撤退中,刘锜为保护随军而来的百姓,指挥所部于皂角林伏击尾追之金兵,杀金万户于高景山。十一月,刘锜病剧,督师江淮的叶义问命锜侄刘汜渡江作战,锜以为不可,汜则年轻好胜且不听良言,以致瓜洲之败,导致刘锜病情恶化。刘锜遂"召诣阙除万寿观",命其兄刘锐暂权镇江都统制。刘锜被送到京城临安治病,"假都亭驿居之"。宋绍兴三十二年(1162年)元月,金国遣使南下与宋室议和,宋高宗甘心称臣求和。是年二月,为接待将来临安的金国使者,朝廷要病已垂危的刘锜搬出都亭驿,使得刘锜气愤非常,于十一日"呕血数升而卒"。刘锜死后,朝廷于是年二月二十五日"赠开府仪同三司",后又追封刘锜为"武穆"。

教化都昌的大儒朱熹

闵正国

朱熹(1130年—1200年),字元晦,一字仲晦,号晦庵,江西婺源人,年十八时登进士第,初授泉州同安主簿,后历任编修、知南康军、提举浙东茶盐公事、提点江西刑狱公事、秘阁修撰等。他在宋光宗时任江东转运副使,知漳州、潭州;在宋宁宗时为焕章阁待制兼侍讲。"庆元党禁"起,他被弹劾并降两官,于南宋庆元六年(1200年)忧愤病死。南宋理宗朝赠太师、谥号"文",追封其为信国公,后改徽国公,从祀孔庙。

朱熹一生任外官五处,做京官仅四十多天,为官共计九年,其余时间致力于书院教育和学术研究,注释儒家经典,著作宏富超千万字。他是我国古代继孔子之后又一伟大的思想家、教育家、文学家,他的学说被视为理学正宗和"集大成者",对后世七百多年的封建社会影响极大。

清同治版《都昌县志》载:"惟都昌僻在湖滨波涛之所冲,啬生齿薄而物产微。其人类多质朴而文彩不耀,至不能之诸邑齿然。"这所说的应是宋代之前都昌文化教育并不发达的情况,但自周敦颐、朱熹先后为南康知军以后,都昌则成为先贤"过化之地"。周子、朱子为官一任,造福一方,恪尽职守,为民请命,教化为先,培养人才,德泽广被,文风延绵,影响深远。

陈嗣清在明代崇祯癸酉年(1633年)的《都昌县志》的序中说:"登著述之堂,搜理学之薮,而知士有宗盟;吊止水之魂,溯开辟之勋,而知人多正气。况为

周朱过化之属邑,则流风善政具在。且宦游于斯者,又皆鸿儒硕彦。"

康烈在明代崇祯癸酉年(1633年)的《都昌县志》的序二中说:"且都邑为周朱过化之乡,文明翊运,代不乏人。邦域之中,莫不景而慕之。然景慕之不工若亲尝之为得也,则斯志为必不可缺。"

徐孟深在清代康熙丙寅年(1686年)的《都昌县志》的序三中说:"犹幸际郡伯周文,宗以骊山之心,学接尼山之薪传,鹿洞讲席重开,俾濂溪、紫阳二夫之宗风,再振匡山之美、蠡水之灵,安见彭冯之学行、云住之著作,不有继武二陶之忠义、两江之节烈,不有嗣芳者乎?"

南康军始置于宋太平兴国七年(982年),辖星子(今庐山市)、都昌、建昌(含今永修、安义),军治在星子,在宋时属下等郡,土瘠民贫,物产不丰,直属江南东路。但其又居水陆要冲,地理位置重要,乃兵家必争之地,有"西江锁钥"之称。都昌为三县中之大县,人口也多,故大文豪苏轼有诗赞曰:"鄱阳湖上都昌县,灯火楼台一万家。"

南宋淳熙六年至淳熙八年(1179年—1181年),朱熹以秘书郎的身份知南康军。他本不想赴任,曾以身体欠佳、治政乏术为托词四上免状,但朝廷有意让他到穷地方吃苦历练。因朝廷不允,朱熹只得硬着头皮上任。他在任三载,清正廉明,标本兼治,重农桑,抑豪强,薄赋税,救灾荒,兴教育,办书院,使南康军全区大治,连宋孝宗也不得不承认"朱熹政事,却有可观"。其好友尤袤在《送朱晦庵南归》中赞扬道:"鼎新白鹿诸生学,筑就长虹万丈堤。待哺饥民偏恋德,老翁犹作小儿啼。"其弟子王阮在《送晦翁十首》中也总结说:"去年民食十分灾,一力先生尽救回。今日手攀辕下者,人人都自翳桑来""移苗时节雨连天,白水青秧满大田。天欲先生归去后,故留遗爱在丰年""忌口年来积渐除,君王方信是真儒。稍移全活一州手,再使江西十郡苏"。

朱熹知南康军时,常去都昌考察民情,了解实况,重视都昌地理人文,关心都昌民众疾苦,对都昌文化教育影响巨大。仅四川大学新编的《朱熹集》和清同治版的《都昌县志》就收录了朱熹任上所写的奏折、札子、公告、榜文、书信、记跋、诗歌等180多篇,其中的大部分都与都昌县的人和事有关,而直接为都昌写的也有20多篇。这些奏折、札子等的内容涉及刑狱、教化、减税、免役、生产、救灾、修堤、答问等诸多民生问题,也成就了他"见儒者之效"的名声。

赈济救灾　减轻民负

朱熹上任后发布的第一道榜文即是关于宽民力、敦风俗、砥士气的。他以为宽民力即"爱养元元",从仁政出发,除去"役烦税重"的苛政,解决"民力日困,无复安土乐生之心"的状况,达到"户口岁增,家给人足"的目的;敦风俗即以三纲五常纠正世风日下、人伦丧失之风,使百姓"咸知修其孝弟忠信之行,入以事其父兄,出以事其长上,敦厚亲族,和睦乡邻,有无相通,患难相恤";砥士气是提倡忠义气节,以讲道修身的"圣学"提振士气,大抑士人不顾廉耻奔竞趋利之风,兴教办学,以便"讲说经旨,多方诱掖,庶几长材秀民,为时而出"。这是一份社会改革方案,无论是在当时还是在现在,其积极意义都毋庸置疑。

朱熹上任这一年,南康军大旱,稻谷歉收达七成,田野荒芜,民心惶惶。朱熹更是忧心如焚,多次巡行全境,调查研究,尔后果断采取了平抑粮价、赈济饥民的一系列措施:第一,让富户出借或低价粜米,建昌张进亨、张邦献,都昌黄澄等大户就出粜大米1.9万石,缓解了粮食短缺的局面;第二,动用库钱和救济钱购米赈灾,在各县城镇及乡间设场,平价赈米,在星子设7场,在都昌设11场,在建昌设17场,共拯救灾民、稚童、孤老、残疾人等21.8万人之多。

朱熹在任上还鼓励通商,倡导直接交易,减少中间盘剥,打击欺行霸市。他以甘冒风险、不怕丢官的勇气为民请命,上奏朝廷,请求减免粮税和其他苛捐,共计免粮37000石,免绢1500匹,免钱2900贯,免木炭款2000缗,免夏税款9200贯,免军费640贯。同时,他又严令各地扣减加耗一半,以利减轻民负,恢复生产,让民众安居乐业,不致流离失所。这些举措得人心,"三邑之民欢趋之",都昌得益尤多。

在《论都昌创寨札子》中,他断然提出异议,纠正了上司要在都昌增设五处兵寨的错误做法,一年为都昌县省粮1800石,省钱500余贯,省绢500匹,省绵1500两,"使邑屋无侵扰之虞,州郡免供亿之费,遂除一方永久之害"。

都昌木炭纳税一事着实让朱熹伤透了脑筋。交炭乎?交钱乎?交绢乎?一边是炭民深受其害,怨声载道;另一边是奸吏滑胥巧取豪夺盘剥以自肥,一项税赋折来折去翻了三倍,从五六文涨到二十文。朱熹一心为民,四上札子,请求照准:"乞许从民便,价贵处人自纳钱,价贱处人自纳绢,两不相妨,各得其便。"此举一见朱熹为民便民之苦心,二见其时他办事之艰难。

还有人突发奇想,奏请将南康军治移到湖口县,由湖口、彭泽、都昌组成新南康军,而把星子、建昌两县划拨到江州。朝廷竟同意了这劳民伤财、不切实际的浩大工程。朱熹在《申免移军治状》中愤怒指斥:"移动一军城壁、官舍、仓库、营寨,所费浩翰,度须用数万缗……。而议者率尔言之,仅同儿戏……而劳民动众,为此有害无利之举?"

为政勤勉　为官清廉

南宋淳熙七年(1180年)夏,朱熹上了一札著名封事,把治政分为务与本,认为"天下国家三大务,莫大于恤民,恤民之实在省赋",强调恤民之本在"人主正人心,立纪纲,亲贤臣,去小人",主张"视其土之肥瘠,税之轻重而均减之""去其苛敛,责以宽恤,去其加耗预借之弊""四海利病,系斯民之休戚。而斯民休戚,系守令之贤否"。他强调君臣对国家、对地方治理的作用和影响,实在是见识过人。

朱熹在知军任上三年,一方面,劝课农桑,修筑湖堤,重视生产,发展农业,下发了《劝农文》,推广了《耕田法》《种桑法》;另一方面,深入基层,了解民情,访贫问苦,"多方体察询究","相与徜徉泉石间,竟日乃反",主张"儒家以清治为主,严以济宽,号令既明,刑罚亦不可驰"。朱熹办事较真,坚持原则,又善解民困,不畏诽谤,有着道学家的傲骨和柔肠。

他知人善任,赏罚分明。经全面考察稽实,他认为"建昌官员皆不足倚仗",不能为百姓"分清黑白"。为此,他派弟子王阮去检查,"庶见下情稍通,吏不敢肆其奸"。他觉得都昌官员"稍解事",又有黄省干(疑为黄灏)在那里协助,"必可无虑"。他表扬星子县令王文林"忠厚敦实",且能躬行乡下,不怕吃苦。

朱熹在南康,为了正人则先正己,做到严于律己,宽以待人,尤其是善待平民百姓。他本患足疾,行走不便,很想把家眷接来照应起居,但因恐耗费"公家财物",仅带十岁小儿同行。他曾捐己俸重建卧龙庵,以诸葛亮为典范加以效法。对于经手的往来账目,他历历分明,无有错讹。当听闻建阳有人要印己书时,他赶紧写信,予以制止。调离南康军之后,他遗钱三十万给继任钱闻诗,以修建白鹿洞书院礼圣殿。当有人要在白鹿洞书院建生祠纪念他时,他又以专函声明此举不妥。他要求僚属办事负起责任,出于公心,通情达理,严禁徇私舞弊,浮夸不实,使部下既敬且畏。其好友吕祖谦感叹道:"能使僚佐协其力而不苟也。"

朱熹在宽民力的同时以严刑峻法打击那些为非作歹的豪强奸吏。都昌豪绅刘邦达"挟财恃力"纠集乡民"鸣锣持杖,过都越保"报复仇人。朱熹坚决处以决配编管。事实上这些豪强与奸吏在朝廷多有靠山背景,许多好心人都劝朱熹不要过于认真,朱熹却说:"必欲使某喂哄虎狼,保养蛇蝎,使奸猾肆行,无所畏惮,而得歌颂之声,洋洋远近,则亦平生素心所不为也!"

培养人才　教化一方

培养人才、教化一方是朱熹在南康军任上的主要政绩之一,也是一项化育当时、启示后人的德政工程。

在到任之初,朱熹即颁布《知南康军檄》,约法三章。其中的第二条是劝士农父老教导子弟,第三条是请贤父老推选有志于学的子弟入学。

白鹿洞书院大门,匾额为明代李梦阳所书

其后他所采取的措施主要有二。一是整顿军学,增添钱粮,扩大招生,订立学规,安排课程,并亲临军学讲经。他规定第一日讲书,次日背诵,第三日、第八日出题,第四日、第九日交卷,选优秀作文讲评。二是他在下乡巡检途中发现白鹿洞旧址,随即着手重振事宜,做了八件实事,四方学子争入其门,执弟子之礼。二曹(曹彦纯、曹彦约)是其传人,二谭(谭汝为、谭良翰)是其传人,三彭(彭寻、彭蠡、彭方)是其传人,冯氏父子也是其传人,而江万里、陈澔等人则是其第三、第四代传人。他们都是都昌和白鹿洞引为自豪的杰出代表。

都昌学人还以朱熹重建白鹿洞书院为榜样,纷纷在都昌兴办精舍、义学和书院,把都昌的文化教育推向了一个新的发展阶段,使得都昌学风、文风相沿不绝,世代流传,形成"私塾—都昌书院—白鹿洞书院"的阶梯形教育模式,培育了一大批对社会有用的人才。都昌历史上著名的书院,宋代有彭蠡创办的梅坡精舍和盛多园、彭方创办的宝林书院、冯去非在县城东门创办的去非书院,元代有陈大猷在县治北磨旗墩创办的东斋书院、陈澔在西山麓创办的云住书院,此外还有汇东书院、南山书院、经归书院、古南书院等。这些书院使"周朱道学赖以昌,纲常名教藉以振"。

《朱熹集》收录了不少当年朱熹与都昌门人学子交往联系的书信,有的篇幅还很长,涉及的领域也广,治政、为学、救民、做人等无所不谈,记下了朱老夫子与都昌人的深情厚谊,表现了朱熹诲人不倦、学无止境的大师风范。如在《答都昌县学诸生》中,朱熹就来信所提问题一一作答,如何以为师、何谓之孝、志行结合、温故与知新、君子与小人等,可谓谆谆教导,语重心长,使学生受益匪浅。他还写有答冯奇之书信两封、答黄商伯书信六封,论及理气、阴阳、已发、未发、致知、力行、修身等论题,是今天所见研究朱熹与都昌、南康军、白鹿洞书院的珍贵史料。

朱熹在南康美人伦、厚教化、敦风俗、启民智的具体举措还有:寻访矢忠帝室的晋太尉陶侃遗迹,为武功卓超的晋太傅谢安、高风亮节的征士陶潜立祠,为累世守节的义门洪氏旌表,为前辈先贤周敦颐立祠,再建博闻劲节的刘涣、刘恕父子宅墓,修复以孝行著称的司马家族和熊仁瞻的墓地及闾门等。朱子几乎调动了南康全境全部前代有名的忠臣孝子、义夫节妇来挽救衰世颓风,弘扬光大儒学,抵制佛老泛滥。朱熹修复这些先贤故址、纪念建筑物,是他敷扬德化的重要内容,有着鲜明的现实目的,要人们以前人为榜样,可见其对世风日下的忧虑和力挽狂澜的用心。

陶侃是都昌人,历代在都昌为之建了不少陶公祠、陶公庙,据不完全统计,这些祠、庙已有四十三座之多,此外都昌还有陶母墓、陶侯钓矶等遗址,陶侯钓矶还是"都昌八景"之一。千百年来,陶侃故事、陶侃精神及其后裔陶渊明的事迹在都昌人们的心目中世代相传,长盛不衰。

朱熹曾上书《乞加封陶桓公状》:"晋侍中、太尉长沙陶桓公兴建义旗,康复

帝室,勤劳忠顺,以没其身。谨按图经,公始家鄱阳,后徙浔阳,见有遗迹在本军都昌县界,及有庙貌在本军城内及都昌县……保明奏闻,乞加封号。"文章最后说:"州具实事状申转运司,本司验实保明。及详本县缴到文字,所以发明公之心迹,尤为明白,有补名教,理宜褒显。而公位登三事,爵冠五等。当时所以品节尊名者,亦已称其行事之实。今据士民陈请在前,欲乞朝廷详酌,采其行事,特赐庙额,以表忠义。"尔后,都昌县城之南庙、七角乡之北庙等均得到修复,庙貌得以重光,朱熹之心愿也得以了却。

朱熹为官南康,与匡庐、彭蠡结下了不解之缘,与星子、都昌、建昌乃至江州也结下了不解之缘。这里的名山秀水给他留下了深刻的印象和回忆,这里的风土人情给他的艺术创作和学术研究提供了广阔的素材和源泉。三年的外官生活丰富了他的阅历,也成就了他的事业和理想,可以说使他收获多、受益多。三年里,他所写的记跋、书信、文章就有一百多篇,诗词歌赋也有近百首。他对都昌老爷庙附近的鄱阳湖水域的惊涛骇浪更是记忆犹新。《都昌县志》就载有他所作的《彭蠡湖》诗三首:

茫茫彭蠡杳无地,白浪春风湿天际。
东风捩柂万舟回,千岁老蛟时出戏。
少年轻事镇南来,水怒如山船正开。
中流蜿蜒见蜻尾,观者胆堕予方咍。
衣冠今日龙山路,庙下沽酒山前住。
老矣安能学伙飞,买田欲遡江湖去。

白鹿学风,朱子精神,古韵余绪,影响久长,直至今天,乃至永远。朱熹,这个世界级的文化名人,读书人记住了他,都昌人更记住了他。

尊师重教的朱熹弟子黄灏

闵正国

元代著名理学家、临川才子吴澄在元天历二年(1329年)所撰的都昌《先贤祠记》中说:"秦汉而下,孔道之传不续。历千数百年,乃得宋河南程子、远承孟氏之绪。而道国元公周子实开端于其先。徽国公朱子又集成于其后。二子当熙宁、淳熙间,俱守南康郡,南康偏垒也,传道二大贤尝过化焉。都昌,南康属县也,畴昔仁风之所披拂,教雨之所沾濡,流芳遗润百世犹未泯。社而稷之,尸而祝之也。固宜考江丞相修学碑,周朱二子有专祠在县学。迩年废而莫举,讵非

黄灏(摄于白鹿洞朱子祠)

掌教靡人不以为意欤?天历己巳,教谕万钧用至惕然大歉,白主簿黄将士孚转达县丞何进义、其县尹李承务某佥议谐协遂营明伦堂之西翼室设二子位,扁:先贤祠。允谓知教之本者。乡贤旧亦无祠,若朱门四友:西坡黄氏(黄灏)、梅坡彭氏(彭蠡)、厚斋冯氏(冯椅)、昌谷曹氏(曹彦约),建祠于明伦堂之东翼室。强斋彭氏(彭方)深居,冯氏(冯椅之五子)暨古心江丞相配匾曰:乡贤祠。表章尊奉之。余靡不竦慕兴起,其于人心世教,岂小补哉。"这是吴澄应都昌之主簿、弟

子黄浮之请所写的记文,弘扬了周、朱两人创建、发展理学的历史功绩,叙述了都昌"朱门四友"传播朱子学的积极贡献。自宋以来,"朱门四友"之名蜚声海内外。

"朱门四友"之首为黄灏,字商伯,又字景夷,号西坡,原籍都昌,后裔迁居星子(今庐山市)。黄灏是朱子及业门人,堪称"考亭后学";而黄家则是理学世家,自宋末到明代,诗书传家,人才辈出,在地方上很有影响。

黄灏之父黄唐发,字尧叟,南宋建炎二年(1128年)进士,知永丰县(今属吉安),志书称他"勤慎爱民,情操如一""廉正通达,均有政声"。

黄唐发长子黄吁,字俊伯,南宋乾道二年(1166年)进士,初授东阳丞,又迁开化令。

黄唐发次子黄颐,字观伯,南宋隆兴年间(1163年—1164年)举乡荐,累授鄱阳主簿,"学有本原,达不变塞"。

黄吁之子黄楷,进士出身,曾官太常博士。

黄灏之子黄杭,太学生,官池州(今安徽贵池)法曹,曾为其父订正文集并约请黄干撰序。

入元以后,黄吁、黄灏之裔孙仍有名气。其中,黄资元入元后为江西儒学提举,后归星子建陪坡精舍,教书育人,自号"陪叟",有《陪坡集》十卷;黄慥出掌白鹿洞书院,著有《素行集》三十卷。

元末,黄灏之后裔有黄虞、黄异、黄典、黄舆、黄巽兄弟五人。五人一并登科,"一门五进士",乡间传为美谈。黄异之子又有黄朋、黄珏等,均有文名传世。

黄灏是黄唐发第三子,自幼敏悟强记,"书史过目不忘","性行端饬",少年就读于荆山精舍三年,后入临安(今杭州)太学。他于南宋隆兴元年(1163年)中进士,入隆兴府(今南昌)学教授,任内访贤礼士,训勉诸生,增创斋舍,学政太举。朱熹知南康军兴复白鹿洞书院时,黄灏入其门下,执弟子之礼,质疑问难,相交默契。以"不敢轻为人师"为问,朱子"以所知者语人可也",改官江州德化县令，以"兴学校，崇教化为本"力学县学，修葺濂溪书堂，凡关于教化育人事，均孜孜不倦，鼎力促成。如同老师朱子一样，黄灏也是一位身体力行的教育家，后以政绩升为常州知州，提举浙西常平、信州（今上饶）知州，又以朝散大夫调任广西路转运判官，后因年老辞去广东提点刑狱一职。他死后获谥号"文简"（一说"文懿"），《宋史》卷四百三十有其传。黄灏被祭祀于都昌县乡贤祠和白鹿洞书院宗儒祠（后改入紫阳祠），今仍被列于白鹿洞书院朱子祠。他著有《西坡集》四十卷，黄干为其文集撰写序言。四川大学还将宋代胡寅撰、黄灏注的《叙古千文》汇入《全宋文》。

黄灏在知德化县时，恰逢岁遭饥馑，因赈灾有方，被地方上官举荐于朝。宋光宗赵惇即位后，黄灏升迁太常寺主簿和大府寺丞。上召对，他首以"天德刚健，绝声色嗜好之惑"为言，可见他是个敢说的人；他知常州时，当地大饥，人争相食，场景悲惨，上有旨停交夏税，他不待报行并停秋苗，受到弹劾，获罪被削职，移居筠州（今高安），可知他是个敢做之人。南宋绍熙五年（1194年），他迁居星子县，先后闲居十几年，或聚徒讲学，或"幅巾深衣""若素隐者"，骑驴优游于匡庐、鄱湖之间。后来，"伪学之禁大开，朱子门生多有另投他师，唯恐躲避不及者，但黄灏不为所动"。朱熹过世之后，士子多有不敢前往吊唁者，而黄灏正谪贬乡居，却甘冒政治风险，不远千里呼号奔丧，极尽弟子之谊，并徘徊多日，不忍离去，是后世尊师重教的绝好楷模。

黄灏曾于南宋淳熙六年（1179年）在隆兴府学建周敦颐祠。他写信给朱熹，求朱熹述周氏学说的要义以启示后学，并记建祠之始末。朱子允其所请撰成《隆兴府学濂溪先生祠记》传世。次年，黄灏又刻朱子所著《语孟要义》一文于府学，朱子为之作《书语孟要义序后》一文。朱熹还应黄灏之约，为《黄氏家谱》作序一篇，赠题匾"亲义理"一块，后人加柱联"圣学千年统；家传三字符"以配。朱熹曾为黄灏之父黄唐发题写了墓志铭一篇，由此更见两人关系非比寻常。

黄灏治学专崇朱子，与士友讲论遇疑难时，"则持书求正于"朱子。《朱子语类》中，有黄灏所记关于丧服、理气、戒惧、阴阳方位的语录五条。朱熹也以黄灏为挚友，对其学养有很高评价。两人书信来往不断，论及理气、阳阳、已发、未发等性理论题。朱熹在信中还谈到许多有关白鹿洞书院建设和教学的情况。这是我们今天研究白鹿洞书院和朱子教育思想的重要资料，具有原始史料研究价值。

朱熹高足、女婿黄干在《西坡文集序》中说："善者，先立其本，文词之未达而已矣。然本深省，未必茂，不务其本而未焉，是先未见其能工也。予始识西坡黄君，见其神清气勇，襟怀卓荦，而知其姿禀之异；见其从师学问，而恐不及，而知其趋向之正；见其临民多惠政，立朝多壮节，而知其事业之伟。岁适不侵，人相食，官吏畏首畏尾，束手坐视，君发廪蠲租，不待报，竟以得罪。伪禁方严，学者更名他师，至有师没不吊者。君谪居，不远千里哭泣奔赴。投闲十年，人不能堪，君泊如也。有本者如是。"序的最后说："予始识君于康庐，今四十年矣。哲人其萎，而从遊诸老皆无在者。过君家，访其子，如见其人焉，其子池州法曹杭，出君文一编示余，俾序之。"由此可见黄干对黄灏的学识、品德、政绩是十分敬佩的。黄灏行状已列清同治《都昌县志》卷九《人物志·理学传》。

首提"朱门四友"的吴澄（1249年—1333年），字幼清、伯清，号一吾山人，元代江西崇仁（今划乐安）人，历官将仕郎、江西提学副使、国子监丞、司业、太中大夫、翰林学士，知制诰，同修国史，主编《英宗实录》。他是元代理学名家，与许衡齐名，当时有"北许南吴"之誉。他著有《吴文正公集》《草庐精语》等。

为《西坡集》作序的黄干（1152年—1221年），字直卿，号勉斋，福建闽县（今福建福州）人，从学朱熹于白鹿洞书院，熹以女妻之。朱熹病重后以所著之书授黄干，黄干成为朱熹道统的继承人。黄干以荫补官，历知新淦令、汉阳军守、知安庆府等，多有惠政于民，曾讲学于白鹿洞，后朝廷召其为大理寺丞，不拜，归里授徒课业以终，卒谥"文肃"，有《勉斋集》。

"白鹿薪传" 都昌三彭

闵正国

宋代都昌的彭氏是名门望族,为书香门第。其子孙有热衷于地方教育、筑室讲学者,有科举及第、步入仕途者,其中尤其以"都昌三彭"——彭寻、彭蠡、彭方三人最为突出。

彭寻、彭蠡的祖父彭图南学识渊博,宋徽宗政和五年(1115年)中进士,初授迪功郎,后官淮宁府(今扬州)教授。

彭寻、彭蠡的父亲彭立道,字昶年,读书讲求内功,不求闻达,不慕功名,"事亲色养备致,居丧遵从古礼,庐墓三年不移。人叹其孝"。彭立道每教人以继往开来为己任,故其子孙理学接踵,多受其影响和感染,是后世问学行孝的典范。彭立道死后,朝廷追赠其为朝议大夫,归葬于都昌县治北四十里的三姑山(俗名"彭家嘴")。旧《都昌县志》中的卷十六《古迹》还记载:"县治北二十八都旧有理学坊,为梅坡(蠡)、东园(寻)、强斋(方)立,今其地犹名彭家嘴。"

彭蠡长兄彭寻,字师绎,号东园,自幼得益于父亲教诲,颇善辞令,写得一手好文章,又与弟彭蠡同学于白鹿洞书院朱熹之门。他于南宋孝宗淳熙元年(1174年)以文笔与德行得到乡里推崇和举荐。南宋宁宗嘉定元年(1208年),礼部特为其奏名进士,只可惜其英年早逝。彭蠡明时被供祭于乡贤祠,名列清同治版《都昌县志》卷九《人物志·儒林传》。

彭蠡（1146年—1200年），字师范，号梅坡，在家庭的熏陶下从小刻苦攻读。他兴趣广泛，多才多艺，涉猎诗文、音乐、书法等多科，尤其在乐律研究方面颇有造诣。南宋孝宗淳熙四年(1177年)得领乡荐。朱熹知南康军时，彭蠡与兄长彭寻、儿子彭方慕名从游，或泛舟鄱湖，或畅游匡庐，诗歌酬唱，相聚甚欢。朱熹复兴白鹿洞书院后，特聘彭蠡为白鹿洞书院经谕，让他负责讲解儒家经典《四书》和《西铭》。他与朱子时相释难问答，辨析精辟，才学深为朱子赏识，所以说，彭

彭蠡（摄于白鹿洞朱子祠）

蠡不光是朱子的学生，也是白鹿洞的先生。朱熹调离南康军后，对他仍念念不忘，时刻牵挂。朱熹的老友甘叔怀游庐山时，朱熹致书信给叔怀，托其代己致意曰："吾友彭师范胜士，在隔江都昌，可为一访。"

彭蠡后官常州府教授，以子彭方显贵，被当朝特赠吏部尚书衔。晚年的彭蠡以积学名世，筑室家乡的梅坡，辟馆课士，江淮学者千里迢迢，皆师事之，称他"梅坡先生"。他又立精舍于清化乡黄湖里石潭坂（今春桥乡中衙村），取名"盛多园"，并约请"朱门四友"中的另三位一道讲学其中，"讲求道学性命之蕴"，亦名噪一时，影响广泛。他著有《皇极辨》诸书，卒后获赠龙图阁学士，名列清同治版《都昌县志》卷九《人物志·理学传》。

彭蠡之子彭方，字季正，又字季直，号强斋。"朱子守南康时，方随父受业焉。"他学习用心，勤于思考，对疑难问题从不放过，常俯身倾耳聆听朱子教诲，受益颇丰。他才是真正意义上的朱子门生、白鹿洞学生。他在弱冠之年的南宋

绍熙四年（1193年）魁省闱，次年又中进士，先为池州（今安徽贵池）教授，又任扬州教授、景陵（今湖北沔阳）知县、广东经略安抚司干办官、歙县（今属安徽）知县、袁州（今江西宜春）知州、国子监祭酒兼侍讲、起居住官、殿中丞、兵部右侍郎、晋吏部尚书，获赠金紫光禄大夫，加文华阁、龙图阁学士等。晚年的彭方因年老上疏辞官，但宋理宗看重他的文才，御笔慰留。但彭方不恋官位，连续二十余次请准丐归，朝廷最后只得恩准归居，又赠封他为少师衔。

彭方仕途通达，身居要位，且为官清廉，一生谨慎，"爱养民力"，清明讼狱，造福桑梓，于朝廷、于地方多有德政。他也曾在都昌治北清化乡赟湖里佛寺之阳建宝林书院，训徒授业，为家乡培养、储备人才。

彭方著有《经华续业》三十卷和《强斋集》若干卷，卒后获谥号"文定"，其母陈氏被封为"淑人"，其妻刘氏被封为"夫人"。乡人将彭方葬于其曾经讲学的宝林书院旁，敕葬有碑立焉。其人名列清同治版《都昌县志》卷九《人物志·理学传》。

"都昌三彭"以彭蠡、彭方父子名声最显。明代，他们两人都以朱子弟子的身份从祀白鹿洞宗儒祠；清代，他们从祀白鹿洞紫阳祠。明清两代乃至今日，从祀白鹿洞的朱子高足十四人，彭家父子占了两个，是为孤例。

朱熹在白鹿洞书院的生徒有姓名可考者仅二十多人，都昌即有"朱门四友"。他们连同朱熹四十多年教授的众多弟子形成了一个庞大的理学传播人才网络，为理学的崛起和辉煌做出了不懈努力，终于将其发扬光大。"都昌三彭"就是其中的先驱。

南宋理学世家冯氏群儒

闵正国

南宋是我国书院发展的兴盛时期,书院不仅传播、普及了文化教育知识,也为社会输送了大批人才。在都昌县乃至南康军,冯氏都是最有名望的文化世家之一。冯椅及其四子冯去非、冯去辨、冯去弱、冯去疾不附权奸,隐居林下,授徒著述,其人品、学养至今仍受到人们赞扬,其所遗留下来的古迹如读书坂、去非书舍等也是人们纪念、凭吊的场所。

冯椅,字仪之,一字奇之,号厚斋,是一位学者兼教育家。他生性敏捷,博学多才,著作等身。宋孝宗淳熙年间(1174年—1189年),冯椅从仰慕朱子到虔诚向学,来到白鹿洞,常手捧经书向朱子讨教。尽管两人年龄有较大差异,但朱熹对他仍"以友待之"。朱熹走后,两人书信往来不断。

宋光宗绍熙四年(1193年),冯椅考中进士,先为德兴县尉,后官至江西运干、国子监祭酒等。不久他即弃官归里授课讲学。他曾应好友黄灏之约,在都

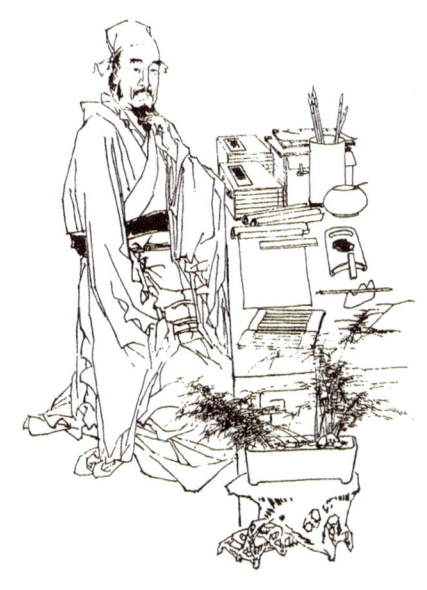

冯椅(摄于白鹿洞朱子祠)

昌清化乡黄湖里的石潭精舍——盛多园执教，为家乡培养有用人才，乃至"尽宋之季年，衣冠相望，犹有可考者"。冯椅一生正直刚毅，淡泊名利，勤于写作，著有《太极图》《孟子图》《尚书辑说》《孝经辑说》《诗辑说》《论语辑说》《厚斋易学》《丧礼小学》《西铭辑说》《孔子弟子传》《冯氏诗文志录》《续史记》（又名《白鹿洞书院志》）等，通过这些著作全面解说了儒家经典，只可惜这些著作大多散佚，仅《厚斋易学》流传至今。今四川大学已将该书汇入新编的《全宋文》。《厚斋易学》作于宋宁宗朝，分辑注、辑传、外传三部分，共五十卷。冯椅在书中既博采众长又阐发己见，条目缕析至为详悉，是宋元儒学的权威性作品。鄱阳汪标所编《经传通解》即以冯椅的《厚斋易学》为底本。冯椅此作补充并发展了宋以来程颐、朱熹等人对易学研究的成果，使王安石、张弼等人已失传的易学全义得以延续。

冯椅辞世后，朝廷赠予尚书衔，并祭祀于都昌县乡贤祠、白鹿洞书院宗儒祠、紫阳祠、朱子祠。与他一起名列"朱门四友"的同乡曹彦约写了《亲友冯仪之运干挽章三首》来悼念他，对冯椅的品德功绩给予了高度概括和评价。

冯椅家教甚严，督课亦紧，对于四个儿子，从他们小时候开始就严格要求，授之以四书一经，传之以忠信孝义，使他们日后德才兼备，有益于世。

冯椅长子冯去非（1192年—约1275年）字可迁，号深居，与冯椅一样养成了刚正不阿之品性。他于宋理宗淳祐元年（1241年）中进士，曾任淮东转运司干办，治所在江苏仪征。县东有东园一座，施昌言为之建，欧阳修为之作记，蔡襄为之书丹。上官黄涛到仪征后，欲于东园辟佛寺。冯去非认为不妥，坚决制止。尽管黄涛已答应推荐提拔他，但冯去非不恋官位，告假离去。

宋理宗宝祐四年（1256年），冯去非又被召为宗学教谕，为皇族子弟讲学，虽官位不高，但位置重要，升迁有望。其时，奸臣丁大全得宠于帝，仗势弄权，排除异己，结党营私，激怒了京城太学生。结果丁大全赢了，陈宜中等六名学生被流放管制。冯去非对丁之所为十分反感，一拒绝在禁令碑上签名，二为解救、保护被捕学生多方奔走,上书建言,因此被罢官返乡。行船停泊于金山焦山时,丁大全为拉拢他,派人前往致意挽留,冯去非不被官禄引诱,愤然拒绝:"老夫今归吾庐山,不复仕矣!"此后,他隐居乡间,建去非学舍以授徒,闲时写诗赋词,是宋末婉约派诗人之一。《宋史》卷四百二十五有传。其著作有《洪范经传集注》《易象通义》《洪范补传》等。

冯去非存诗很少。冯去非的词作婉约雅丽,今存三首。"倦游也,便樯云柁月,浩歌归去"当为其罢归时所作,不见悲凉,只见欢欣。

冯去非不欲为官,归隐松竹,颇有一点乡贤陶公"不为五斗米折腰"的遗风。

冯椅的次子冯去辨,宋宁宗嘉定十三年(1220年)由征辟进入仕途,官至侍郎。

冯椅的三子冯去弱,在宋理宗宝庆二年(1226年)也应征辟,后知宁国府。

冯椅的幼子冯去疾,号磊翁,天资聪慧,学识过人,宋宁宗嘉定十三年(1220年)进士及第,入直徽猷阁,曾任温州府教授,迁升知兴国军(今湖北阳新),曾于兴国沧浪亭刻《兴国本四书》。宋理宗淳祐八年(1248年)他被提举为江西常平茶盐。在任期间,他曾于临川创立临汝书院,并聘请知名学者程若庸为山长。临汝书院云集了众多文人学子,成为当时颇有影响的一所书院,发展了"才子之乡"的文化教育。

都昌冯氏父子为后世树了"弟子择师习其学,师择弟子传其学"的典范。他们砥砺品行,磨炼意志,热衷儒学经典,颇得理学要义,退能"独善其身",进能"兼济天下",使都昌冯氏成为文化世家和教育世家。

南宋政治家、军事家曹彦约

闵正国

曹彦约,字简甫,号昌谷,宋淳熙八年(1181年)中进士,历官建平县(今安徽郎溪)尉、桂平军(今湖南桂阳)录事参军、司法参军,知乐平县,后在江西安抚司京湖宣抚司主管机宜文字,后又权知汉阳军事。宋宁宗开禧年间(1205年—1207年),金兵"重兵围安陆,游骑闯汉川",而郡兵寡弱,形势危急。曹彦约登高一呼,积极组织地方武装,招募乡勇,加强水陆防御,制定周密的作战计划。他先派越观迎战金兵,

曹彦约(据衙前曹氏宗谱)

在渔民的大力配合之下,"斩其先锋","焚其战舰"。接着又遣党仲升偷袭金营,杀敌千余,"民赖以安"。曹彦约也因救援安陆、大败金兵而升任汉阳知军。"开禧北伐"失败后,史弥远等主张与金议和,曹彦约坚决反对。曹彦约上疏宋宁宗,义正词严地予以批驳,深得皇上赏识。但孤掌终究难鸣,朝廷还是与金重开和局,签订了《嘉定和约》。

宋嘉定二年(1209年),曹彦约升为湖南转运判官,后改利州(今四川广元)转运判官兼知州。其时利州正值饥荒,粮食奇缺,饿殍遍地。他果断决定"减价遣粜,勤分免役,通商蠲税"。通过这些救灾措施,"民赖以济"。他针对当时四

川边境各司并列、兵权不一、互相推诿、不堪防卫的状况,作《病夫议》上奏,历数各种弊端,痛陈医治良策,主张用人"求一贤者而尽付之兵权",不应"虽信而用之,又以人参之;虽以事权付之,又从中御以系维之";对军队和民勇,要进行整顿和训练,要正本固源,认为"本原一坏,百病间出""忠义民兵利在战斗""若其恃勇贪利,犯上作乱,则又不止于大军而已",必须"磨之以岁月,渐之以礼义";要求"择知书者以为教导",万不可有侥幸获胜得功的心态。《病夫议》切中边境要害,提出可行的解决方案,是颇有见地的。虽不蒙上采信,但曹彦约拳拳报国之心上苍可鉴。不久,曹彦约受命回江西,任安抚使兼知隆兴府(今南昌),为服务桑梓出力。

宋理宗即位后,曹彦约被提为兵部侍郎兼国史院修撰,不久迁礼部侍郎、宝谟阁学士兼侍读。后来朝廷又授予兵部尚书的职务,曹彦约以年高力辞,于是改宝章阁学士,知常德府。其时国事日非,奸佞当道,曹彦约深感不安,多次上书直言,提出"劝上讲学,防近习""倚忠直如蓍龟,去邪佞若蟊贼",应该"谨定省以为长乐,开王社以笃天伦,孝友之行,宜足以取信于天下",抨击"下情未通,横敛未革",抨击行贿贪污之风,抨击不负责任、相互诋毁之风。其言辞耿直激烈,不避嫌疑。宋庆元元年到庆元三年(1195年—1197年),曹彦约常侍讲筵,"殚心启沃",以宋太祖、宋太宗、宋真宗三朝事迹为宝训,反复阐明,以为效法。他将所讲内容辑为《经幄管见》四卷(后被收入《四库全书》史部史评类),"旁证经史而归之于法诫"。《四库全书总目》对《经幄管见》评价很高:"其间奏议,大都通达政体,可见施行。所论兵事利害,尤确凿有识,不同于摭拾游谈。其应诏陈言二封事,乃庆元、宝庆间先后所上,于当日苟且玩偈之弊,反复致意,切中窾要,亦可证其耿直之概。惟俪词韵语,稍伤质朴。然不事修饰而自能词达理明,要非学有原本者不能也。"他还存有文学著作《昌谷集》二十二卷(被收入《四库全书》集部别集类)、《昌谷类稿》六十卷、《舆地纲目》十五卷、《星凤楼法贴》等。

曹彦约还是一位文人,其名已被收入《江西历代文学艺术家大全》。在《偶作》中，他教人读圣贤之书、信孔孟之说；在《赠杨伯洪》中，他写出了自己当时的情状和忧虑。一些迎来送往的题赠之作又充满了情义和友谊，如《祭刘仲明文》："二十余年，手足弟兄。有财共用，有田共耕。……生不同姓，居不同州。……慰我寂寥，问我穷愁。别久不见，贻书置邮。"

其兄曹彦纯，字粹甫，与弟同学于朱熹，也是白鹿洞的学生，并有时名。

其弟曹彦继，也是都昌的文化人。

曹彦约有四子。在父亲在言传身教之下，四兄弟角力并进，或从政，或从教，皆为名士。长子士况，读书刻苦，有士大夫操行，宋宁宗嘉泰二年（1202年）以士行征召为官，所至政绩斐然，累官至郎中，以朝散大夫辞官归居；次子士规，孝敬父母，友爱兄弟，知书达礼，于宋嘉定七年（1214年）以孝友征辟为迪功郎，官太平县主簿；三子士衮，授丞务郎，后迁知重庆府；四子士冕，字端可，号陶斋，由幕僚仕至州郡，曾以奉议郎知德化县（今九江县）。士冕自幼聪慧，勤于书法，见识高明，得父真传，为书坛高手，所著《法贴谱系》二卷，每条都详叙摹刻始末，订其异同工拙，以资参考。

曹彦约之侄曹士中，宋嘉定四年（1211年）中进士，任福建泉州佥判。

曹彦约之孙曹愚，字伯明，由廷臣荐编国史，后改知萍乡，获赠朝列大夫。

曹彦约历官宋孝宗、宋光宗、宋宁宗、宋理宗四朝，任上政绩显著，体恤民情，学问渊博，敢于直言，多谋善断。大凡政治、经济、军事、教育其均有涉猎。《宋史》称他"可与建立事功"。朱熹道统继承人、女婿黄干称其为"豪杰之士"。人论学统，以黄干为第一；论经济大略，以曹彦约为第一。他最后以文华阁大学士致仕归。1228年，曹彦约病逝，上赠少保，赐号"文简"，归葬县北龟山，崇祀都昌乡贤祠，又入白鹿洞书院宗儒祠、紫阳祠和朱子祠，《宋史》卷四百一十上有其传。他名列清同治版《都昌县志》卷九《人物志·名臣传》。

南宋都昌曹氏是名门望族。曹氏子弟在曹彦约中进士后，由科举入仕途者达十多人，这在都昌县是少见的。

文天祥的太老师、南宋名相江万里

马楚坚

江万里，字子远，号古心，学者称其"庐山公"，生于宋宁宗庆元四年（1198年）十月十六日，为江南东路南康军都昌县延昌乡檀湖（林塘）里人。

其曾祖英始业儒搜庋图籍，传家留手泽之书；祖璘承家学，以诗书抗户门，隐居教授，建书堂于林塘西南，以讲习儒学为务，培育子孙，并擢高科；父烨为克家子，经明行修，学者号曰"韦斋先生"，户屦常满，经其指授，多所成达，于训子尤力。江万里于宋理宗宝庆二年（1226年）特奏名进士，历任全州教授、峡州宜都尉、

江万里

权抚州金溪县尉、江南东路提举常平司，转西路提举茶盐公事，以从事郎改宜政郎，升大理司直，奉敕宣差主管华州云台观，以奉议郎致仕。三代以万里贵加恩叠封；英赠太子太保，沈氏赠清源郡夫人；璘赠太子太傅，巢氏赠南康郡夫人；烨赠太子太师，陈氏赠永宁郡夫人。

曾祖，乡里称为"善人"，祖亦号"长者"。其邻史知县者大父故寒士，骤得居官，以武断夸其能，杖哗健士、意常轻璘，璘俯首不答，归语烨曰："史祖父故寒

061

士,今居官以杖士人自意,于我心有不释然。审尔,史氏且不昌,汝其戒之。"其借之以善循理之向导子嗣,使家风传承不绝,积庆验再传之后,宜乎烨妻陈氏有妊娠感祥而生万里。

江万里少神隽,有锋颖,承父祖之学,于宋宁宗嘉定八年(1215年)复从朱门林夔孙习道学,肄业麓洞。游东湖,所交多考亭门人,出入端平诸老,以才德兼优,连举于乡。以治《周易》进太学为上舍生,有文声。

宋宁宗嘉定十七年(1224年)闰八月,理宗在潜邸,尝书其名于几研间以备后用。

万里于宋理宗宝庆二年(1226年)登王会龙榜,进士及第,于宋理宗绍定三年(1230年)初任池州文学教授,赞袁甫振兴学校,与有力焉。

宋理宗绍定六年(1233年),差充沿江制置使司准备差遣;宋理宗端平元年(1234年),改差两浙西路安抚司干办公事。

宋理宗端平二年(1235年)三月召试馆职,累迁秘书省正字;宋理宗端平三年(1236年)二月,为校书郎,十一月,除秘书郎兼庄文府教授;宋理宗嘉熙元年(1237年)三月,升著作佐郎兼沂靖惠王府教授,六月,权尚左郎官兼枢密院检详文字,九月,除著作郎,十月,差主管华州云台观。

宋理宗嘉熙三年(1239年),知吉州,兼提举江西常平茶盐,以劝农重振民生为首务,而泽满螺江。宋理宗淳祐元年(1241年),创白鹭洲书院于郡东南,选后秀肄业其中,先德教,由是弦诵相闻。翌年,召赴行在,依前知吉州,兼权江西提举、屯田郎官,未行,以朝请郎迁直秘阁,改除江西转运判官兼权知隆兴府。创宗濂精舍,属南安军建道源书院以祀先哲,使学者知所依归。归励濂精舍,属南安军建道源书院以祀先哲,使学者知所依归。为励风化,奏旌义门。为恢崇人文,发挥世业,特于滕王阁易王(序)以韩(记)居中位正为挽下俱。

宋理宗淳祐三年(1243年),召赴行在,迁考功郎官直秘阁,命旋寝,除主管

建康府崇禧观,改差主管绍兴府千秋鸿禧观。宋理宗淳祐四年(1244年)转职,以驾部郎官召;翌月,授尚书右郎兼侍讲。

五月,拜监察御史,仍兼侍讲,时权相史嵩之因父病告假在乡,与善人得以与帝论议更新庶政。宋理宗淳祐六年(1246年)正月,迁右正方兼侍讲。十月,改殿中侍御史、兼侍讲、集英殿修撰。宋理宗淳祐七年(1247年)正月,迁侍御史,掌言路,未及拜。万里器望清峻,论议风采倾动一时,中以论更化得失,倡"君子只知有是非,不知有利害"作为理乱存亡之新路向。辄疏投御之策,极力破权门之死党,奋身主善类之齐盟,精白一心,剀切百奏者为,帝眷注尤厚。学丐祠,省母疾,不许。属弟万顷奉母陈氏归南康,旋以母疾危闻,万里不俟告假批报驰归,到祁门得讣。而党异者议谓万里母死,秘不奔丧,反挟亲滕自随,于是侧目万里者,相与腾谤,周坦劾之,万里以终丧不自解,坐是闲废于同野者,凡八年。后更新善人日尽,帝思贤,欺骗德舆尝辨其辜于帝前。宋理宗宝祐初年,遂召起知宁国府;提举绍兴府千秋鸿禧观;知赣州;宋理宗宝祐二年(1254年),敕知建宁府,兼福建转运使;宋理宗宝祐三年(1255年),加端明殿学士,依前职知福州福建安抚使,以终丧不赴。台臣李衢为其上方,改为朝议大夫、集英殿修撰,提举建宁府武夷山冲佑观。

宋理宗宝祐六年(1258年),蒙古大犯宋疆,适服除闻国难投袂而起,山参顾嵒宣抚两浙幕,旋为帝辟任贾似道宣抚两淮参谋官,乃建师行而载笔以从。翌年正月,帝以万里带行宝章阁待制,为大使司参谋官,戍守荆州。

蒙军转鄂,似道以右丞相兼枢密使,于宋理宗开庆元年(1259年)十月移军汉阳抗敌,万里进阶通议大夫。十二月,万里因破鄂围有功,除刑部侍郎、兼国子监祭酒、兼侍读、兼修玉牒官,并获荣封赠父母妻室。宋理宗景定元年(1260年)四月,偕似道赴阙入见,式对眷知,迁通奉大夫,兼权吏部尚书,正除吏部尚书十一月。宋理宗景定二年(1261年)八月又拜端明殿学士、同签书枢密院事,兼太子宾客。天下以正人登崇,共相天子,活百姓遂在旦夕而欢,惜为权相所忌而挤,十二月随以言官光纯父所劾,辛卯罢,寻以端明殿学士提举临安府洞霄宫。

后于宋理宗景定四年(1263年)以端明殿学士知建宁府,兼权福建转运使。翌年四月,除资政殿学士依旧知建府兼运使。七月,诏知福州、福建安抚使。任中于民生、文教、风化皆力为之,课于康功,治称异等。

宋理宗景定五年(1264年)十一月,度宗践祚,以明堂大礼加恩,召赴阙。宋度宗咸淳元年(1265年)二月,除同知枢密院事,兼同提编修《经武要略》,拜辞不允,诏执政初除封赠其三代并妻。五月。迁权参知政事,闰月正除。既在政府,以今世所少惟节义而倡之,复为国招揽人才,若刘振翁、甘茂荣者;荐诸儒之后得所用,若胡可念者。

万里轩然魁硕,气盖一时,似道挟戚贵为其上司,进而秉国,邀誉敌饰,欲引万里为己用,万里性峭直,洁然清流而不污,守节作全人而不党同似道,预政事辄有方而纵论,似道常恶其轻发以碍其腐鼠之政,故每入不能久其位。似道以去要君,帝初即位,呼为师相,至涕泣拜留之。万里以身掖帝,云:"自古无此君臣礼,陛下不可拜,似道几为千古罪人。"然以此益忌之。盖通朝先后独古心敢发其奸诈以抑其大欲也,时宋度宗咸淳元年(1265年)七月。

帝在讲筵,每问经史疑义及古人姓名,似道不能对,万里常从旁代对。叶会宁郡夫人昭仪王秋儿颇知书能属文,帝语夫人以为笑。似道闻之,积惭怒,谋逐去。万里亦上疏请振朝纲,收大政,亲贤疏奸,以去留作谏于宋度宗咸淳元年(1265年)七月,凡四匄祠,万半截不得允诏,乃出关以待有诏。帝终不敢忤贾,诏除湖南安抚使,知潭州,不拜;改知庆元府,兼沿海制置使,不拜;乃予资政殿大学士奉祠,返居饶州芝山。

宋度宗咸淳四年(1268年),起知太平州,兼提领江淮茶盐,兼江东转运使。

翌年正月,召拜参知政事,进封南康郡公;二月,上疏辞免,不允;三月,特授金紫当禄大夫、左丞相兼枢密使、同提举编修敕令、同提举玉牒、同提举国史月历,同提举编修《经武要略》,爵禄食邑先后凡六千四在户,食实封一千六有户。四月既至,辞免,诏不允。

万里惇心正学,辅国视政,超贤远识,为时耆艾。凡朝廷之典章、军国之机务、生民之休戚、政治之得失,皆常履而知,有忧天下之风,将以道觉民,有思匹夫之志,矢谋庙堂,运筹帷幄,嘉谋嘉猷以弼帝以政立事,引恒切忧愤思有以济时之粹德者为国用,使上下勤恤,夙夜浚明于权奸窃权欺君及不与权之余。时蒙古长围襄樊,欲夺此长江天险喉舌,似道带于舆论偶遣心腹夏贵、范文虎诸将敷衍行人授皆败绩,盖其素欲弃此疆与妥协于敌故,京阃吕文德,虽有兵粮之援乃援其吕家军而非为国援,盖其亦贾党,且阴自约降于蒙,而人皆不知也。夏范大败,强围危急,万里以襄樊为忧,屡请益师依其策以拯时,贾似道路而不起,复以推用李庭芝、高达御蒙而忤贾意,于是良法美意,尤与贾氏屡议不合,既知其实未尝急于援襄樊也。为使遏敌战略契合融会于庙算,见诸行事以解国困,乃以己去留为此抗谏,祈获帝裁。惜帝已为贾党包围,遂为鲍度所劾,罢其左相职,出知潭州、湖南安抚大使,拜辞,依旧职提举临安府洞霄宫。正月二十九日,加特进依旧职观文殿大学士,知福州兼福建安抚使,不拜,依旧职提举洞霄宫。九月,舆疾返饶寓居。后以援襄无功无策,国蹙日甚,受感召复出,辞入相,改以少保,依旧观文殿大学醴泉使,兼侍讲、奉朝请郎,知潭州、湖南安抚大使、开府仪同三司、紫金光禄大夫,四月莅任。宋度宗咸淳九年(1273年),万里年七十有六矣。时文天祥亦出为湖南提刑,是年夏,谒见于长沙。语及国事,万里悯然曰:"吾老矣,观天时人事,当有变。吾阅人多矣,世道之责,其在君乎。"君子心灯,文山后果洒血攮抉,留取丹心照汗青而无负师门也。十月、十一月间与文山议平为患广西、湖南巨寇秦孟四,以裨安攘于时。十年正月,以陈策救吕文焕降元后将倾时危被挤,乞舆疾去,诏依旧观文殿大学士诸衔、太师、左丞相,节制天下兵马使司衔奉祠。

宋度宗咸淳十年(1274年),帝崩,少帝立,乞言,覆而不出。明年,元兵渡江,至饶州,守臣唐震竭力守御。州人皆遁,万里坐守以为民望。鄱阳周皇与母方氏入保郡城,俄疾卒,仓促不能棺。万里雅忠皇,赠美椟,又奠之如母治。先是,万里请援救襄樊之围失败,予祠去国,凿池芝山后圃,周宽半亩,规深二丈,状若玦,创亭为翼,扁曰"止水",人莫谕其意。及闻警,执门人陈伟器手,曰:"大势不可支,余虽不在位,当与国存亡。"及饶州城破于宋恭帝德祐元年(1275年)二月二十一日,唐震不屈死,军士执万顷、铎父子,索金银不得,俱以骂大贼遭肢解之。万里非无往,死不离城,宁从彭咸之后,凛一节之不渝,左携孙澄及遗表右托于从长子鉴令避地都昌,竟从容赴止水死。道范家人情笃父子,受感召相继投沼中,亲人及甥刘小村数十人,合左右执役、门人逾百人,积尸如垒。翌日,万里尸独浮出水上,鉴草敛而浅塌芝山。先是,张世杰至饶州,万里与之饮大醉。世杰曰:"国事如此,丞相如何?"万里曰:"力不能报朝廷,惟有死尔。"世杰曰:"丞相之言是也。"观此则万里从容就义之心已先决矣。二月末,世杰诏人卫,道饶州,复取之,代上遗表。事闻三宫震悼,三月,诏赗金帛敕御葬诸丘,凡十二冢,赠太傅、益国公,辍视朝二日。旋以高斯得言,四月壬寅,加赠太师,谥"文忠"。后六年,门人刘辰翁迁葬于都昌石沙湾,并撰墓志铭、祭文,重建归来庵、撰(记)以志之。丞相文天祥(集杜诗)而哭之,历代凭吊诗文则道不胜道,并相继于饶州、都昌诸地树祠祀之,丞相马廷鸾有《庙堂享祀》之赋。嫡子镐,承议郎、历知龙川州事、来安路同知、将作监,饶破时,间关数千里外,运银藏闽以备预兴复之用;说衰人燕觅僧文举仗锡来住其所修葺昭忠禅寺以宠灵其先,元世祖至元二十四年(1287年),父事既妥,继投止水以尽忠孝。镐,正室南康郡夫人黄氏所出。庶长子璆,右朝请郎,德庆府知军州事,宋度宗咸淳二年(1266

年），以泽加兵部尚书，奉母永喜嘉郡夫人邓氏宦岭南，殆父罢枢罕亦罢，并因父谕家焉；后筑砖城预抗元事，元世祖至元二十年（1283年），亦卒。万顷，万里季弟，历守太郡，为提举江西常平茶盐，官至正郎。闻元兵徇饶，忠义激烈，与子铎走芝山省兄，图以助守报国。居无何，通判万道同以城降致失守，不屈。继室刘宜人、幼子昌翁随之亦死于难。鉴为卜葬之。万里工书善画能文，世以其文起八代之陋，学贯六经之传，而推为山斗。著作颇富，唯经兵火散逸，后儒为辑之与文文山之著合曰《宋朝大忠集》者亦佚焉，硕存者仅所辑《宣政杂录》一卷而已，惜哉！

南宋忠臣江万顷

尹 波

江万顷,字子洪,一字子玉,号古崖,江万里之弟。在万里诸兄弟中,唯有万顷与之来往较密切,且与之共赴国难,是南宋时又一忠臣也。现《江万里研究》一书中有转自清康熙十三年(1674年)的研究江万顷最为翔实的资料,然亦有语焉未详之处。笔者以他书为据,就其所知,作此篇,不当之处,祈请海内方家正之。

万顷与万里一样,也从小治《周易》。万里以此高第,万顷"以《易》预选右漕闱首选"(《古崖先生圹中记》,以下简称《圹中记》),惜未中进士。笔者撰《江万里年谱》时,据明正德版《饶州府志》第一载"联桂坊,宋江万里、万顷同登第建"一条,注万顷为宋宝庆二年(1226年)进士,误矣。然万顷能为江右路漕选之首,也应该说不逊于其兄江万里,所以才会有建联桂坊于饶州府之事。

《圹中记》曰:"转承议郎,改差领稿赏所有主管文字。"检刘克庄《后村先生大全集》卷七二有《通议大夫守荆部侍郎兼国子祭酒兼侍读江万里弟承议郎新差充提领稿赏酒库所主管文字万顷封赠父母》制词一道,制词中"荆部"当为刑部之误。按江万里迁刑部侍郎在宋开庆元年(1259年)十二月,则说明江万顷除稿赏酒库所主管文字亦在此时左右。

《圹中记》有云:"出守临江……时郡罹庚申兵火,后葬为炉墟,公逋迨旦。俟万先君子至,应供排张堂,悉却不授,痛戒浮费,郡计澹足,了重纲时,廪给库以便民庄,以赈民乏,余储尚殷,以代民赋。"《宋史》卷四五《理宗纪》五曰:"景定元年二月,大元兵破临江军城;三月,诏临江、潭州诸县经兵,农民失业,应开庆元年以前二税尽除之。"明嘉靖版《临江府志》卷四于江万顷知军之前,载俞掞景定间知临江军,"会兵毁余,公私颇廖落,掞极力率治,未期,官解民舍复于其旧",刘克庄于宋景定中草《知临江军俞掞除湖南提刑》制,中云:"牧清江,承锋镝之余力,乃能左支右吾,铢积寸垒,变荆棘瓦砾为官府市区,甫期而群复旧观。"这说明俞掞在宋景定初知临江军,任期一年以上,才擢湖南提刑。江万顷于宋景定二年至景定三年(1261年—1262年)之间接任之后,才能在俞掞"复旧观"的基础上"戒浮费""赈民乏",将一军治理得井井有条。

《圹中记》云:"出,提举福建市舶……所谓金山珠海,天子南库,涅磨缁磷。上意简知,训辞:'允籍不贪之宝,复还既云之珠。'"马廷鸾《碧梧玩芳集》卷六《江万顷除福建市舶制》曰:"海市分珍,裨于国计,辀轩锡宠,予以使权。尔父兄之学先传,缙绅之望尤伟。顷登藩最,益于愁叹之声;迨列班行,有不吐菇之节。冰蘖自厉,不镜其明。言曳朝裾,往司集货。允藉之贪之宝,庶还既去之珠。服此训词,增而绩用。可。"按马廷鸾最早任翰林权直在宋景定三年(1262年),《碧梧玩芳集》卷一三《家藏御制御书诗恭跋》"臣景定壬戌,以国子司业兼翰林权直",则万顷被提举福建市舶,当在三年之后。

从马廷鸾"顷登藩最,益于愁叹之声;迨列班行,有不吐菇之节"这句来看,江万顷在知临江军之后,还入京做了官,《圹中记》有"除司农寺丞,拜卿"之语,亦可佐证。其后万顷再出京提举福建市舶。

《圹中记》又云:"时永嘉为潜藩,升瑞安府,遂移镇焉,盖上以第一麾付也。"检弘治《温州府志》卷八载:"江万顷,知瑞安府事节制镇海水军,咸淳元年立石刻府名于群治。"这些都说明宋咸淳元年(1265年)时万顷在瑞安府事任上。

《圹中记》载:"知吉州……抚古心先生三十年棠荫之旧,延见吏民,靡不欢欣,谓故侯江公之介弟,何其兄之酷似也,未几,兼江西仓……除仓部郎官提举江西仓,兼知吉州。"文天祥有《与知吉州江提举万顷》书三则(《文山先生全集》卷五),其一云:"某两年乎山中……明公以洞庭五老之胸,时雨一路,曾未数月,春旗霜艘,风采轩豁,所谓动摇山岳,细事耳。少须暇之,棣萼棠荫,先后浓郁,梦寐五采,衣被八纮。持国弟兄盛事,再见大江以西之父老弟子,岂得以私我公哉!……岁将新矣,愿言满颂磐椒,对扬绨绿。"文天祥于宋咸淳六年(1270年)"九月十三日方及门"(《文山先生全集》卷五《与秘书巽斋欧阳先生》)庐陵,"两年乎山中""岁将新矣"说明此信作于宋咸淳七年(1271年)末,信中还追记了万里知吉州后三十年万顷"再见大江以西之父老弟子"之事,可见宋咸淳七年(1271年)末万顷尚在吉州任上。

  万顷到吉州任后,与文天祥有较为密切的往来,所以,文天祥在《与知吉州江提举万顷》书二中曰:"某伏蒙公札,下问劝分,仰见岂弟父母救民水火之心。"同时,文天祥还向江万顷"陆续申控"了不少赈济之策。他在书二中说:"近同年李守惠书,自谓年谷中熟,米价日低。某尝答书之,'庐陵一歉,异于常年,田里憔悴,不堪举目。惟章贡素无枲事,而得岁又偏,乡人颠顿者,往往相率而趋治国。民食关系,苟可通融,兼爱秦晋,公之惠也'。盖赣浮桥,泄米之令素严,田吉号产米,而赣多山少田,故为赣计,不容旁及邻邦。今岁事既相反,又当通变,此须古崖一书,与李守通情,俟得其要领,然后大榜境内,许人赴赣收籴,此亦权宜之一策也。"李雷应于宋咸淳六年(1270年)被旨知赣州,"七月下车,膏雨需流,嘉气垒集,民声大和,四效以宁……明年四月,俟除荆湖南路提点刑狱"(《文山先生全集》卷九《赣州重修嘉济庙记》),说明文天详答李雷应"庐陵一歉"书在宋咸淳六年(1270年)秋收之后,而与江万顷书二又有"今年晚稻半亏,颗粒并是人官之数,早稻不过二三分,则是民食十减七八,此其所以皇皇也"之语,又说明文天祥《与知吉州江提举万顷》书二作于《回赣守李宗丞雷应》(《文山先生全集》卷六)"庐陵一歉"之后,亦即宋咸淳六年(1270年)秋收之后。由此也可推断出宋咸淳六年（1270年）秋季江万顷已在吉州任上了。

文天祥《与知吉州江提举万顷》书三曰："某念受廛两年，当使君之行，不得往送，诗又不达，歉负为何如。亟亟无诗，并拜此纸，从新昌壁弟处，借一兵走诣谭府，不知紫燕在芝山，或在庐山邪？"文天祥"受廛两年"，说明江万顷知吉州也只有两年时间，之后就被罢免了。文天祥与江万顷书书一作于宋咸淳七年（1271年）末，则书三之作，从"初十日，始得初八日申时宝翰，则知去期甚速"之语来看，说明万顷在宋咸淳八年（1272年）初就已经离职了。从信中"去期甚速""抖擞作诗，意必可相及"之语来看，江万顷离职比较突然，以至文天祥"抖擞作诗""诗又不达"，所以文天祥才有"歉负为何如"之说，也才有专借一兵"走诣谭府"，只是不知江万顷是在芝山还是在庐山罢了。我们据此或可认为文天祥与江万顷书书三作于宋咸淳八年（1272年）。

文天祥对江万顷知吉州的两年给了很高的评价，他说："庐陵四境皇皇，流离入赣，过吾乡者无虚日。岂弟父母，又拂衣去之，细民嗷嗷，皆谓曷不留我公，抚我妻儿妇女，一无异辞。此即公论在人心，不可磨灭处。吾辈仕宦得如此，即无愧《汉·循吏传》浮云得丧，何足较也。"

文天祥书三有云："大丞相古心老师，某不敢容易上问钧履，焉与转道，詹依卷卷。"江万里在宋咸淳六年（1270年）罢官之后，遂提举洞霄宫，至宋咸淳八年（1272年）。笔者撰《江万里年谱》原系此在宋咸淳六年（1270年），误。

《圹中记》又云："岁余，复起家，知南剑州……引疾凶辞……隐于家……讵意曾不越岁，逢此百罹……实德祐乙亥三月二十一日也。"江万顷于宋咸淳八年（1272年）罢官后，于"岁余"的宋咸淳九年（1273年）知南剑州，是否有江万顷于宋咸淳九年（1273年）四月授知潭州、湖南安抚大使、加特进的因素呢？姑置之待考。但万顷在知州任上时日不长，因为隐于家后不越岁，就逢此百罹，又因为"坚壁不出，值古心先生亦从湘水归来芝山"，江万里于宋咸淳十年（1274年）正月戊子以疾辞职任，诏依旧观文殿大学士、提举洞霄宫（《宋史》卷四六《度宗纪》）；文天祥也是这年正月由湖南提刑改知赣州的，"孟春之二十五日，发舟石鼓，越三日，过衡山"（《文山先生全集》卷九《五色赋记》），故文天祥"先生之出湘也，某后三数日而去"（《文山先生全集》卷六《与前人语》），可见江万里在宋咸淳十年（1274年）正月十日至二十五日之间离开潭州，而此时，江万顷已"隐于家"林塘了。

在知南剑州任上时，江万顷"内宽外明，政教备举，以兴学为第一义。曾增置学田，以助廪饩"（明嘉靖版《延平府志》卷九），一如其兄江万里。

所以，"值古心先生亦从湘水归来芝山，每小舟番黄，松风竹雨，清夜对床，胜有怡怡天伦之乐。子若侄登堂，喜见二父康胜，奉觞跪起为寿，谓可荫大椿于百龄也"（《圹中记》），万里、万顷不及一年的天伦之乐是其志同道合最真实的反映，故而才有同赴国难之举。

《圹中记》载："讵意曾不越岁，逢此百罹，先君子遇害，伯父（江万里）亦沉渊而逝，实德祐乙亥三月二十一日也。"而《宁史》卷四七《瀛国公传》载："壬戌〔宋德祐元年（1275年）二月〕，大元兵徇饶州……故相江万里赴水死。"按宋德祐元年（1275年）二月壬寅朔，二十一日正是壬戌，可见《圹中记》误将二刻为"三"。二月二十一日才是万里、万顷同赴国难之日。

江万里的再传弟子文天祥

刘文源

江万里是南宋的一位爱国丞相,又是一位著名的教育家。他做过池州教授,还创办了白鹭洲书院、宗濂书院,为国家培育了许多优秀的人才。著名的状元宰相、忠臣烈士、民族英雄、爱国诗人文天祥就是其中的一位。现存的《文山先生全集》收有文天祥写给江万里的书、启共十八篇和诗两首,由此可见他们之间深厚的师生情谊。

从年龄上来看,文天祥比江万里小三十九岁,只能算孙侄辈。他在《通潭州安抚大使江丞相》中就是这样自称的:"某在门墙诸孙辈行中,而所以蒙钧天造就,知爱绸缪,独出乎诸生之右。"但文天祥不像一般的再传弟子,他有幸亲自登上江万里的门庭,出入江万里的门下,亲聆江万里的教诲,正如他给江万里的一封信中所说的:"某半生出门下,幸甚。"也许是这个原因,所以文天祥在大多数场合就直接称江万里为"大丞相古心老师",自称为"门人"。

学生是最了解先生的。作为学生,文天祥是怎样认识和评价他的老师江万里的呢?

首先,让文天祥感受最深的是"古心先生度越常情,嘉惠后学",即江万里关怀和培养下一代,为优秀人才的出现创造了一个良好的环境。

我们知道,人才问题历来就是国家、民族所关注的大事。有远见的政治家大都重视教育,注意人才的培养、选拔与使用。文天祥认为,江万里在用人方面的最大优点是"以君子不用为我耻,以小人未退为己忧"。只要发现优秀人才,他就千方百计地加以搜罗,并及时向朝廷推荐,使有才之士能破土而出,为国家所用。宋嘉熙四年(1240年),吉州解试,欧阳守道贡于乡。当时江万里刚好来到吉州,就以慧眼识出了这位自学成才的年轻人。第二年,他创办白鹭洲书院,特地把在赣州任司户的欧阳守道请回吉州为白鹭洲书院诸生讲说。欧阳守道执掌教事以后,作为太守的江万里还亲自听了他的讲课。课讲得非常好,江万里赞扬道:"岂直诸生无出其右,予固已逊之矣!"果然,欧阳守道以他那高尚的师德、渊博的学识、生动的教学方法和卓越的组织管理才能,把白鹭洲书院办成了当时江西乃至全国的一流学校,培养出了文天祥、刘辰翁、邓光荐等一大批杰出的人才。后来江万里入京为国子监祭酒,还特向朝廷推荐欧阳守道为史馆检阅,因而使得欧阳守道得以召试馆职,授秘书省正字,累官景献府教授、崇政殿说书,迁著作郎。每讲官缺,江万里更是怀念欧阳守道,并充满深情地赞叹道:"欧阳守道老儒,真讲官也。"

但是,在封建专制社会里,正直之士步入仕途,谈何容易。作为一位政治家,江万里看到了现实生活中的忠直与奸邪、君子与小人的严重对立。对于那些遭受权贵压制、排挤和打击的君子。只要有可能,他就尽力给予扶持,使之不被扼杀而能为国家出力。文天祥遭到贾似道集团的排斥和打击,接连几次被罢官,而隐居在庐陵家乡文山。江万里知道后,对这位白鹭州书院高才生的遭遇深表同情。要知道,早在宋宝祐四年(1256年),他就为文天祥那种"法天不息"的改革进取精神所感动,预料他将来一定能为国家做一番大事业。那时他还应文天祥之请,为其父革斋先生写了一篇墓志铭,给后世留下了一篇研究文天祥家世的最为珍贵的文献资料。当国家不断遭到强敌侵略,有志之士不能施展才能而隐居山林时,江万里的心怎能平静?宋咸淳五年(1269年)三月,江万里当上了左丞相兼枢密使,与右丞相马廷鸾共柄国政,立即起用文天祥知宁国府。紧接着,他又利用自己在朝廷中的地位和声望,把文天祥调到京城任军器监、崇政殿说书、学士院权直、玉牒所检讨官等职,以加强正直之臣在朝廷的势力。晚年,他更是把挽救国家命运、复兴宋室的希望寄托在文天祥身上。他对文天祥说:"吾老矣,观天时人事,当有变。世道之责,其在君乎,君必勉之。"文天祥铭记老师的教诲,以天下兴亡为己任,毁家纾难,舍身为国,为抗元事业尽职、尽力、尽忠到底。

庐陵是人杰地灵的地方,历史上出现过"四忠一节"。江万里曾知吉州,对那里的民风士气非常了解。后来他任职朝廷,仍心系庐陵。只要见到庐陵人,他就要问:"庐陵曾得士否?"文天祥曾回忆:"庐陵之士,凡来谒(古心)先生者,未尝不深念其姓名。"

南宋末年,皇帝怠于政事,奸臣专恣弄权,忠直人士遭到迫害和打击,纪纲坏到不可收拾的地步。但人心思治,盼望忠臣、直臣上台,救国家于危亡之秋。在这种情况下,江万里于宋景定二年(1261年)八月被朝廷任命为签书枢密院事。文天祥在家乡听到这个消息,也"为之舞之蹈之,中夜以思,不能成寐",于是立即提笔写信向老师祝贺:"今先生早以言语妙天下,中以政事动中朝,后以气概风度上结入主之知,而下为四海所倾慕,则先生都范(范仲淹)、马(司马光)之望于一身。"文天祥认为:"方今西有叛将,东有逆离,而江淮与强敌为邻,强兵富财之道无所予讲。"在这"抢攘忧危之间",先生以"硕德重名","镇服危疑,收拾涣散","从容于庙朝,讦谟于帷幄",以"国久安长治之策","活百姓遂在旦夕",为此,他对江万里寄予了极大的希望:"先生之一身,其关系于方来之世道,诚重且大。"他希望江万里这位"为天下国家计者""将范、马不及为之事"而为之,以"得救民之望",为南宋朝廷建立新的功业。

江万里入枢密对爱国人士和主战派来说无疑是一种鼓舞,而对主和派、投降派来说则是一种牵制和打击。故贾似道集团把他看成眼中钉、肉中刺,想方设法排挤他,使他离京去做地方官,免得他在朝廷碍手脚。但江万里的高风亮节是世人皆知的,他在枢密院的工作是卓有成效的。文天祥赞颂他道:"胸中括石渠东观之藏,海内仰天球河图之瑞。眷惟世道,深属我公;整顿乾坤,共屹江流之柱;献纳日月,入旋斗极之枢。非徒耀不世之功名,将有意太平之礼乐。"

江万里是南宋理宗、度宗朝的大臣,担任过中央和地方的许多要职,官高权重,但从不仗势欺人,而是兢兢业业,廉洁自守,丝毫没有当时官场的那种腐败习气。他历官九十一任,每到一处都劝农桑、办学校、济时艰、务教化,做到"官民相近""乐在田家欢笑中"。这样的官在封建社会是不多见的。文天祥了解自己的老师,所以对江万里这种廉洁作风和爱民品质极为钦佩。他在给江万里的一封信中说"先生进而庙堂,退而江湖,德于其人,如出一日,传所谓生死肉骨之情也",并颂扬江万里的"盛德大业,如山如河"。

文天祥从江万里一生的坎坷政治生涯中看到了老师最宝贵的品质——赤心为国,以及最宝贵的性格——不屈不挠,所以他在一封给老师的贺信中对江万里的人品做出了非常崇高的评价:"尚论公之平生,有报国之大节。"

的确,赤心为国,这就是江万里的全部人生信念。为了报答国家的养育之恩,他奋斗了一辈子,做出了种种努力。当国运已不可挽救,他则以身殉节,以表明自己对国家的忠诚。元兵陷饶州城,他从容赴"止水"殉国。文天祥听到老师以身殉国的消息,悲痛不已,曾集杜诗哀之。诗云:"星坼台衡地(《送苏州李长史之任》),斯文去矣休(《奉送王信州崟北归》),湖光与天远(《过洞庭湖》),屈注沧江流(《奉同郭给事汤东灵湫作》)。"

中国有一句俗话:名师出高徒。作为江万里的再传弟子,文天祥的成长显然与江万里的影响分不开;作为文天祥的老师,江万里也会因学生成为民族英雄而含笑九泉,增加其光彩。文天祥对江万里的一系列论述是我们认识和评价江万里的重要依据。我们可以毫不夸张地说,江万里、文天祥这对师生,就像天空中的双子星座,南北闪烁,光耀千秋,永垂青史。

受江万里知遇之恩的刘辰翁

胡迎建

宋元之际,江西出了个著名词人、诗评家刘辰翁。此人在中国文学史上颇有地位,有的文学史设专章介绍他。然而,知道他是江万里大弟子的人并不多。他有幸得到江万里的慧眼赏识与多次有力的提掖,他的行迹出处与江万里有密不可分的关系,他的成就与江万里的知遇之恩、江万里人格精神力量的感召也是紧密联系的。

刘辰翁(1232年—1297年),字会孟,因故居在须溪山下,故号须溪,庐陵(今吉安)人。他从小刻苦读书,年十三时参加过童子试,后乃游学欧阳守道之门,得守道先生器重。守道以德行学问为一郡儒宗。宋淳祐元年(1241年),江万里知庐陵府,创立白鹭洲书院,并延聘守道出掌书院。守道化育人才甚多,文天祥即出于其门下。而风气大开,则始于江万里,这也给后来来此地读书的刘辰翁以无形的熏陶。后来,在白鹭洲书院建了江文忠公祠堂后,他还作了一篇祠堂记,说到了江万里在此地创立书院并讲学的功劳:"声名德业,高迈前闻,故能创鹭洲如白鹿,深衣入林,媚映前后,无不心醉名理……先生之流风系人心,能使其没世不忘如此也。"江万里影响一地学风则如此:"自古心公(万里号古心)为鹭洲,而吾我之友达于理;自鹭洲兴而后言义理者畅,而后学者知矫其质习,存其气象。"可以说,江万里的名声对于当时还只是个十几岁的读书少年的刘辰翁来说已如雷贯耳,这使他对江万里由衷产生敬仰之情与深刻印象。

宋宝祐六年（1258年），刘辰翁参加太学生考试，作《严君子小人朋党之辨》，主考官甘定庵将其策文评为首选，但正言（官名）戴庆炣见此文暗中指斥了权贵丁大全，只同意刘辰翁以补太学生身份入太学读书。同时，为谄事贾似道，戴庆炣竟奏甘定庵有罪，以致甘定庵被朝廷削籍安置江州。刘辰翁到了京城临安，时江万里担任国子监祭酒兼侍读，前一职务是主持太学的最高行政职位。江万里见刘辰翁，大喜过望，极为推许其文章"特峻清"，这是他们结下终生师弟子之谊的开始。刘辰翁在太学读书期间，入江万里门下受业半年。之后他在祭文中回忆当年情景时写道："门生满眼，青独在予。"太学学生众多，独对他青眼相看，这足见江万里慧眼识才。江万里任祭酒时，写了一篇《充泉亭铭》来鼓励这位好学上进的弟子，以泉水满则溢来喻人之体用性情须充实周达，要求他成为一个道德修养高尚的人。铭的最后说："勉哉刘君，着实求之。疏密生熟，历历自知。毋矜毋滛，毋怵毋桅。期于此泉，澄泓演溢。"刘辰翁受此知遇之恩，奋发努力，品学兼优，更自觉地以天下兴亡为己任，自此跟随其师十四年，成为与文天祥并重于世的江门弟子。

宋景定三年（1262年），刘辰翁参加进士考试，江万里非常高兴，料他必可高中，诚如以后刘辰翁在祭文中提及的："公闱来朝，或献宿士。公迎谓曰：此必刘子。相期第一，策及兵谋。扫除学走，摸索暗投。"但在考试中，辰翁直斥时弊，并因目睹贾似道擅权、遮蔽言路而于廷试对策中说："济邸无后可痛，忠良戕害可伤，风节不竞可憾。"这大大触忤了贾似道，幸而奏名时宋理宗不忍黜落而将其置于进士丙第。自此，刘辰翁以耿直得名，文章渐为世人所知。及任职时，本来有人推荐他到史馆就任，但他不愿在京城，要求到赣州任濂溪书院山长，以便就近奉养双亲。不过他并未到任，因为宋景定五年（1264年）江万里以端明殿学士知建宁府兼权福建路转运使，未几，又加资政殿学士知福州兼权福建安抚使，成为一府之地的最高军政长官。江万里再三邀约刘辰翁入其幕府。刘辰翁随他到过建宁，后又到福州，留居江万里的三山馆中，或"风雨对床"，或"无约不酬"。刘辰翁之子刘将孙有记云:"古心公方锐意作士气,八郡取上章策,一一阅视。"(《养吾斋集·魏槐庭诗序》)也就是说,江万里在福建努力把那里的事做好,以为日后振兴宋王朝的基础。刘辰翁不负所托,经常为他出谋划策,处理文书,得到万里的好评。江万里说他"仙风道骨,不特文字为然"。

有一次,刘辰翁陪江万里游九日山,很感慨地写了一首诗,在诗中说:"俯城中培塿,不复辨倚栏。"他以此来寓感慨时局之意,忽悟杜诗"秦山忽破碎,泾渭不可求"之句原来有讽时事微意。时彗星出现,有人认为这是蚩尤旗出现。刘辰翁不由得对江万里叹息我辈竟逢如此时日,江万里说:"刚才读了老杜与你的诗,确是大有深意啊。"

宋咸淳元年(1265年),宋度宗召江万里赴京城,任为同知枢密院事。江万里"以书招辰翁,奉母来京,偕参政"(《杨升庵文集·刘辰翁传》)。不久,刘辰翁也进京城,被任为临安府教授。刘辰翁上书要求为甘定庵雪冤。后来朝天门悬榜,为甘定庵昭雪,众人都很高兴,并以为这是奇事。其实,这与江万里在朝主政是分不开的。

宋咸淳二年(1266年),江万里因与贾似道不合,乞归田里,寓居饶州鄱阳县芝山。当然,刘辰翁也就被罢职了。次年,刘辰翁往饶州造访,请江万里为《庐陵西林吴公文集》作序,并过访江万里家乡都昌。宋咸淳四年(1268年),江万里被起用为知太平州兼提领江淮茶盐兼江东转运使,并再次辟刘辰翁为江东漕幕僚。刘辰翁到了安徽当涂,在那里滞留了七个月,曾游胜地白苎山。刘辰翁子刘将孙随侍在侧,有诗句云:"去后无以歌白苎,行来何处是中原?"诗被寄于江万里,得到万里奖赏。江万里在书简中说"一夜思之,此联无以加",并赐熙明殿墨二笏。这足见江万里并不以刘将孙人微年少而轻其诗作,有意奖励培养英俊少年。

后来,江万里再次被召入朝,任左丞相兼枢密使。江万里以书信招刘入京参与政事,备掌故。他认为刘辰翁有学识,宜居史馆。参知政事王瀹赞同,刘辰翁乃入史馆。万里尝问他："治政当以何为先?"他回答："当先选拔因异议被免职者。"于中我们可见刘辰翁对贾似道一贯排斥异己的不满,对江万里伸张正义、扶持朝纲抱有热切的期望。然而,朝中党争激烈,不久,江万里遭人弹劾,被安排了一个闲职即提举洞霄宫,刘辰翁也待不下去了,在史馆仅四十五日便罢职归故里。刘辰翁告别江万里时,"修门出走,风雨对床。执手奈何,别泪浪浪"。两人遭受种种压抑,千言万语又怎能说得尽?

其时,元兵围饶州,刘辰翁挚爱的师友江万里义不受辱,投"止水"殉难。其间消息断绝,谣传纷纷,百无一实,刘辰翁对此消息也是将信将疑的,加上战火弥漫,交通阻断,直到元至元十七年(1280年),刘辰翁才从万里之子江镐那里得知江万里已逝的详情。刘辰翁怀着万分悲痛的心情潜行到了庐山之南的南康路治星子县(今庐山市)。时降大雪,"光雾夺目,汗漫迷路",他渡过土目湖至都昌县,辗转至鄱阳芝山,将江万里遗骸迁葬于都昌故里石沙湾。他还为葬期占了一卦,并撰写了墓志铭。刘辰翁哭奠于墓前,有《祭业师江丞相古心先生文》:

苍天苍天,夫子何罪。死何仓卒,谁敛谁襚。
体肤如何,如何血枯。我欲见公,泪洗模糊。
…………
携提反覆,于建于闽。我如处女,公我父兄。
公宁少子,曰我霁月。峨峨千仞,柱折维绝。
我有死母,公实葬之。我有稚子,公实奖之。
身后之盟,可质九地。挂剑心存,盖棺事异。
悠悠穹壤,藐藐八纮。公非无往,死不离城。
曰我重臣,无所逃死。生而被执,为国之耻。
亭名止水,左手携孙。白刃纷纭,哭入九泉。
人言全归,顾得死后。死而若此,尚庶无负。

该文显得哀痛悲切,可谓字字是血泪,句句断人肠。刘辰翁在文中回顾了两个人的师友关系,怀念当年多次提携之恩。江万里和他情如父子,是他的畏友,对他的家庭也恩重如山。江万里多次在书信中真诚地说,刘辰翁的母亲也就是他的母亲。刘辰翁的母亲去世后,江万里出钱助葬其母,奖励他儿子刘将孙好学上进。可以说,江万里是刘辰翁最亲密的师长。刘辰翁在祭文中还高度赞扬了江万里的刚风劲节。万里就义前,并非不可逃走,但他是朝廷重臣,岂可以逃生?不走而被抓,则更是国耻臣辱,故其从容选择投水而死的道路。刘辰翁最理解其师的行为,认为他无负于国家,死得其所。

刘辰翁要效法春秋的季札挂剑于故友徐君子墓树的做法。他不负师恩,笃于情谊,为万里苦心料理身后事。他还在都昌作《归来庵记》,为江万里招魂,将万里比为屈原,自拟为屈子门人宋玉。他还应江镐之请撰写《昭忠禅寺记》。昭忠禅寺是万里捐资所建的。返回途中,他游庐山,发现有江万里所书手迹"袁氏山窗"四字,"徘徊瞻急之余,如见《庐山高》于此"。

刘辰翁回到吉安后,誓不仕元,托身僧道以避祸,甘居淡泊以著述。他眷怀故国,锥心之痛时萦心底。他也时常怀念往日的师友,作有《古心文山赞》:"此宋二忠,如国亡何?开卷熟视,龙泉太阿……千秋遗像,涕泗滂沱。"文中流露出他对江万里、文天祥这两位伟人的无比敬仰之情。他在《鹭洲书院江文忠公祠堂记》中还提道:"某事先生十有五年,日所见之犹史,独为庐陵言则言之。先生玉立如山,和气在眉睫间如柳,声含洪如钟。"对他来说,江万里的音容怎可一日忘之?

刘辰翁不仅对江万里的为人与人格十分推崇,对其文学也很推崇,在《虎溪莲社堂记》中说:"独诵其诗辞,百世下仿佛求一语不可得。"他在《祠堂记》中认为江万里"好士似欧公,论谏似欧公,变文体似欧公",认为江万里改革文风的功劳可与欧阳修相比。尽管江万里诗文散失较多,难以找到多少与刘辰翁文风相联系的痕迹,但我们还是有相当多的理由认为,他对刘辰翁的培养教育及文风产生了很大的影响。

  还需要说明的是，江万里两位最得意的门生，一是文天祥，一是刘辰翁，与江万里交往更多、相处时间更久的是刘辰翁。不过，文天祥最终以勤王大义死，而刘辰翁并未加入抗元斗争的行列。有人认为文天祥是知其不可为而为之，而刘辰翁是知其不可为而不为，我们从刘辰翁祭文中的"自诏勤王，予以独苦。平生师友，岁晚伊阻"可知，消息不通是缘由之一。还有一个原因是当年他与江万里同被革职时即已说过的隐居之志，这在祭文中也得到了体现——"逝将弃官，终老黄石"。这正如杨升庵在《刘辰翁传》中所说的："万里死节，辰翁驰哭之，遂托迹方外，隐遁不出。辰翁事母孝，慷慨立风节，见抑于时，而天下知名士，多钦其亢直。"

  宋末政治腐败，像刘辰翁这样的风节之士被打压，必然使他产生失望情绪，然而他深受江万里的影响，亢直不阿。宋亡之后，他以伯夷、渊明为榜样，发扬江万里精神，誓不出仕以全节，潜心著述，寄托亡国之痛，终于成为一代文学大家，"文章、道德为一时之冠，见重于世"。有人认为，"韩欧后惟先生卓然秦、汉巨笔"。无疑，这与当年江万里的教育、培养是分不开的。

宋代白鹿洞正刘元龙

闵正国

刘元龙,字汉叟,号别村(又有称字介卿、号芳林的),今都昌县汪墩乡人。他性格沉潜,学识渊博,于南宋景定二年(1261年)中进士,以江西吉州通判致仕。后来他授徒讲学于都昌蒲溪义塾,亦被聘任为白鹿洞书院洞正(又称堂长)。他有文名传世,著作甚丰,有《鲁经乾道》《邹经坤道》《大学界限》《中庸纲目》等若干卷,并建楼藏板于上。宋理宗赵昀闻后,亲赐以匾额,上书"明经楼"三字。该藏书楼被后世称为"文献堂",在都昌影响甚巨。他还著有《别村文集》,可惜元末毁于兵燹。

蒲溪义塾在治东三十五里蒲塘庙侧,为宋刘芳林先生旧宅。清道光元年(1821年),其裔孙于其址建义学,盖刘氏家塾也。

清代都昌邑令周继炘(直隶举人)在《蒲溪义塾记》中写道:"都村于汉为彭泽,其俗尚气节,敦实学,朱文公之守南康也,邑中若黄公灏、曹公彦约、彭公方、冯公椅辈,质疑问难,得道学正传。迨后陈公澔,为《礼记集说》。我朝颁在学宫,著为功令,里人学有师承。故文风为诸邑最。蒲溪义学者,宋儒刘元龙,字介卿,号芳林先生书堂故址也。时先生聘为白鹿洞正,受易于月湖杨先生,得其秘传,隐居著述,启迪后进,有文集行世。"

清代都昌另一邑令曹人杰(贵州进士)也有一篇《蒲溪义塾记》。他写道:"城中旧有南山院,今皆荒芜莫修。而蒲溪距城三十时,有刘芳林先生裔孙聚族千间,列胶痒者常百、数十人。因先生讲学遗址建立义塾。"

杨月湖疑为何异,宋抚州崇仁人,字同叔,号月湖,南宋高宗绍兴二十四年(1154年)进士。他于南宋孝宗朝以知萍乡县政绩迁国子监主簿,旋迁监察御史、右正言,疏谏光宗朝太上皇,语颇峻直,出任湖南转运判官,又权礼部侍郎。后来他以忤韩侂胄,被劾奉祠。他于南宋嘉定初被召为刑部侍郎,寻权工部尚书,出知泉州,卒年八十有二,有诗名,著《月湖诗集》《宋中兴三公年表》等。

李才栋先生《白鹿洞书院考略》一书第81页载:"另有都昌刘元龙,为景定二年进士,以吉州通判致仕,授徒讲学于蒲溪义塾,亦被聘任为白鹿洞正。"该书第173页的《白鹿洞书际年表》又载:"宁宗景定二年(1261年),都昌刘元龙登进士第,刘后为白鹿洞正。"这更可证明刘元龙确为宋末元初白鹿洞正。

南宋孝宗朝任都昌主簿的王阮

张春生　余略逊

"忽忽年华换,悠悠客路长。春声先水响,山气欲花香。何补公家事,空随吏役忙。白云知此意,一片直都昌。"这是宋代王阮的一首诗作《都昌沿檄黟歙遇春》。

王阮,字南卿,江西德安人。他于宋孝宗隆兴元年(1163年)中进士后,先调南康府都昌主簿,后移永州教授,在宋光宗绍熙中期改任安徽濠州知州,后又改任江西抚州知府。宋宁宗庆元初期,王阮辞官不做,回家后归隐于庐山,宋宁宗嘉定元年(1208年)卒。他著有《义丰文集》一卷。《宋史》第三百九十五卷、明嘉靖版《九江府志》十三卷均载有他的传略。

《都昌沿檄黟歙遇春》这首诗是王阮在临安挂冠回家途中,途经安徽歙县巧遇立春之日时,似觉浑身轻松,大有逃离樊笼得以解脱之感,掩饰不住内心的随意、率性而吟诵出来的诗句。

这首诗题目的意思是:我身上带着朝廷任命我为奉祠官、要我离朝休养的文书,我便正好借机辞官不做,回归故里。没想到一路之上,来到了黟歙之地,竟然不意巧遇了立春这么一件大事,令我大有感慨。王阮走在路上想啊想啊,他想到自己初入仕途时,一朝功名在手,不禁踌躇满志,信心满满,大有一展宏图之志。没想到,最后为保住自己的气节,不为功名利禄、荣华富贵所动、所诱、所惑而得罪了当朝的权贵,竟至被佞臣所害,无奈辞官归故里。如今前途已惘,心下亦甚凄凉，王阮不由得感从中来，悲愤之情汹涌澎湃，便借诗以抒怀。他认为现在最大的心愿就是回到家乡去，那里才是最后的归宿。想着想着，王阮已经来到黟歙之地，很快就会赶到下一个驿站去，而下一个驿站就是邻近其家乡德安县的都昌县了。

王阮初入仕途，在都昌主簿任上就以政廉之名而声闻于朝野，不久，便被朝廷调往永州府学当教授。在永州教书期间，王阮献千言书给皇帝，请求朝廷罢免吴、楚两地的牧马之政，要求积马于蜀茶马司，以省往来纲驿之费、岁时分牧之资。他的建言得到了皇帝的首肯和朝廷的重视，于是，在宋光宗绍熙中期，他被改任为濠州知府。他在濠州知府任上又大胆请求朝廷恢复曹玮方田、种世衡射法，每日与官兵讲述守备之道，与边民官兵讨论守境事宜。最终，由于有王阮在濠州御守，金兵才不敢南侵，保得边境平安。王阮在濠州任后，旋即改任抚州知府。

"韩侂胄宿闻阮名，特命人奏，将诱以美官，夜遣密客诣阮，阮不答，私谓所亲曰：'吾闻公卿择士，士亦择公卿。'"

从上面的文字，我们不难看出，在王阮的人生道路上，都昌，并不仅仅是他走向辉煌的第一站，也是他仕途没落、终结退而转为专心著述、书写他第二人生的开始的地方。所以，都昌在他布满创伤的心灵上留下了刻骨铭心的记忆，以至他在诗作的最后这样吟道："一片直都昌。"在他愤愤不平的心中，在对当时朝廷的无望与绝望里，他不由自主地在情感的归属上，将都昌当作自己的故乡。

王阮与都昌，聚散不迷惘。一片白云下，痴情归故乡。

著写《礼记集说》的白鹿洞主陈澔

闵正国

陈澔(1260年—1341年),字可大(一说可久),号云住,又号北山叟,宋末江西都昌马坡村(今洪家舍)人,为陈大猷之子,是南宋著名思想家、教育家朱熹的四传弟子(黄干—饶鲁—陈大猷—陈澔)。元至顺年间(1330年—1332年),陈澔在都昌县城创办云住书院(又称"经归书院")并讲学其中,故人尊称他为"经归先生",因为他创办书院意在倡导经学的弘扬与回归。他博学好古,为人师表,入元后不求闻达,故终于不仕。他曾于1335年至1340年主教白鹿洞书院,一时间士子云集白鹿洞。陈澔是个饱学淡泊之士,年八十二无疾而终。元代诗坛四大家之一、文学家、教育家虞集亲题其墓:经归陈先生墓。明天顺年间(1457年—1464年)太常寺少卿刘定之奏请将陈澔从祀于先圣庙庭。明孝宗弘治十七年(1504年),江西巡抚、都御史张本,提学副使邵宝奏准其从祀白鹿洞书院宗儒祠,清代陈澔又被从祀于白鹿洞书院紫阳祠。其家乡于明弘治年间(1488年—1505年)奏准修专祠(先贤祠)祭祀,颁祭品,祝文旌表。

经归书院是都昌存世时间最长、影响最大的书院之一,曾为都昌地方文化的传播和人才的培养做出过重大贡献。它始建于元至顺年间(1330年—1332年)。明孝宗弘治十五年(1502年),知县王珀重建经归书院,祀元儒陈澔,因陈澔字云住,故将书院称为"云住书院"。明思宗崇祯六年(1633年),知县陈嗣清增建书舍多间,旋遭兵燹。清世祖康熙二十四年(1685年),知县曾王孙和陈澔十四世孙陈枭训重建堂室,更名"经归祠"。1942年6月,日本侵略军攻陷都昌县城,这方都昌有名的教化之地才被毁灭。

陈澔是元代著名的理学家和教育家。他幼承家祖、家父之学,潜心经术,尤精于《易》《书》《礼》。他一生著述很多,但除《礼记集说》,其他的均已散失。《礼记集说》一书与《四书》(朱熹集注)、《易》(程颐注)、《书》(蔡沈注)、《诗》(朱熹集注)、《春秋》(胡安国注)曾是明清两代学校的"御定课本"和科考的统一标准。自明代永乐以后的数百年中,《礼记》一书专主陈澔之说,影响颇为深远。明乡贤余濂在《题请陈澔从祀奏》中也指出:"闾阎之诵服,学校之教养,科目之选举,皆不外此。"为注释《礼记》,陈澔亲自为之作序,在序中言道:"前圣继天立地之道,莫大于礼;后圣垂世立教之书,莫先于礼。礼仪三百,威仪之千,敦孰非精神心术之新寓,故能为天地同其节。"我们由此可见陈澔对礼的看重。在《礼记集说》中,陈澔承继师说,但又对教育问题有所阐发,不乏真知灼见。一本教科书被钦定通行达五百多年之久,这在中国教育史、科举史上颇为罕见。陈澔与他的书院教学、著述活动曾在中国书院史上留下重要的一笔。《宋元学案》中立有专传以记其人其事。

陈澔系江州(今属江西九江德安)义门陈氏后裔。义门陈氏是江州著名的教育世家、文化世家,远祖自北宋嘉祐年间(1056年—1063年)陈氏分庄时迁居都昌。陈澔祖辈几代述经。其祖父陈炳,字奋豫,南宋理宗淳祐四年(1244年)进士,治(礼),屡有所得。其父陈大猷是饶鲁的学生,为朱熹的三传弟子,史书称他"师事双峰先生十有四年……所得师门讲论甚多",元代著名思想家、教育家吴澄说他"可谓善读书,其论《礼》无可疵矣"。陈大猷,字文献,号东斋,南宋理宗开庆元年(1259年)进士,"历仕从政郎,改惠州判官,著有《尚书集传会通》"。他曾于南宋理宗开庆年间(1259年)在都昌创办东斋书院。陈大猷对《书》《易》《诗》《礼》等都很有研究,尤精于《礼》,所以其子陈澔对书院的热心、对《礼》的传注可谓家学渊源,一脉相袭。宋末著名丞相江万里就是陈大猷的外甥，与陈澔是姑表兄弟。兄弟俩来往密切，在治学和做人等方面相互影响，相互砥砺。陈澔生五子。三子陈师凯，字叔才，也研究理学，尝纂述《书经蔡沈旁通》，后进多宗其学。陈氏祖孙四世皆以办学与著述有功圣教而被后世传为佳话。

陈澔是在元顺帝至元初（1337年前后）主教白鹿洞书院的，当时他已是七十高龄的长者了。他曾在自撰的碑文里多次提及白鹿洞生，且落款为白鹿洞书院陈澔，可见他对白鹿书院是有深厚感情的。

元时，白鹿洞书院隶属于江西行中书省南康路。在蒙人入主中原的八九十年间，已知的主掌白鹿洞书院的人并不多，仅见元顺帝至正年间（1341年—1367年）南康路总管陈炎西修复书院，余干吴德昭、鄱阳柴实翁、星子（今庐山市）叶宗仁、丰城熊自得、都昌黄憺等几位主讲书院。无论是名气还是学识，这几个人都无法与陈澔相比。特别需要指出的是，元代的山长非大儒或名宿莫任，且概为学官，由礼部及行省宣尉使选任，与教授、学正、教谕等一体考核转迁。陈澔入主白鹿洞书院二三十年后，书院才被毁掉。直到明正统至成化年间（1436年—1487年），白鹿洞书院才又进入一个繁荣期。所以说，陈澔主讲白鹿洞书院有着承前启后、继往开来的意义。

他在家乡创办书院多年，以培养人才、振兴教育为己任。来白鹿洞书院后，他又主讲这所天下著名的书院，所作的《礼记集说》与理学大师朱熹等人的著作一起名扬海内。他的厚德名望一直激励着明清两代的莘莘学子。可以说他既是都昌地方上少有的历史名人与学者，也是白鹿洞书院史上的一代先贤与宗师。今选录后人诗词四首以证之：

经归祠重新

杜希中

尼山礼教一功臣，同志周朱翼圣真。
无力补天还闰位，有心淑世阐彝伦。

马陂碑碣犹仍古,汇水荒祠又复新。
任是诸家多著述,经归千载让斯人。

谒陈云住祠
邵　宝

西山坳里莫公堂,何意重来致瓣香。
吏及阙文怜误豕,礼将求野幸存羊。
心精已与经行世,道义原歆祀在乡。
尚欠碑文镌岁月,辞官定爵有封章。

经归祠
黄有华

谁从二戴接薪传,独守丹铅阅岁年。
万卷已归秦火后,一经如睹汉儒前。
阅来时事身能隐,感到兴亡史不编。
千载高贤生长地,荒祠弥望白云连。

谒陈云住祠
刘廷诰

孤标洒落水云居,不作朝臣注礼书。
江冷鱼龙还寂寞,树零祠庙更潇疏。
周官何幸存彝典,汉室空劳校石渠。
荐罢频繁归去路,片帆回首意何如。

建立矶山书舍的王石梁

王旺春

天开象纬日与星,地灵川岳万汇形;
藏书奎画河洛呈,万世照耀传六经;
贤传羽翼众啄鸣,博通贯一量重轻;
群材咸翠无奇赢,曲可使直陂可平。
矶山屹立太古青,临麓作室矩度程;
紫云红雾栖前楹,书舍柴扉疏牖棂;
牙签历历黄金腾,万轴架插明星荧。
天官早岁尝躬耕,斗牛午夜虹光频;
养志余力箐火灯,布帷黝黑积晕成;
秋囊或贮山下萤,有草如带似菀葖。
隐德自足通山灵,潜龙杏坛掌铨衡;
桃李侍从广业停,乃知读书助修能;
森森夙夜读书声,只愿左右集大成。
时来九万随风搏,澈处一泓濯清缨;
千家玉树森在庭,石梁何待悬车荣;
万事转圜无凝滞,特作矶山书舍铭。

这是元至元二十五年(1288年)都昌知县马一龙撰写的《矶山书舍记》中的

一首长诗。

王石梁,名时潜,字鲁元,生于南宋淳祐五年(1245年),都昌县人,于元至治元年(1321年)逝世。

王石梁出生在一个官宦之家。其祖父王惟一曾登南宋绍定己丑年(1229年)黄朴榜进士,累迁金书武安军节度使。其父亲王子和曾登南宋宝祐癸丑年(1253年)进士,任国子监助教。他自小受家庭礼教启迪,幼年时又受儒教的传统教育,所以幼性至孝,颖异过人。南宋咸淳九年(1273年),元军攻破樊城、襄阳,直逼临安。宋度宗赵禥为招集天下人才,于南宋咸淳十年(1274年)在临安组织会试,王石梁登王龙泽榜进士。

元至元十七年(1280年),杜可用起义抗元,遭江西行省右丞史弼镇压后,都昌趋于平静。元至元十八年(1281年),都昌县达鲁赤花委托县丞范样卿,多次聘请王石梁出任编修《国史》的京官,都被石梁婉言谢绝。那时,王石梁的好友曹伯明出任朝散大夫,唯独石梁躲避元朝官员的纠缠,于元至元二十一年(1284年)隐居都昌县矶山,建立矶山书舍,注释《礼记》以教育后人。

王石梁不受元聘、在矶山办学的事在县城广为流传,许多学子叩门求学,涉及宦门商贾,有的已经在学徒或已经就业的年轻人都停业求学,县城一时学风骤起。小他15岁的陈澔也经常登门求学,有时甚至彻夜长谈。陈澔在他后来编撰的《礼记集说》中选用了王石梁《礼记注释》中的大部分章节,就连他的后裔都说:"曩者,石梁公与祖皆有注释之功。"

元至元二十四年(1287年),马一龙从湖北调至都昌任知县,闻知王石梁才高八斗,威望日盛,于次年五月至矶山书舍拜访了王石梁。

王石梁教学的内容主要是"六经"。马一龙在《矶山书舍记》中云:"六经所以治人心、修人身、治国家、平天下,而为道学之本也。"明代都昌贡生、曾任四川安岳县知县的罗孔道也在王石梁入祀乡贤祠的序中云:"吾邑石梁先生其行有足传世,以警人心,以扶世教,而潜德之光至于今益显也。今之后学宗其儒行,读其经，诵其传者，都昌视别群尤盛，皆石梁之遗也，故余有感于先生始终穷达之悬殊，今著事实之详略，知先生诚一代之大儒欤，古今绝殊人物。"

作为一介儒生，王石梁在宋末元初无法身体力行地去抗击元军，但"仁者不以盛衰改节，义者不以存亡易心"的意志在他心中根深蒂固，所以他"不杂腥膻愿退藏"。王石梁的爱国精神、民族气节和其教授乡间、潜心注述《礼记》的奉献精神为后人树立了榜样，对于今天倡导修身、养性、齐家、教子都有十分重要的意义，是引导广大群众履行"爱国守法、明礼诚信、团结友善、勤俭自强、敬业奉献"的公民基本道德义务的强大动力。

矶山书舍的教学活动一直持续到元末明初，因受朱元璋与陈友谅鄱阳湖战争的蹂躏而毁于兵燹。王石梁于明嘉靖二十六年（1547年）入祀乡贤祠。

写都昌《先贤祠记》的元儒吴澄

张春生　余略逊

吴澄(1249年—1333年),字幼清,晚年改字伯清,今江西抚州崇仁人。

宋度宗咸淳六年(1270年),吴澄应乡试中选为贡生,次年就试礼部落第,便转为授徒于乡里,做草屋以居,题名曰"草庐",因此,他被世人称为"草庐先生"。入元后,为了躲避兵乱,他隐居在乐安的布水谷,专门著述,于元世祖至元二十年(1283年)还居草庐。元世祖至元二十三年(1286年),程巨夫奉诏到江南网罗人才,吴澄便跟随他到了大都——北京,不久,便辞归故里。元元贞年间(1295年—1297年),吴澄讲学于龙兴(今江西南昌),为江西行省左丞董士选所赏识,又被荐于朝廷,于元成宗大德五年(1301年)被授予应奉翰林文字一职。次年至京时,该职已被朝廷改授他人,吴澄遂南返还家。后来他又被任命为江西等处的儒学副提举,但他不肯赴任,便在四处游学,借以迁延时日,最后只好称病辞去职务。吴澄于元武宗至大元年(1308年)被改授为国子监丞,于元武宗至大四年(1311年)升司业。吴澄到任后实行改革,亲自执教,辨析诸家传注的得失,融会不同学派的学说,并拟定教法,分经学、行实、文艺、治事四门,扩大了教学内容。

吴澄是我国元代杰出的思想家、教育家。他与同时代的经学大师许衡齐名,世人称他们二人为"南吴北许"。吴澄晚年仍致力于著述、讲学,南北士人来从学者甚多。他以其毕生的精力为元朝儒学的传播和发展做出了重要贡献。

《先贤祠记》这篇文章便是吴澄被任命为江西儒学副提举却不愿前去赴任的那段时间里,他来南康郡游学,在当时的都昌学馆明伦堂西厢内设的先贤祠中所写的一篇叙事文章。

明伦堂,坐落在古都昌县治右八十步处,是都昌的儒学提馆之所在。明伦堂有东西二斋,西边的斋室里面供奉着理学大师周敦颐、朱熹二人的牌位,乡党们共镶匾曰"先贤祠"。后来,大家又在明伦堂的东边新设立了宋梅坡公彭蠡、厚斋公冯椅、文懿公黄灏、文简公曹彦约、石梁公王时潜、御史余濂、进士仙居令陈学继等人的牌位,初取名"强斋",由一彭姓之人管理,后冯氏族人以及古心堂主江丞相均题赠匾曰"乡贤祠"。

吴澄在文章中告诉我们,教育乃是立身做人之根本,应该摆脱世俗的约束,尊师重教,用知识来灌溉和滋润人们的心田,用榜样的力量来鼓舞人们的信心。他还语重心长地告诫我们:做人,要坐得下来,坐得下来,就能做到内心平静镇定,不受外面的纷繁所干扰;要动得起来,动起来要尽力做到在言行上不会有失于大道至理,不会有出格的行为。这也就是说,我们思考问题的时候要精微细致,实践起来要严谨有序,多管理好自己的身体,用敢于担当的精神去影响身边的人;一定要在学习中求得真知灼见,而后积极地探索实践。

他的这番话并不仅仅是说给在场的诸人听的,而且对都昌的教育寄予了一种深重的厚望。当了解到都昌教育界的同人们齐心协力、前赴后继,致力于将学馆北面被乡民强行侵占而丢失了六十年的土地追收回来时,他高兴地给予了县府及当时的教育当局相当高的评价。他说,这是在做好教育工作之外所取得的一项重要成绩。随后,他意味深长地对人们说,今天就借这么一件事情来说这么一番话,目的是告诉后来人,一定要尊师重教,尊贤敬识,万万不能胡乱侵占学校利益。

吴澄作为一个名学大儒能为我们都昌的教育说出以上这些寓含深意的言语,可见他对都昌教育的教风、学风是极为赞赏的。他对当时的都昌行政当局从根本上解决教育发展中存在的一些实质性的问题进行了高度评价。像他这样声名显赫的文化学者、大家之人都时刻记得爱贤敬老、尊师重教、自觉教化为开创未来之根本,可见,在历史的进程中,教育是多么至关重要的一件事啊!

元有吴澄著先贤,岂论人微与位显?作记祠中寓意重,着眼教育应长远。

附:吴澄《先贤祠记》

秦汉而下,孔孟之传不续。历千数百年,乃得宋河南程子、远承孟氏之绪。而道国元公周子实开端于其先,徽国文公朱子又集成于其后。二子当熙宁、淳熙间,俱守南康郡。

南康偏垒也。传道二大贤,尝过化焉。都昌,南康属县也。畴昔仁风之所披拂,教雨之所沾濡,流芳遗润,世犹未泯,社而稷之,尸而祝之也,固宜考。

江丞相修学碑,周朱二子有专祠在学,迩年废而莫举,讵非掌教非人不以为意欤。天历己巳,教谕万钧用至,惕然大歉。白主簿黄将仕孚转达县丞何进义、县尹李承务佥议谐协。遂营明伦堂之西翼室,设二子之位国。扁曰"先贤祠"。允谓知教之本者。

乡贤旧亦无祠,若朱门四友:西坡黄氏、梅坡黄氏、厚斋冯氏、昌谷曹氏。建祠于明伦堂之东翼室,强斋彭氏深居。冯氏暨古心江丞相配扁曰"乡贤祠"。

表章尊奉之余,靡不悚慕兴起,其于人心世教,岂小补哉?况圣时崇尚义理之学,二子皆从祀孔庙,学者倘不惟二子是师,循习卑陋,猥同时辈,徼近利,迷远志,则负公朝愧先师矣。师二子宜何如也?定而无一物留于心,应而无一物乖于理。思必通微,动必审几,博文以明善,约理以诚身,敬主诸中,义制诸外,其庶乎教官最率邑士,精熟朱子所释诸经诸传,周子所著一图一书,反求之已,

而真识实践可也。

抑自古逮今,有教必有政,区区于邑校之教,幸知所务。闻明伦堂北,豪民侵疆,久弗克正职典往往诱其饵而不顾。今教官踵前官之所行具牒于县簿,赞县尹、督府吏,究竟根株,上其事于郡,卒能归六十年已失之地于黉宫,教外之政。此其一。

尔主簿浮少从余学,请为作先贤祠记,而余因及一县治官教官之可纪者并书之,以劝方来。

元初第一个抗元的杜可用

罗水生

元世祖至元十七年（1280年），江西爆发了一场声势浩大的抗元起义，举旗反元的义军达万人之众。这次反元起义是以白莲教教义为号召的，起义军的首领和组织者是都昌的杜可用。

杜可用，又名杜万一，江西都昌和合乡杜家村人。不过，在现有的《杜氏宗谱》上找不到有关杜可用的记载。可能是杜氏家族在历代修谱时，本着"成者王侯败者贼"的传统观念，对杜可用未加记载。

在当时，杜可用只是一个生活在社会底层的读书人。他心存抱负，但壮志难酬。赵宋灭亡之际，他信奉白莲教，积极宣传白莲教教义，以此来号召和组织信徒揭竿而起，反对元朝统治者。杜可用的号召得到了当时老百姓的响应，拥护者甚众。他们认为，赵宋已亡，这时起义不是犯上作乱，抵抗异族入侵是天经地义的事。不过，杜可用和他的义军并没有打着"复宋"的旗号，而是公开改元"万乘"，自立新朝。杜可用自号"天王"，以谭天麟为副天王，以都昌西山寺僧为国师，以曹某为相，于元世祖至元十七年（1280年）四月举旗造反。

据《通制条格》卷二十八《杂令》记载，杜可用是以"五公符、推背图、血盆"等符篆发动民众造反的。一时民众趋之若鹜，"有众数万"（《元文类》卷六十一《票公神道碑》）。在都昌县这一弹丸之地竟聚集了这么多教众，可见白莲教教义的号召力之大。

据《元史·张弘略传》记载，元世祖至元十六年（1279年），饶州（今江西省

鄱阳县）也爆发了反元起义。起义队伍从饶州出发，进攻江西都昌。这支队伍立即遭到元朝的江西宣尉使张弘略的残酷镇压。起义据点被捣毁，起义领袖被残忍杀害，起义队伍被瓦解。

而让人感到奇怪的是，饶州是座府城，与饶州相比，都昌县这个小县城规模小，又不是政治、经济、文化中心，更不是军事必争之地，起义队伍为什么要从饶州出发而攻都昌呢？

原来，当时的都昌县是白莲教的主要基地之一，信徒相当多。饶州的起义队伍要向教徒众多的都昌靠拢，把白莲教教徒联合起来，共同抗击元军。但是，这支起义队伍最后被瓦解了。

不过，队伍虽然被瓦解了，但那些忠诚的白莲教教徒并没有回到鄱阳。他们回到了都昌，为杜可用在第二年起事准备了雄厚的人力资源。所以，在元世祖至元十七年（1280年）四月杜可用起事时，起义军很快就能发展到"数万"。

但是，这些向往"光明"的白莲教教徒终究难敌骁勇善战的蒙古军队。杜可用的义军队伍还没有来得及向周围的地区发展，元江西行省右丞史弼就奉命前往征讨。他率领的元军士兵化装成商人和农民，乘船偷袭。最终，杜可用的队伍遭到了毁灭性的打击。杜可用及其相曹某被捕，并于龙兴（今江西南昌）惨遭杀害。

杜可用利用白莲教进行造反，致使元最高统治集团对白莲教有了重新的认识。元朝统治者在元朝初期对白莲教采取了扶助态度，庐山东林寺还受到过元朝统治者的封赏。当时，"礼佛之屋遍天下"（吴澄《会善堂记》）。元世祖至元十八年（1281年）三月，元朝统治者第一次对白莲会、五公符、推背图等"一切左道乱正之术"（《元典章》卷三十二）统加禁止。从此，白莲教在以都昌为中心的鄱阳湖地区再也没有发展起来。

在元朝灭宋之后，杜可用第一个站起来，利用白莲教教义号召和组织民众反抗元帝国忽必烈的统治，此次起义成为历史上的一个重大事件而被载入了史册。杜可用也不愧是都昌人中的一位刚烈汉子。

元代名诗人黄异

闵正国

少室趋朝鬓未斑,独留洞屋碧云间。
紫阳学接千年统,白鹿名高万仞山。
弦诵优游符泰运,风烟顷刻落尘寰。
遥瞻端拱斯文治,入奏从容达帝关。

这是元代末期都昌著名诗人黄异歌颂白鹿洞的诗,阐述了白鹿洞书院的历史地位和深远影响。诗中"紫阳学接千年统,白鹿名高万仞山"一句,脍炙人口,比喻贴切,寓意深刻。

黄异,字民同,号节庵,朱子白鹿洞书院高足黄灏之裔孙,本为都昌人,后定居于星子(今庐山市)。他自幼聪明好学,有厚实的家学渊源。元泰定二年(1325年),黄异在白鹿洞书院读书,是南康路判官、吉水高若凤的学生。元至元二年(1336年),他与兄长黄虞为同榜进士,初授广东惠州学录,又迁江西南安路(今大余)道源书院山长。道源书院本是黄异家乡先贤江万里早年嘱咐其时南安知军林寿公创办的。黄异此后主政道源书院,定有这份乡情与感佩。元末时,黄异因兵荒马乱弃官归隐星子,陈友谅攻占南康路时,闻其大名与才识,欲召其为幕僚,他拒不赴任。后来他在家乡开馆授徒,"讲论经史,开悟后学"。黄异死后被葬于星子县北白鹿镇五里牌,被祭祀于白鹿洞书院之先贤祠。他著有《节庵诗集》三十卷,清代裘文达曾把他列入江西诗派。清同治十年(1871

年)《星子县志》卷十《人物志·隐逸篇》有传,亦可证其不是星子人。

黄异之兄黄虞,字民尚,与黄异同举进士;弟黄典,字民彝,元至元己卯年(1339年)进士,曾任浙江仁和县训导;弟黄舆,元至元壬午年(1342年)进士,曾官浙江仙居县训导;弟黄巽,字民和,元至正乙酉年(1345年)进士,曾为温州平阳县训导。黄异家一门五进士,连续四届会试每届必中,乡里一时传为佳话,甚为诧异。只可惜黄虞等四人皆殁于兵乱,惟黄异幸存。

黄异子黄朋,字仲辉,号遗安,自小"颖悟","敦孝友,尚气节,见义必为",亦中元末进士,明初时屡荐不出。他于一都华林山建书舍,授徒讲学,自得其乐。其卒后,学士曾公启铭其行。黄异小儿黄珏,字重美(仲美),少时端重励行,涉猎子史百家,明永乐六年(1408年)举人,曾外官安东(今江苏涟水)教谕,后任陕西乡试主考官。志书称他"才名为时所重"。黄异读书白鹿洞时的老师高若凤其时兼领洞事,常来书院讲学,又与师生诗歌酬唱,相互答和,并对洞生的诗歌、古文评定等级,可谓奖掖后学,不遗余力,深得学生们的喜爱。黄异时有和高若凤之作,高对于黄异的人品也特别常识,他们成了忘年之交。白鹿洞书院历代志书上均刊有高若凤的著名诗歌《送人读书白鹿洞》:

> 碧瓦参差俨杏坛,白云深锁洞门闲。
>
> 不宗朱氏原非学,看到匡庐始是山。
>
> 十里松风湖汹汹,一澳泉雨珮珊珊。
>
> 今须结屋书堂近,五老峰前任往还。

诗歌既描写了白鹿洞优美幽静的自然风光,更褒扬了文人学子孜孜不倦读书求学的刻苦精神。诗中"不宗朱氏原非学,看到匡庐始是山"一句可谓崇学重教、赞美庐山的佳句。高若凤是明初大学士、《永乐大典》主编解缙的外祖父。正因为有这一层关系,民间后来又演绎出一段解缙与庐山、白鹿洞,与都昌名人黄异、黄珏交往的美谈。明洪武二十三年(1390年),解缙"敕赐予归省亲,阻风庐山下。识黄君重美(黄珏)于学宫,予至其家,得拜其尊公,知其家南康,尝为白鹿洞学生。先外大父（高若凤）倡为古文歌诗，时有和作，其善之尤者独推黄氏。重美为余诵父诗，予时尚少，不能识其中之所存，然甚自叹其识之之晚也。重美请为作《庐阳书屋记》（庐阳书屋即白鹿洞书院），余辄肆笔为之"。在《庐阳书屋记》中，他还满怀深情地追忆了外祖父在白鹿洞时的行状："先外大父灞雪高先生尝为南康推官，以名进士喜为古文歌诗，时出其所作以示诸生。"［其时距明洪武二十三年（1390年）已五十年］十六年之后，解缙与黄珏再次相会于淮安，时黄珏官淮河北岸的涟水教谕。黄珏出示解缙当年旧作，解缙看后，"自视芜谬，为之改作，然也不能大有加于前也"，"今重美公已矣，仰其学行，如见尊公也。尊公非所谓与天游者欤？数椽之瓦，万卷之藏，奕世弥昌，虽与庐阜争高可也"。解缙还对黄异的人品和学行做了精确概括，对与黄珏的友情做了详细阐述。谈到当年游览白鹿洞时，他写道："独余尝与重美游庐山棲贤诸佛寺，过壮节亭，登临之下，瓦栎丘墟，榛莽弥望，而白鹿洞已无径可通往。"故其发出了"白鹿洞书院在元犹盛"的慨叹。对于文公在南康建白鹿洞书院的善举，他归结为"陶彭泽之高风在前，刘凝之之壮节、周濂溪之道学相望而起"，并对此处的人文地理环境倍加赞赏。这篇记文是白鹿洞书院历史上不可多得的珍贵资料。

《都昌旧志》卷十三《诗录》收有解缙的《过彭蠡望庐山诗》。这首诗写山势云海气度不凡，抒诗人胸中忧闷而悠闲且自得：

扁舟过彭蠡，远远望庐山。
巨石危将堕，阴云去复还。
平铺三百里，高出九霄间。
久在风尘际，览观心自闲。

总之，黄异兄弟、父子一家可称得上元末明初少有的江右文化世家。

在都昌广留胜迹的朱元璋

余星初

说起朱元璋,都昌人都会脱口说出"朱元璋大战鄱湖十八年"。这是一种夸张的说法。大战鄱阳湖,是朱元璋建立大明王朝决定其命运的一场战役。当时,青田名士刘基刚刚投奔朱元璋就献计:"明公据有金陵,甚得地势,但东南有张士诚,西北有陈友谅,屡为明公患。为明公计,必须扫除二寇,方可北定中原。"元璋蹙额道:"这两人势颇不弱,如何可以剿灭?"刘基答道:"御敌当权缓急,用兵贵有次序,张士诚一自守虏,尚不足虑。陈友谅劫主称兵,地据上游,无日忘金陵,应先用全力,除了此害。陈氏灭,张氏势孤,一举可定。然后北向中原,造成王业,明公曾亦设此想吗?"朱元璋茅塞顿开,连称:"先生妙计,很是佩服。此后行军,全仗先生指导。"此时的陈友谅以江州为大本营,既袭得太平,急谋僭号,遣壮士椎杀其主徐寿辉,假采石五通庙为行宫,自称皇帝,国号"汉",改元"大义",封邹普胜为太师,张必先为丞相,张定边为太尉。陈友谅遂大集舟师,自江州直指应天(南京),舳舻蔽空,旌旗掩日,差不多有数十里。警报飞达应天,元璋问计于基:"依先生高见,计将安出?"基答道:"天道后举者胜,我以逸待劳,何患不克?"陈友谅夺取应天计划遭受重大挫折,于是图近舍远,放弃应天,指挥五六十万大兵,掉头鄱阳湖,专攻南昌城。友谅围攻八十五个日夜,未能夺得南昌。这对朱元璋来说,正是天赐良机。经过周密计划,朱元璋调兵遣将,与陈友谅拉开了鏖战鄱阳湖的架势,决一胜负。

鄱阳湖大战从元至正二十三年(1363年)"四月,友谅忿其疆场日蹙,大作舟舰"到"八月壬戌友谅计穷……在别舸中流矢贯睛及颅而死",前后五个月。其中友谅围南昌八十五天,真正交战只有两个月时间。朱元璋取得鄱阳湖大捷,乘胜举兵,剿灭张士诚,收降方国珍,摧枯拉朽,中国南方略定后,于元至正二十八年(1368年)正月四日即皇帝位(此时朱元璋四十一岁),国号"明",是为洪武元年(1368年)。朱元璋自元至正十三年(1353年)投奔郭子兴,在濠州起兵,至元至正二十八年(1368年)建立大明王朝,历时十六年。

朱元璋决战鄱阳湖,劲敌陈友谅败亡。这是灭元兴明过程中最重要、最关键的一场战斗。这场战斗在都昌留下的不少遗迹和传说都成了宝贵的文化旅游资源,令后人怀古追念。

左蠡,即老爷庙,在县西南端彭、蠡二水交汇处,蠡水左侧即为"左蠡"。那里有明太祖剑刻的"水面天心"四个大字,说明此处为鄱阳湖最重要之地,形胜江石。据载,"元末,明太祖与伪汉(陈友谅)战于鄱湖,初失利,走湖滨,遇老人舣舟近岸,太祖得济,赐以金钗,返顾之则鼋也"。明太祖感激,封鼋为"将军"。由于此地险恶,"行舟过此,往往风涛叵测令人忧",故刘伯温留有诗句:"山头出云山下雨,扬澜左蠡何时平?"清康熙二十二年(1683年),知县曾王孙应民意建庙三间,使庙高居湖上以安其神,于是"覆舟之患乃息"。清嘉庆十五年(1810年),南康知府狄尚纲上报朝廷,嘉庆帝加封"显应",于是庙号"显应元将军庙"。远近百姓为便于称呼都叫其"老爷庙"。庙门设大鼋一尊,联想南京明陵,陵内大道两旁,列有许多石雕大鼋,可见明太祖朱元璋将鼋作为大明建国的标志性神圣之物,令人景仰。

多宝寺。县志载:"多宝寺,在治西北三十里桃源乡,唐开元时建,旧名伏牛院。"蔡氏《明史演义》第140页就明太祖微服私访游幸多宝寺一事写道:"相传太祖微幸多宝寺,步入大殿,见幢幡上尽写多宝如来佛号,故语侍从道:'寺名多宝,有许多多宝如来。'"

"国号大明,无更大大明皇帝。"学士江怀季闻言,知明太祖意在属对,便脱口回答。明太祖大喜,将其擢为吏部侍郎。追入游方丈,明太祖见有纸条贴门首,上书维扬陈君左寓此。君左少有才,脱略不羁,曾与明太祖有一面之交,明太祖立呼相见。君左出谒毕,明太祖笑问道:"你当初极善滑稽,别来已久,犹谑浪如昔吗?"君左默然。明太祖又问道:"朕今已得天下,似前代何君?"君左道:"臣见陛下龙潜时候,饭糇茹草,及奋飞淮泗,与士卒同甘苦,犹食菜羹粝饭;臣以为陛下酷肖神农,否则何以尝得百草?"明太祖鼓掌大笑,令他随行。偶过酒肆,明太祖又出对道:"小村店三杯五盏,没有东西。""大明君一统万方,不分南北。"君左随声应道。明太祖又大笑,并语君左道:"你随朕入朝,做一词臣如何?"君左道:"陛下比德唐虞,臣愿希踪巢许,各行其志,想陛下亦应许臣。"太祖乃不加强迫,与他告别自归。

朱袍山。鄱阳湖水中一岛,属和合乡管辖,方圆约二十亩露出水面。相传朱元璋曾驻足此山,脱下袍服晾晒,岛因此得名。

柴棚。明太祖决战鄱湖,曾"移舟泊柴棚",并在此建亭,称"御亭"。明万历邑令王天策有《重建柴棚御亭碑记》。

围里。清同治版《都昌县志》载:"治东十一都玉溪港西,传是明太祖征友谅于鄱阳湖所筑,尚存围埂数丈,坚硬无敢平者,平辄不吉,围周环多水池。"

圣驾墩。王天策《重建柴棚御亭碑记》云:"治西十五里有圣驾墩,在太平山下。"民间传"明太祖征友谅时驻驿于此,军士筑土为墩,一夕而成"。

扶助朱元璋的英烈侯余及三

罗水生

余及三,讳希亮,字柏明,乃南宋白鹿洞书院洞正余杰一之元孙,生于元世祖至元三十年(1293年),世居都昌县芗溪,时人谓其有高卓之品、忠勇之志。元末顺帝时,天下大乱,盗匪蜂起,民皆流亡。余及三招集家族子弟,练武卫家,使得周围十余里平安无事,得以保全。从元顺帝至正二十一年(1361年)开始,朱元璋与陈友谅在江州、南康、建昌等地大战。这时,余及三对朱、陈二人进行认真评析后,认为朱元璋"天命所归",能成大事,劝余椿与于光以饶州归降于朱元璋,"饬其子弟相从于患难危亡之际"。元顺帝至正二十三年(1363年)春三月,陈友谅部将张定边击走于光和余椿,饶州复陷于陈友谅之手。七月,朱元璋率领大军救南昌,与陈友谅大战于鄱阳湖中,余及三亲自带领乡兵奇出于湖中三山之处,击败陈友谅之部队,助朱元璋取得大胜,其长子余莹一阵亡。朱元璋十分感谢余及三相助,呼其为"三山"。自此以后"余三山"之名遂传遍乡里。此时,余及三已六十九岁,他急流勇退,"脱剑隐归山林",让亲侄余椿代领其众,不再过问世事。

明太祖洪武三年(1370年),朱元璋大封功臣,念及鄱阳湖中的三山之捷,追封余及三为英烈侯,拜其侄余椿为怀远大将军,并赏赐芗溪东南方向的一处湖泊给余及三之后裔,名之"酬池湖"。

明初怀远大将军于光

于承谱　曹达淼　邵猷道　陈海澄

于光,字仲炳,号暗修,狮山乡八都人,生于元泰定四年(1327年)八月,元至元年间(1335年—1340年)入庠。元末元顺帝妥懽帖睦尔统治时期,各地反抗元王朝的黑暗和腐败的农民起义风起云涌。是时,江南与全国各地一样,义军及各州府军阀既反抗元军又相互攻城略地,战火连年,使得民不聊生。

于光自幼饱读诗书,深知大义,磊落有大志,既能作文赋诗,又能弹琴,通岐黄(中医),一旦持戟上阵,则英勇无比。当时,乱兵四起,他为了保卫乡里的安全,组织乡里武装抵御外敌。当徐寿辉部攻下饶州时,他便归附了红巾军。元至正十六年(1356年),于光被署为院判,镇守利阳镇(今景德镇丽阳乡),据鄱东和浮南十个乡。为利于镇守,于光在利阳镇修筑城墙,以作为长久之计。元至正二十年(1360年),陈友谅杀了徐寿辉,自立为帝,国号"汉"。徐寿辉的旧部很是不服,纷纷离去。于光也于当年七月同左丞及幕僚们一起把陈友谅派来的同知赶走,起兵攻下饶州,并携所辖领地全部归降于朱元璋。

于光率部取得了生擒张士诚和挫败陈友谅部的辉煌战绩。他们破水寨,冲安庆,征九江,降武昌,平浙西,灭陈友谅军,北上战山东,取汴梁,克陕、洛,为大明王朝的建立立下赫赫战功,于光也被封为鹰扬卫指挥使,后镇守潼关。

1368年,明王朝建立后,于光受命任西北边陲战略要地巩昌(在今甘肃省)的驻军统领。明洪武二年(1369年)十一月,败退至今内蒙古一带的元朝将领王保保自甘肃以北率骑兵奔袭兰州城,兰州守将张温整兵出战数日,敌仍未退。张温收兵入城,坚守待援。巩昌守将于光闻讯后立即率部驰援兰州,行至马澜滩,猝遇元军返营,随即开始一场恶战。于光部兵饥马疲,虽军旗猎猎,终因寡不敌众而战败。于光被元军所执,带到兰州城下。王保保让于光向城上固守之明军将士喊话,让明军出降,于光却大呼:"吾不幸被执(掳),公等宜坚守,我大明援军将至矣!"于是,王保保将于光砍杀于兰州城下,残忍地碎其头断其手。当时,于光年仅四十二岁。兰州城上守军听于将军呼喊,士气高涨,坚守城池,王保保仍命攻城,张温组织明军奋力反击。见久攻不下,元军悄然退去。

朝廷闻报,明洪武帝非常震惊,因于光将军的忠勇舍生壮举,将其谥封为怀远大将军,遣官祭奠,优诏旌忠。他还命将于光配享于鸡笼山忠臣庙,并赐金头银手,凑成全躯,葬归故里。翌年,即明洪武三年(1370 年)三月十六日,明洪武帝敕葬于光于狮山八都神岭之东(今狮山乡斗山村附近,现已被列为都昌县文物保护单位)。于光受封后前往潼关,原部下大部分为都昌、鄱阳人,不随军前往者就地业瓷,被称为"军窑"。这部分人为以后"都帮"的崛起和称雄奠定了经济基础和政治基础。

由于光将军金戈铁马的一生,于光墓由原征戎将军邓愈立碑,由宏文阁大学士刘基撰写墓志铭,墓志铭称于光将军"磊落大志,胸富六略","呜呼,天下之大,莫大于忠臣,其所以身佩(系)(国家)安危,忠扶社稷者,生于人心之自然,非有待于外人也",认为于光舍身报国的壮举乃出于其对大明王朝的拳拳忠心,"悼哉!兵援兰州,遇敌血战,而势败,想其寡弱之兵,不足以胜如林之强敌。英雄不(惧)执(掳)鲠负刚肠,声言坚守全城,不肯少屈,精诚报国之心,非皇天后土所共鉴者呼"!于光,一位爱国忠君的将军,刘基给予这样的评价,实不为过。《明史》和《都昌县志》中均有其传。

明正统进士余广

罗水生

在距今五百七十年的明正统十三年（1448年）的春天，明英宗朱祁镇临轩策天下贡士，赐状元彭时以下一百五十人进士及第。在二甲中有一位都昌人，他就是余广。

余广，字克宽，号素庵。其父余良甫随姑往十九都王家市，入赘于谭宅，生三子。余广为第二子，生于明永乐五年（1407年）七月初四。他自小颖敏好学，治经书，习举子业。明永乐二十二年（1424年），余广补郡庠弟子员，但却屡试不中。明正统九年（1444年），他被有司考选贡于太学，才以领经书在应天府乡试中中了举人。四年之后，余广参加会试登甲榜，在殿试中被赐予进士出身，被授以冠带。吏部命其观政于通政司，任其为黄门给事中。他出入宫廷禁闼，兢兢业业，夙夜非懈，深得同事好评。谁知天有不测风云，不久，他病卧在床，其侄综舆与友人邓伯新招医问药，不离左右，但余广终因病重在明正统十三年（1448年）五月初八日逝世，终年四十一岁。其同榜进士泰和罗俊、弋阳李纪篆和刑部员外郎程式为余广撰书了墓志铭，并沉痛地写了一首挽诗："湖海多年未识荆，天朝应制幸联名。正期相业侪商说，讵意儒臣吊贾生。魂返家乡秋月冷，榇经淮甸夕阳明。难兄空对椿萱老，一度相思一泪倾。"

劾奸戍边的余濂

罗水生

余濂,字宗周,号空夫(《余氏宗谱》载:余濂又号西港),明天顺七年(1463年)癸未九月十三日戌时生,今都昌县苏山乡波垅村委会新屋余村人。其曾祖余仲庆从余梓八村分迁新居,生二子:伯诚、伯恭。余伯诚"倜傥立家",永乐初年,仗义纠众捐金助修白鹿洞书院,勒碑圣殿仪门,称"义民"。其父余嵩以明经选贡任广东韶州府推官;其母翁氏;其兄余澜为贡元,未任官职。

余濂

余濂少时聪慧,读书勤奋,于明弘治五年(1492年)壬子乡试中举人,于次年癸丑会试登毛澄榜为进士。他初任行人司行人,奉差三广,克慎勤勉,考绩优异。明孝宗"岁年屡阅名绩",注意到了他。明弘治十一年(1498年)四月初八,明孝宗颁下褒封余濂的敕命。敕命说:"尔行人司行人余濂,儒业起家,贤科拔隽,列官朝籍,志克慎于操修,奉使藩方动必遵守矩度。"因而明孝宗说"宜有渥恩,以示褒劝,兹特进尔为修职郎",并勉励余濂"益励初心,以守重任"。

不久,明孝宗又擢升余濂为浙江道御史。余濂任职御史台后,尽职尽责,敢言直谏。明弘治十二年(1499年)三月初一,余濂向明孝宗上《全外戚疏》。这封疏奏主要是针对明孝宗皇后的两个弟弟寿陵侯张鹤龄、建昌伯张延龄的。明孝宗皇后之父张峦原系"一介庶人"。明孝宗登基后,封张氏为皇后,并颁优礼于外家,皇后之父封公,皇后两弟一封侯一封伯,一门贵盛,当世罕有。张鹤龄、张延龄受封后,倚仗自己是皇亲国戚,骄纵肆虐,"纵家奴夺民田庐,篡狱囚,数犯法",民怨沸腾。据《明史·后妃传》载,明孝宗"以后故不问"。虽然"中外诸臣多以为言",给事中吴世忠、主事李梦阳俱上疏奏劾张鹤龄、张延龄兄弟,但"几得罪"明孝宗。面对这种情况,余濂依然强项直奏,以《为全外戚以崇君德事》为题,把二张的肆虐与明孝宗联系起来,恳切剖谏。奏疏首先指出,张家"膺侯伯之重,爵臻世胄之华阶,恩宠兼临,赏赉无算,实天子之下一人,朝廷之外一家,祖宗以来,外戚之盛未有也",接着,毫不留情地指出张氏兄弟"依凭城社,便佞从谀不知惧也;宗党朋奸不知禁也;亲友怙势,不知惩也;童仆暴横,不知遏也;人言救正,不知恤也;眷爱包容,不知省也,是以天怒于上,人怒于下"。余濂锐利的笔锋并没有就此止住,而是直指器重、提拔自己的明孝宗皇帝:"天下者,祖宗之天下也;法度者,祖宗之法度也,岂可容法度于私戚哉!""毋惑枕上之私,当循祖宗之法。"披肝沥胆之言掷地有声。奏疏建议明孝宗将张鹤龄、张延龄"削去现爵,发还乡里,使之履历艰难,谙练世故,以息人心之怨,消天道之怨"。全篇奏疏充满了浩然正气和忠君为国之心。

明孝宗在明朝是一个较能励精图治的皇帝,对余濂的奏疏虽然没有采纳,但也没有指责怪罪余濂。后来,张氏兄弟在明嘉靖十二年(1533年)陆续下狱。张鹤龄病死狱中,张延龄被斩于西市,应验了余濂奏疏中的预言:"势之逼者,疑之渐;宠之极者,危之阶,自古以来未有不败者也。"

明弘治十二年(1499年)十二月二十日,余濂在分析了全国的情况和朝政后,上了一篇很有见地的《陈六事奏》。在奏疏中,余濂认为明孝宗应做到六点。一是近接儒臣。余濂认为明孝宗即位十二年来对于儒臣"形迹似甚疏远","伏愿陛下鉴祖宗之成宪,垂后嗣之彝规,略庙堂之边幅,全君臣之礼貌",希望明孝宗"至于人才之进退,边将之调用,利害之兴革,凡有关于政务之大者,与之谋议而后行之"。二是辅翼皇储。余濂在奏疏中说:"储君家国天下之本也。"他希望明孝宗让皇太子出宫与儒臣多加亲近,"涵养气质,熏陶德性"。三是增取进士。余濂认为每三年一开科,仅取进士三百余人,除去死亡者,远不够"牧民"之用,要明孝宗"照依永乐十年、成化十三年事例增五十名,永为定制"。四是慎重民牧。他建议明孝宗重用进士清流,选任外官补部官,任御史,使民牧得人。五是行查诏书。余濂在奏疏中尖锐地指出:"有司官吏惟知利己,罔体上意,以剥削为良图,以侵渔为至计。其钱粮并物料等件有已征在官而未解者,通同经手之人瞒分入己,漫不知惧,公然挪移侵欺。"他要求"许被害人等指实陈告,论以脏罪,则纶音不虚,军民始蒙实惠矣"。六是措拔人才。余濂在奏疏中为被罢的进士翟敬、徐圭、王岳、李师儒、何洽、刘溥、谭溥、王越等人陈言乞恩,希望明孝宗宥过收用。

余濂在朝为官,对家乡都昌始终关心。明弘治十三年(1500年)正月二十七日,他进《题请陈澔从祀奏》。陈澔,都昌人,生于南宋末年入元后,不求闻达,博学好古,潜心理学,著有《礼记集说》一书,明英宗将其书颁赐天下。注经之朱熹、程颐、蔡沈、胡安国皆从祀于孔庙,而唯独陈澔没有从祀。为此,余濂在奏疏中说陈澔"扶世立教之功大矣。然邑里无香火之祠,孔庙无从祀之典",主要原因在于县府查勘之时,因陈澔之基址坟墓被豪强掘占,里甲惧罪,朦胧回报,"遂致潜德之幽光未发,昭代代祀典未举"。奏疏还驳斥了东汇泽地名可疑之说,请求明孝宗"褒之赠谥,载之祀典,俾得血食文庙"。虽然明孝宗没有采纳余濂的建议,陈澔直到清雍正年间才入祀文庙,但余濂心系乡梓之情已溢于言表。

明孝宗对余濂的一片赤诚之心极表赞赏,即使奏疏中有些激愤之言也不以为忤。明弘治十四年(1501年)十二月二十五日,明孝宗又一次颁发褒封余濂的敕命,盛赞余濂"经术名家、科甲高第,早名扬于使职,遂超擢于宪台。按部有声,久负澄清之志;犯颜无隐,屡陈忠告之言","兹特进阶为文林郎",并勉励道:"天下曲直皆系台评""庶政之张弛必先宪礼,尚懋已成之绩,益扬终誉之休"。同时,明孝宗褒赠余濂已故之父余嵩(字孟高)为文林郎,"锡命推封,光生泉壤",还褒封余濂之母翁氏为孺人,褒封余濂妻高氏为孺人。

明弘治朝,北疆常有小王子、火烧等蒙、满诸部骚扰,辽东、大同、宁夏诸边塞驻有重兵防守,明孝宗常派御史巡按、视察边情。明弘治十五年(1502年),余濂奉差巡按辽东,巡视长安、长静、长宁三堡。长安堡在今吉林省扶余县拉林河之西,南距榆树沟五十里。长静、长宁二堡也沿线排开,计长二百七十余里。由于城堡筑建在河滨,受流水冲激,城堡易被冲圮。余濂发动军民按品字形在河边植柳三十一万九千九百余株,防挡激流冲刷,保持水土。城堡得以安然屹立。百姓亦得以改善环境,发展农业生产。余濂为此兴奋地写下了一首《巡边插柳》诗:"十里边城十里台,塞下轻骑几度来。且将杨柳深深种,他日桑麻此作媒。"直至清代,这些杨柳依然枝繁叶茂,人们都敬称其为"余公柳",并立庙祀之。

余濂巡按辽东时辽东发生了一件大案。原辽东都指挥张斌因罪而丢官,其孙张天祥纳粟得祖父之职。当时有泰宁卫都十余骑兵射伤海西贡使,张天祥率部出毛喇关掩杀其他卫的部署三十八人,冒称他们为射伤贡使的乱兵。巡抚张鼐以捷报上奏。当时的巡边御史王献臣心生怀疑,正准备下牒文勘驳,恰巧张斌之妻弟、指挥张茂以及张茂的儿子张钦因与张天祥产生了矛盾,他们匿名冒充前屯卫的文书向王献臣告发了张天祥,揭露张天祥劫营乱杀无辜冒报功劳的真相。王献臣即以此上奏。时逢明孝宗征调王献臣他用,新派余濂巡按辽东,明孝宗即令大理寺丞吴一贯、锦衣指挥杨玉和余濂一道办查此案,结果尽皆得实,张斌等皆定死罪,张天祥在狱中病毙。张斌之子、张天祥叔父张洪屡向上诉冤。明孝宗顿起疑心,密令自己的亲信特务机构东厂调查此事,东厂还上奏明孝宗说:"诸臣所审勘皆诬。"明孝宗信之,欲全翻此案,召见内阁大臣刘健等,示之以东厂揭帖,命令逮捕余濂、吴一贯、杨玉、王献臣等进行审讯。刘健等人不同意这样做,说"狱经司法谳,皆公卿士大夫言,足信",明孝宗却说:"法司断狱不当,身且不保,言足信乎?"谢迁说:"事当从众,若一二人言,安可信?"矛头隐指东厂。众内阁大臣又力争说:"众证远,不可乎逮。"明孝宗坚信东厂,怒道:"此大狱,逮千人何恤?苟功罪不明,边臣孰肯效力者?"众臣都不敢明言东厂的胡作非为。余濂、吴一贯等被拘逮至京城后,明孝宗亲御午门审鞫。结果,吴一贯被谪贬为嵩明州同知,王献臣被谪贬为广东驿丞,余濂被贬为云南布政司照磨。张茂父子论死,张斌得免,张洪反得论功。此案因明孝宗听信东厂之言而全翻。

明弘治十八年(1505 年)五月,明孝宗暴病而亡,其子朱厚照登位做了皇帝,大赦天下,余濂因而得免,复至江苏武进县任知县。不到一年,因母亲翁氏病逝,余濂遂遵制丁忧回家。明正德五年(1510 年),余濂服除,补授苏州府同知,后辞官病卒于家,葬于离县治四十里之安定庙前。余濂著述较丰,有《日下陈愚录》《安边集》和《空夫诗集》。

新洲岭上的余濂墓

余濂正妻高氏生一女,女嫁都昌增广生徐文表;其副妻蔡氏生一子名光英。光英无嗣,以祖英(余澜所生)之子永茂继嗣。蔡氏殁于余濂任所,余濂又娶李氏为副妻,生子宝英,宝英夭亡。余濂以大哥余澜所生第四子宏英为嗣。

被御赐古楼的刘溉

王三定

刘溉,字一清,号泽山,明成化元年(1465年)十二月初五日亥时出生于都昌县土塘筱港桂花园,随后迁居信和垅二舍村(即今古楼村)。

刘溉幼慧,暮年就仕,大器晚成。

自幼聪慧过人的他时运不济,屡试不中,总是名落孙山。直到明正德二年(1507年)秋,已四十二岁的刘溉才中了个举人,但朝廷一直未委以官职。他只好在家重操教书旧业,这一教就是十二年。正当他心灰意冷之时,却不料接到为山东曹州府定陶县县尹的圣旨。这时是明正德十五年(1520年)十二月,他已五十五岁。

定陶是一个穷县,前任县令迫于毁谤而无法治理,竟辞官而去。刘溉面对这杂乱纷繁的局面,冷静分析,采取一系列整治措施,兴利除弊,一年半时间就把定陶治理得夜不闭户、道不拾遗。

刚到任的第三天,几个无赖便纠集一伙人无故闯入县衙,大喊大骂,闹得县衙乌烟瘴气,无法理事。于是,刘溉果断对无故造谣惑众、毁谤虐君、闯衙闹事的为首者进行拘拿,并处于死刑。随即他又派人于市口、路旁探听百姓对此的反响,发觉百姓对处死闯衙闹事者并无异词,甚至拍手称快。自此之后,闹事诽谤之风渐平,人心趋于安稳。

刘溉为政清廉自守,经常下乡了解黎民的疾苦,亲自指教作物种植,以兴农事。在职期间,虽然俸银不多,但他经常救助困难的百姓,而他自己身上的衣服则补了又补。有一次他的官服破了,叫妻子找一块好些的布料缝补,妻子到处寻找也找不到,就说:"老爷,没做过新衣,哪来的好布片呀!"

定陶位于山东西南,地处车马舟楫便利的交通要道。朝中官宦来往每经此邑,定陶官员必备厚礼相送,以换取在朝美言举荐的机会,而唯恐怠慢得罪,怕头上乌纱难保。一次,明正德皇帝身边的一个备受宠幸的太监南下经过定陶,向刘溉索要厚赂,刘溉不理,义正词严地拒绝道:"定陶敝邑,无以相送,唯有头上一顶乌纱帽而已!"

刘溉处事机智果断,路遇喊冤叫屈者,即行就地审理,如在县衙一般。一年半时间里,经他处理的案件及难决之事远胜一般人几年处理的案例,历史的积案也被调处过半。这期间定陶无一案例移交州府,刘溉所判案例无不令人心悦诚服。刘溉还非常重视教育,广兴学校,迅使民风大为改观,全县大治。士民无不拥戴感激,后来自发立祠祭奉。

由于刘溉在定陶政绩卓著,刚登基的明嘉靖皇帝为了延揽贤才,于壬午年(1522年)四月改任他为山东幅员最广的滕县的县令。

刘溉五月初一到达兖州滕县,接任知县之职。是时滕县政务杂乱,积弊极深。他一到任,就大刀阔斧地整肃吏治,不到两个月就将历年未收到的钱粮税赋全部催交完毕。刘溉在整顿治安、肃清流寇方面更是成绩斐然。当时山东境内以王堂为首的矿工及农民揭竿起义,波及滕县,朝廷派兵围剿,刘溉也理所当然地参加了这次围剿行动,且功绩甚著。朝廷念其功劳,特颁"北部旌贤"之匾额,以示嘉奖。可惜其匾在20世纪六七十年代遗失。

刘溉因训练士卒、整饬戎行,日夜操劳,冒暑剿寇,感染风寒病倒了,对前来增援的胡御史没有迎送,胡便怀恨在心,回京参奏他说:"病贪驰事,秕学济奸。"

吏部派人核查,翻阅刘溉档案,发现他每年的考语都是溢美赞誉之词,并无半句微词,于是将结论行文至兖州府曰:"滕县县治颇大,仍非才力所宜合,将刘溉照依才力不及事例起送赴部,斟酌别用。"

不料一波未平,一波又起。刘溉把畏罪潜逃的盗首司宗孔从原籍平阴县拘拿归案,进行拘责。因司宗孔刁滑狡诈,装出一副深悔态度,声称决心洗心革面,重新做人,刘溉故遂生慈念,将他继续留在县刑房供职,令其改过自新。

哪知这一宽大处理却给他带来晚年的一场劫难。

司宗孔表面对他感恩戴德,内心却对其仇恨有加,看见关文,断章取义为刘溉乃"起送赴部"之人,遂生歹意,落井下石,唆使铺户程法捏造他在职侵吞纸价银(即今办公费)二十两的罪名,赴省巡按孙御史处告状。孙即派按察司潘廉调处。潘不做深入细致调查,即命刘溉与司宗孔对质。潘只凭司宗孔一面刁词,就结案屈拟罪名将刘溉罢职为民。

刘溉欲行上奏辩白,恰遇家中继祖母病重,遂奔回故里。

明嘉靖四年(1525年)五月初一,其继祖母病故。他料理完丧事之后,按捺不住内心的愤恨,毅然提笔上书奏辩,以申冤情。因刘溉父早逝,其系长孙,当服承重之孝,他只好令侄儿子入京代奏。

此时,程法受司宗孔蒙骗诬陷了刘溉,于心不安,愿为刘溉冤情出堂做证。都察院重新核查,证实刘溉的罪名纯属诬陷栽赃,对诬陷刘溉的八名人犯俱拘拿入京,依律施刑。

至此,刘溉冤案终于得雪,这年他已六十一岁了。依照明朝律例,三品以下官员年满六十,必须致仕归家。明嘉靖皇帝感念其治政有方,剿寇有功,且遭人陷害,特赐其吏部天官衔,擢升知府实缺。

刘溉由于年过花甲,思乡之情甚浓,很想到一个离家较近的地方做官,并不想图什么高官厚禄而远离故乡,于是朝廷改任其为安徽望江县县令。

刘溉在望江县任职期间,政声著论,邑内黎民安居乐业。明嘉靖帝嘉勉颁诏,在望江县城外赐建一接官亭,以免他年高迎送之苦。旨谕曰:"耆宦贤能,来官勿接,去官免送。"明嘉靖九年(1530年)五月,钦差、山东巡抚都御史陈九畴赠匾褒奖曰"都台奖励"。匾额至今还完好地悬挂在古楼村祖堂内。

刘溉年满七十时才被恩准致仕荣归,并得朝廷赐建一座镂刻精美、飞檐斗角、"声闻于天"的古楼。朝廷将古楼建在村首,旌表贤劳,使之食鸣钟鼓,以乐天年,足见刘溉官虽卑而德望及所受的礼遇却高。从此二舍村即更名为"古楼村"。

"四任文林升大守,九重魏阙锡天官"的刘溉于明嘉靖十五年(1536年)二月二十一日申时寿终正寝,享年七十二岁。

明代嘉靖进士江一川

王三定

江一川,字两崖,明正德元年(1506年)十二月十七日戌时生于江浒湾村(今土塘镇珠光村委会)。父鲸,母李氏。兄弟二人,川居长,先后娶汪氏、奚氏为妻妾,生四子一女。

江一川自小于鄱阳湖畔一个以渔耕为生的贫苦家庭中成长。幼时患头癣,少年屈父母之命投师学篾匠。一直胸怀大志的他不甘于学艺,坚决要求读书,立志做个经国济世之人。其父母被迫无奈,只好遂其所愿,同意江一川师从邻村儒士汪大海。

江一川虽然从青年时才开始上学读书,但天资聪颖,悟性极高,发奋努力,博闻强识,不几年,就赶上并超过从童年开始读书的同龄人。汪大海先生慧眼识才,对其甚为钟爱,悉心教授。江大海知其必非常人,将来定成大器,于是主动承担其读书所需的一切费用开支,并将长女许配给他为妻。

经十余年的勤奋攻读,明嘉靖十六年(1537年),时年三十一岁的江一川考中举人。后再经苦读,明嘉靖二十九年(1550年),他终中进士,被钦命为宁国府(今安徽宣城)推官。

江一川由于天性高明、断案如神、公正清廉而深受士民称颂和拥戴,不久转任温州府(今浙江温州市)推官。任职期间,他清正廉洁,狱无一冤,政绩突出。两任前后共不过半年,江一川旋即赴诏命进京,被擢调刑科庶吉士。因文有治世之论,言有安国之策,且不畏权势,敢言敢行,直声振于当朝,江一川任职二月就被擢升为吏科给事中。

江一川秉性峭直,遇事敢言,且疾恶如仇,风节峻厉,就连权倾当朝的严嵩也因他而敛手回避,不敢贸然放胆欲为,令佞小畏惧。其耿正不阿的高贵品德与铮铮铁骨之风范无不令当时及后人景行而仰止。其仕绩巍然镌刻于县坊、载于县志。

江一川一生恪尽职守,忠贞事国,任刑部给事中三年后,终于积劳染成重疴。盛年五十的他奉旨回家调养。因感念其贤劳,朝廷特敕命在村口建上马墩、下马墩各一座,并令来探视的官吏一律依例上马、下马,不可简慢,以示敬重礼待。经多年调治无效,明嘉靖四十一年(1562年)五月二十九日黎明,江一川病逝于故乡,享年五十七岁。

知爱知敬、讲学白鹿洞的余经元

闵正国

余经元，字冠卿，号养素，为明代弘治年间（1488年—1505年）监察御史余濂之后，明代万历年间（1573年—1619年）以明经举贡士。他为人至孝，居亲丧时，"躃踊居庐，括发徒跣，一一如初"，"一苫块，三载不易"，"毁瘠过礼"，乡人感之。其兄经魁因家贫拖欠租赋被官府紧逼，经元卖掉己产替兄还债。他早年拜章斗津为师，"讲求性命之道，致知格物之学"。明天启四年（1624年），经元受聘赴白鹿洞讲学，受业门人达一百一十多人。他以知爱知敬、能爱能敬为格物致知之学，存有《义利辨》《性教解》《志气解》等著作。余经元为人正直，崇尚气节，不畏强暴。明天启二年（1622年），原南康郡推官、司理李应升被征调为监察御史。李应升因屡次上疏讥切近习，得罪奸珰魏忠贤，被关押入狱。余经元不忘旧情，闻讯之后质当田产得钱若干缗，倡议诸生义救李应升，但为时已晚，李应升这位"士民服其公廉"的忠臣终于被魏忠贤杀害。余经元为之悲愤至极，大病一场。

余经元生平不事浮屠，而晚持戒杀。其病重之时，医生曰："牛炙可起。"经元笑曰："吾岂以一脔易一命哉！"及卒，远近哭之曰："真君子也！"余经元卒后入祀都昌乡贤祠。大学士黄道周为之写《余养素先生墓表》。余经元本为都昌人，后入星子（今庐山市）籍，故都昌旧志和星子旧志均把他列入《人物志·儒林传》。

为余经元书写墓志的黄道周(1585年—1646年)是南明大臣,福建漳浦人。他是明天启年间(1621年—1627年)进士,初为翰林院编修,后出任南明福王、唐王朝尚书兼大学士,因战败被清兵所杀。

黄道周潜心经学,亦善书画,生前与经元之子忠宸友善,相交莫逆。余忠宸与黄道周共试棘闱,并出黄门,故请黄道周为逝去的父亲撰写墓表。黄道周从其所请,欣然挥笔写下"予闻之肃然拜曰:世亦有笃学躬行如此者乎""今先生之学,本于章斗津,斗津亦为格致之学,泛滥典籍者五十余年。而先生卓然以知爱、知敬为致知,能爱、能敬为格物,于大学所为,物有本末""逋薮能有如养素先生之爱敬者,吾与之共陟鹅象之巅,塞鹭鹿之路矣。先生每教子弟以先行谊,不事著书,即所到授徒,训诸生徒,以明利义、辨性教、审志气三者为本,呜呼!先生永立人极,学者谛观养素公之行谊,因以服习孟子,然后寻吾之言,勿背驰于子静、晦庵之说,其于吾道,应有赖也夫"等。

知爱、知敬是余经元学术思想的核心,也可以说是他做人处世的准则,是其思想道德观的基础。他认为,只有知爱,才能献爱,才能明辨是非,有爱心、有善心才能爱亲友、爱他人,同时自己也能从奉献爱中获得爱,从奉献乐中得到乐;而知敬,则是要有敬人之心、明礼之心、感恩之心,这样才能做到敬人品、敬气节、敬知识、敬才华、敬一切值得崇敬和效法的东西。有此思想,在当时实在是一件不简单的事情。

撰写《土目鹞石铁柱记》的余忠宸

闵正国

余忠宸，字未之，明代御史、都昌名臣余濂之后裔，白鹿洞书院主讲余经元之子。他于明天启元年（1621年）乡试中举人，于明崇祯十年（1637年）丁丑会试进士及第，登刘同升榜，官礼部员外郎、主事等。余忠宸本为都昌人，因随父经元定居星子（今庐山市），遂入星子籍，但星子与都昌的旧志对其父子生平均有详载，两志均刊余忠宸所撰《土目鹞石铁柱记》一篇。《土目鹞石铁柱记》文笔高古，结体谨严，如"惟是访九鼎之铸，列越裳之车，则伏波铜柱固一道也。乃诹匠于南海，市锻于豫章，鸠工于壬午之秋，匝半载而成之"，又如"他若潮州之文、钱塘之弩、长桥旌阳之剑，彼皆忠孝血悃孚极桴鼓耳！岩岩巉石，岂无心性，故应迟我公而点头也。自此鹞患永息，行旅无惊，绩符铜柱，功垺紫阳，宁仅补郡治之缺陷哉"。

现今白鹿洞书院西碑廊中仍立有一块刻有余忠宸所撰的《洞主廖侯去思碑记》的碑。碑青石质，圆首，顶上有圆饼式吊环。碑文呈长方形，正书体，共三十行，满行七十一字。碑中署名者多达一百三十八人，包括知府、同知、通判、知县、训导、教谕、举人、贡士、生员等。该碑刻蕴含着十分丰富的历史信息，是白鹿洞书院重要的一通碑刻。碑刻由承德郎、礼部主事余忠宸撰文，由征仕郎、礼部给事中熊维典书丹，由征仕郎、兵部给事中熊德扬篆额。

余忠宸写道："海内之名书院四，惟白鹿洞踞五老峰前。太乙插天，黎光炎炎，称邹鲁焉。自南唐为辟雍，松古云高，依稀桥门之盛。追宋朱夫子守康，复请于朝，领国子《九经》，因与陆夫子倡明国学，判孔、墨之界，著义利之防。时则郡贤黄先生灏、李先生燔辈，彬彬唱和，翕然师友矣。明兴，永熙之中。邑大学士余南坡偕其僚胡祭酒结社往来，鹿声再振。嗣是，如王，湛诸君子莫不仰瞻杏席，俯吸味源，辙迹所周，宗风星月，繇斯以还。主斯洞者或词林，或布衣、或乡耆，而近祀李江阴之节义，钱甬上之德造，则恒以名司李著矣。岭南昆湖廖公从庚辰春来李吾郡，时广成侯先生佩学使者符，媆檄公领书院事……誉流吴楚之间，望气者占为麟鸾，诸所著作置之洛阳书肆，逢人说：大苏也。公昔闻大道，欣践名臣，雅不鄙夷，淡泊以故。循循善诱，日课月程，其批艺也。削尽粉黛，独寻心性，楮墨之外，别具只眼""政余之暇，单车诣讲堂，剖疑晰纷，雪深露湛不倦也。尝曰：宜民教人为君子儒，勿为小人儒，分途全系义利间。读象山之辨，晦庵首肯，心同理同，臆论为昨。此关飞渡，王之良知，湛之未发，一以贯之矣。岁壬午，余适来玺居里，郡人啧啧言公治书院状，且曰：枯桂载荣，釜雷叶韵，大是奇，余曰：'昌期既济，奎聚斗垣，呦呦鹿鸣，必有以报公也。'已而榜放，所脱颖者，皆首拔士，省会庆为得人……或曰：'公行部属埋轮之风，清操悬鱼之节，仁溥郯城，威扬渤海。盖古循吏名臣之流亚焉。'抑知树植人才，为社稷计，弘辟邹鲁，续孔孟灯。敦有巨于此者也？我公行矣，丰功睿泽，当与五老不朽。而诸生依依之谊，佥谋所以寿之匡山片石者，亦谓公之师如朱子，而区区报效，窃愿附于黄、李诸先生也。"碑记回顾了白鹿洞书院的发展历史，追忆了历代先贤在白鹿洞书院的丰功伟绩，更赞扬了廖公承前启后、继往开来的贡献，用典很多，加之评论纵横、说理充分，是可堪一读的佳作。

余忠宸之裔孙余靖献，名万里，少有学行，与高安朱轼同肄业于豫章书院，以道德相砥砺，举拔萃科，廷试不售。后朝廷诏求遗贤，文端公朱轼力荐靖献，清世宗雍正帝也深爱其才，嘉其大有胆识，授河南陈州知州职。后因与总督田文镜不合，余靖献挂冠归里。余靖献著有诗集《拙园集》，生平事迹被收入清同治版《都昌县志》卷九《人物志·儒林传》。余经元、余忠宸、余靖献之余氏可称得上明代都昌著名的文化世家之一。

抗倭、劾奸、抗清的余应桂

罗水生

余应桂,派名光秋,字占玉,又字孟玉,讳应桂,号二矶,明代南康府都昌县余呈湾村人。

余应桂出生于明万历十三年(1585年)十月二十三日。他幼时即在其父余尚淙的教导下读书写字,十九岁时在南康府试中被录为秀才,三十一岁时在南昌乡试中举人,三十五岁在京会试进士及第,随即被吏部选任为浙江湖州武康知县。他莅任半年后,其父病故。余应桂遵制丁忧守墓,离任时身无长物,两袖清风。明天启三年(1623年),其母又逝世,余应桂重新为母亲服丧,前后近五年之久。明天启六年(1626年),明廷授其为福建龙岩县令。当时,龙岩是一个土瘠民贫的地方。余应桂上任后咨询疾苦,日图抚恤。他清诡米,罢苛税,以较低的价格将仓库中储存的粮食卖给百姓,救治了不少人,受到了龙岩百姓的爱戴和传颂。

余应桂

明崇祯元年(1628年)正月,工科给事中颜继祖上疏崇祯帝,极力举荐余应桂,赞其"一清如水,慷慨任事""区区岩邑不足尽其掀揭之才,宜调补海澄"。不久,余应桂即被任命为海澄知县。

海澄临靠大海。其时海寇猖獗,海澄境内常遭烧杀抢掠,民不聊生,井邑萧条。余应桂莅任后,审时度势,把防御和消灭海寇作为问政海澄的一件主要大事来抓。他三年修筑铳城二座、腰墙三里许,以为海澄外藩,同时募兵练兵,设计杀寇,终于擒斩寇首李魁奇等,海患基本平息。

明崇祯四年(1631年),余应桂被任命为陕西道监察御史。明制中,监察御史为言官,可以风闻奏事,为皇帝耳目。到了崇祯朝,明代已完全呈现出一派亡国之象:政治腐败,道德沦丧,世风绮靡,武备孱弱,不少官吏只知享乐和党争,毫无经邦治国的能力。余应桂在家乡读书时,尤其是在白鹿洞书院进修后,深受程朱理学的熏陶,但在社会动荡时期重新努力探索经世致用、实事求是之学。余应桂到了京城后,对全国形势有了全面而较为深刻的了解。己巳之变后,金兵入侵,袁崇焕被杀,边务已成为明王朝的主要大事。余应桂担任监察御史后的第一篇奏疏就是《条陈边务疏》。他条陈边务,深剖时事,指出"惟有先为发难之半壁,策其万全,乃可徐为蠢动之四方,苏其最急",对布置用兵和用人选将提出自己独到的见解。接着,他又上《请蠲驿递加派及生员优免疏》,指出天下百姓"只信仁政,不信仁言",最不堪者为新加一分之民饷,新扣生员之优免,新裁六分之驿站,请求崇祯帝全部给予蠲免。可惜崇祯帝并未采纳。

从是年十月份开始,余应桂接连劾奏首辅周延儒。周延儒于明崇祯三年(1630年)任首辅,甚得明崇祯帝宠爱。余应桂毫不畏惧,连上奏疏弹劾周延儒,都被明崇祯帝驳回。余应桂不低头,竟辞职归乡。返回都昌后,余应桂居住在县城,热心县事,为全县革除巡拦抽税、方便商贾作《革除巡拦抽税碑记》,为黄沙滩桥的顺利竣工作《钱公桥碑记》,为改革儒学于小南门外作记。同时,他还费时半年为新编纂的《都昌县志》润色和作序。

明崇祯六年(1633年)夏,周延儒罢相。余应桂在次年应召还朝。此时,陕西农民造反已渐成气候,高迎祥、张献忠等十三营农民造反队伍东进河南,南攻湖广,战乱几乎遍及全国。明崇祯帝命余应桂巡按湖广,并对余应桂夫妇及其已逝世的父母大加褒封。余应桂受命于危难之时,殚精竭虑,尽职尽责。一年之后,明崇祯帝命余应桂再巡一年,并把曾高祖之显陵守护之职交付给他。余应桂在承天府(今湖北省钟祥市,明显陵所在地)绝私交,逐污吏,赈流亡,安定民心,捐赎锾十余万缮城治器,除调集贵州等地善战之士司兵,还招募死士守城,以身保护明崇祯帝直系祖宗发脉之处,深得明崇祯帝的欢心。明崇祯十年(1637年)四月,余应桂升任湖广巡抚。作为封疆大吏,余应桂充分发挥治政用兵之才能,督令诸将进剿张献忠、罗汝才等,屡战屡捷。此时,新任总理熊文灿力主招抚。张献忠屡败后伪降,熊文灿允之,将其屯驻于谷城。余应桂怀疑张献忠是假投降,与熊文灿意见不合。熊文灿遂向明崇祯帝纠劾余应桂。余应桂上疏辩解。崇祯帝不听,将其逮押赴北京。第二年末,张献忠果然重新反叛,大败左良玉的明军。明崇祯帝大怒,逮熊文灿并处之极刑。余应桂本遭遣戍,后因此而得脱返都昌。

余应桂谪居在家五年之久。此时,全国已烽烟遍燃,后金兵不时入侵,李自成和张献忠的军事力量迅猛发展,洛阳、襄阳相继陷落,明王朝处于风雨飘摇之中。明崇祯帝命吏部疏复罪废诸臣,余应桂亦奉诏进京陛见。明崇祯帝思其有先见之明,钦召入对,授以兵部尚书之职,余应桂坚辞,遂擢为兵部左侍郎掌尚书印。明崇祯十六年(1643年)十月,李自成陷潼关,明督师孙传庭战死,明朝灭亡迫在眉睫。余应桂仍忠心耿耿,毫无二志。明崇祯帝反复权衡,决定命余应桂以后部右侍郎兼都察院右佥都御史总督三边军委,抚镇延、甘、宁、固抚镇,收拾三边健勇士著,相机扼剿。余应桂奏请拨给兵将和钱粮,明崇祯帝仅遣京军千人护送,给御用银万两为军前赏功之用。余应桂艰难赴任,但到黄河边上,河南、山西基本上已被李自成占据,赴任无地。此时,他依然志念国家,上疏给明崇祯帝,奏力挽狂澜之策:天下将"会师真保间,以天下全力注之,庶贼可灭也"。明崇祯帝不仅未采纳,还撤除余应桂之职,以李化熙代之。监军霍达走回京城,而去职之余应桂只好返回都昌。十余天后,李自成攻破北京,明崇祯帝自缢于北京煤山寿皇亭旁。

余应桂蛰伏都昌,心潮难灭,时常流着泪说:"唯欠先帝一死。"清顺治五年(1648年)正月,原左良玉部将金声桓、王得仁在江西反清复明,从新建县迎在籍大学士姜曰广至南昌以资号召四方。余应桂遂集石光龙旧部三千余人,练为水师,由武生王长城率领,阻断鄱阳湖,响应金、王。四月,清固山额真谭泰率领的征南部队至赣北,九江、湖口、星子(今庐山市)复陷于清。星子生员吴江自称明巡抚,举兵与清军战于落星湖。余应桂从都昌率兵出左里支援,因风势不利而大败。余应桂复倾家资招募溃卒,征集兵员,礼聘德化县(现九江县)帅师和孙明卿二人为中军,拥兵两千扼守都昌县城,声势复振。吴江则率残部退驻都昌西南望仙等处,与余应桂对清军形成犄角之势。八月,吴江营兵叛,吴江被擒杀。谭泰围攻南昌甚急,同时派兵东拒余应桂。十一月,清驻九江守将杨捷从九江调拨援兵强攻都昌县城。是月十五日,县城内以邵传宋等为内应,哗变投降,城遂破。应桂夺东门走不成功,返坐堂上,关门自焚,清兵扑焰入。应桂复投井,被清兵擒执。杨捷立即将余应桂和其子余显临、中军帅师押送谭泰营中。余应桂一路慷慨悲歌,至南昌城郊清军营中,当面怒斥谭泰,终于十二月二十二日被磔杀。余显临与帅师也于同日就义。

万茅山麓重修的余应桂墓

两主白鹿洞务的邵良杰

闵正国

邵良杰,字万子,号六溪,清顺治三年(1646年)生于都昌县六溪桥南庄居(今汪墩乡新桥村),自幼好学,康熙朝中举,为江西名解元,先后两次任白鹿洞书院主讲,素有学名,于清乾隆十六年(1751年)被恩准入祠。

邵良杰两岁失怙,自幼勤勉好学,常有所获。他为文峻洁,不趋炎附势;为人至诚,事母至孝。每至暮归,他必同母夜坐,读书声与纺织声相闻。其少年入县学,才德均在诸生之上。南康太守周灿廉赞其贤,延揽为上宾,请良杰入郡府教子,邵良杰以母亲辛苦为由告辞。清康熙二十六年(1687年),周太守奏准为其建坊。清康熙三十五年(1696年),时年五十岁的邵良杰乡试中举,领解元,可谓大器晚成。清康熙三十六年(1697年),邵良杰被江西巡抚马如龙聘为白鹿洞主讲,至清康熙四十一年(1702年)春以母忧辞归返乡。清康熙五十三年(1714年),南康知府叶廉素闻邵良杰之名,又请其主持白鹿洞书院。直到清康熙五十八年(1719年)邵良杰才以老辞,同年病逝,享年七十四岁。邵良杰任白鹿洞主讲长达十二年,是白鹿洞书院史上任期最长的山长之一。他为人谦和,被称为"仁人长者","每语生徒以朱子学规乃积德之基,人道之门"相教之。其平生除立德,著作也甚丰,主要有《六溪讲义》《古集钞》《杂著》《节录》等,后入汇《绍衣堂文集》。清乾隆十六年(1751年),邵良杰被奉准列白鹿洞邵康节祠配享,按察司副使、分巡江西广饶九南道的和其衷撰《邵解元从祀邵康节祠记》,

盛赞邵良杰"时而偕计簿于燕京,弥切望云之意;时而授心传于鹿洞,尝怀游子吟,是真孝本性,生事而力竭者也"。清同治版《都昌县志》记载有清乾隆十六年(1751年)白鹿洞主李金台所作的《邵解元从祀康节祠序》一篇,序曰:"前辈邵万子,讳良杰,能学朱子所学。为江西名解元,康熙年两主讲席,湮湮以终。"

清光绪十四年(1888年),邵良杰裔孙、举人邵伯棠曾为其作《绍衣堂稿》,言曰:"都昌滨于鄱湖,隶南康,向为郡属小县,国朝定鼎以来,文体溃败,科第晨星。溯顺治至康熙,其间历六十年,登乡举者自我家一桓公(邵良杰)。放榜时,名郡巨邑,见公籍都昌,咸愕然大哗。以为湖洲草县,安所得有出类之彦、拔萃之英。纷纷然遂相与投石于典试者之门。及闱墨出,下第士子,发相抄诵,一时豫章为之纸贵。"清乾隆十年(1745年),南康知县曹邦兴感念邵良杰教育之力,奏请为之设立牌位,于清乾隆十六年(1751年)获准。此后数十年,为其作序写记的就有数人,足见邵良杰品德之高、学识影响之大。

"父子洞生"刘希匡与刘豢龙

闵正国

刘希匡,字侣澜,号海庵,弱冠时入县学为增生,肄业于白鹿洞书院,潜心向学,究心经术。山长兼主讲干叔掌格外看重他,语之弟子云:"刘生学实心虚,造深见确。得与交,甚有益。"刘希匡归家之后仍手不释卷,以《易经》教子豢龙,尝言"学而时习之一句,书人多讲,不过为其不曾做也"以启迪子弟学以致用、学行结合。他曾诲人道:"治生当知足,敦善行又须不自足。不自足则可大,知足则可久。"这富含哲理的名句充分体现了他积极向上的人生态度和为人处世的行为规范。他是"知否相互统一"和知足常乐、为善最乐的倡导者、实践者,著有《〈周易〉过庭辑略》。清同治版《都昌县志》收录其铭文二篇:《祭古塚文》《文献堂铭并序》。《祭古塚文》是为重葬出土古墓之善举而作的祭文,《文献堂铭》则是为都昌塘西刘元龙(应为其先祖)所建之文献堂而写的铭文。刘希匡在《文献堂铭》中说:"读书好堂,建堂以贮典籍。"此文献堂最迟建于南宋,其时之彭公强斋、江公古心都曾先后光顾,"见图书之富,礼文之盛,题曰:东南文献第一家。县志、家谱所载略同"。刘希匡在文中还写道:"谨就堂勒铭识祖迹以告来者,庶几共相勉于无坠厥绪,可乎?时雍正四年正月。"志书上还录入其诗一首,诗名曰《岁寒亭中汇东八景图暨辞人题咏》:

谁将八景图亭中,题咏人多趣罕同。

  未信岩泉私野老，须思钓石属陶公。

  习勤晚看西河渡，戒旦晓惊南寺钟。

  精舍已灰谢壁永，剑光不蚀苏池空。

  渔歌彭蠡羞弹铗，樵唱矶山乐御风。

  地以人灵匪且且，愧侬土著忒冬烘。

诗歌提到了"都昌八景"，提到了都昌的人杰地灵，是一首脍炙人口的咏史诗、抒情诗。

  刘希匡之子刘豢龙，字舆仲，号省堂。豢龙学本家庭，自习成才，读书讲求身体力行，期于经世致用。及长，他与其父一样也肄业于白鹿洞书院。其时的山长和主讲如洪都熊心垣、汉阳李然山、盱江魏慎斋皆一时硕儒，豢龙先后从师五年，学业得以大进。他于清乾隆癸酉年（1753年）举于乡试，获礼部举荐，不仕，后游学于四方，曾渡黄淮，过钱塘，越会稽，登山观海，考献征文，以定志向，以广见闻，以远眼界，因此作《齐越游草》诗集。清乾隆丙戌年（1766年），刘豢龙出任江苏江浦县令。当时江浦县水灾泛滥，豢龙为赈济灾民，备尽辛劳，不料第二年因公诖误，谪戍新疆伊犁。流放效力之余，他仍陶然自得，不忘读书写作，乐此不疲。他考察民风民情，辑成《羁思集》八卷，多羽翼经传之言。六年差满后奉旨赐归，他又作往来《新疆三赋》，记当地风土人情甚详，可补新疆地方史志之不足。清嘉庆元年（1796年），他赴京参加千叟宴，得恩赐职衔籍。这成为轰动一时的新闻。刘豢龙晚年留心县志史料和文稿的搜集、整理与编纂，也曾遍历本邑山川，走村过户，不辞劳苦。嘉庆县志稿本初成之时，刘豢龙先生却以疾终。在志稿自序中，他说："只要一息尚存，此志不容少懈哉。"后来的清同治版《都昌县志》就是以刘先生的嘉庆志稿为底本撰成的。从这一点来说，刘先生之功德不可没也。同治县志序中也说"惟乡先辈刘豢龙先生，以名孝廉作江浦，平日留心掌故著述等，身有拟志稿一部，条分缕析，纲举目张，未经刊刻，传诸其

家。……当不致泯没,即奉为楷模,将近事增入,庶有豸乎?"刘豢龙的著作甚多,主要有《周易过庭辑略》《经传疑难》《物垣纪闻》《读三国史》《尚友剩论》《意窥琐言》《还役暇笔》及《都昌县志》稿本等。这些著作多有独见。刘豢龙是清代都昌县少见的多产作家。

刘希匡、刘豢龙父子均名列清同治版《都昌县志》卷九《人物志·儒林传》。刘氏应为清代都昌以诗书传家、以文名知世的人家之一。

清代江西诗坛翘楚刘梦莲

董 晋

刘梦莲,清乾四十六年(1781年)生,字香亭,都昌人,清道光十七年(1837年)副贡生,善画工诗,且精于文。他身貌魁梧,资性明敏,纵览经史百家,动笔万言立就,曾游吴越荆襄名胜,每到留题,著作甚丰,有《史会断要录》《史经类考》《醉月楼诗文集》《词曲杂著》,均刻刊行。现存有1835年道光豫章行馆刻本《浙游草》。

刘梦莲堪称江西诗坛的佼佼者,曾写《吴城杂咏》五十首,和者纷纷。他同画家张仙槎交往,常诗其图。时人称南城吴白庵、东乡吴兰、永丰张鹤舫、南昌龚可欣、都昌刘香亭为"江西五大家"。于都宋惟驹说刘梦莲的诗"如登万仞崇山,飘渺无端;如涉万顷洪涛,汹涌无尽,而非一丘一壑之所得"。他的《游龙虎山》就是一例:"群峰措列势参天,古柏阴森锁翠烟,一角山藏龙虎气,也应福宅住神仙。"《登天姥放歌》云:"五百年前统仙系,梦登天姥谒天帝。今朝亲到洞天来,不羡人间金银台。吟诗啸击天门开,肯让谪仙称仙才。"这些诗超凡脱俗、豪放飘逸,给人以谪仙再世之感。刘梦莲堪称都昌近代文化史上之一杰。

两修枕流桥的陈氏父子

闵正国

枕流桥，位于白鹿洞书院贯道溪峡口上。此处两岸悬崖峭壁，地势险要，故又有"小三峡"之称。现桥为单拱石砌，长12.5米，宽3.2米，高约18米，桥两旁建有石砌条石护栏，南北端各有三级石砌台阶以供上下。桥下溪水奔涌，大石枕之，石上有朱熹亲书的"枕流"石刻，故名"枕流桥"。桥下及桥头岩石上石刻满布，是一处绝妙的人文与自然景观，也是电影《庐山恋》拍摄的主要景点之一。

此桥是旧时南康府、星子县(今庐山市)通往书院的必经之处。过此桥后即达独对亭(俗名"接官亭")，凡来书院官员者，文官下轿，武官下马，缓步进入。枕流桥初为朱熹于南宋淳熙八年(1181年)所建。南宋嘉定元年(1208年)，广东番阳令李骏自武昌来江州，访白鹿洞经小三峡，爱清泉之奔流、悬崖之对峙，故捐己俸于桥上建亭，以利行人歇息、观景。南宋嘉定十一年(1218年)，朱熹弟子胡泳、黄干和郡守陈宓一道将桥亭新修并扩大，名其"枕流亭"并悬匾于其上。南宋嘉定十五年(1222年)，李骏在安徽池阳(今安徽省池州市贵池区)为官，胡泳也正好客居此处，两人谈及建亭始末，均有不尽的话语，甚为欣慰。这一年秋天，李骏儿子李仁广、外甥夏昌学、昌辰也来到白鹿洞，与洞中士友七十八人相聚，举酒亭上，"相与叹岁月之易流，幸来者之有继也"。胡泳将此次盛会及枕流亭始末题刻在崖石上，名《枕流亭题志》。这是白鹿洞书院最早的有确切纪年的一处摩崖石刻。

清康熙五十一年（1712年）五月，石桥被山洪冲毁，人们暂以木桥代之。清道光十一年（1831年），都昌贤达陈尚忠独资捐建成石桥。该石桥迄今已有180多年的历史了。

陈尚忠，字夏轩，少孤，事母维谨。及其长，朝廷援例授其按察司照磨一职，其卒以母老不就。其平生慷慨，拯弱恤贫，所掩暴骨不下数十冢，名列清同治版《都昌县志》卷九《人物志·义行传》。其为清代道光年间都昌县四十三都松口庄人，不过是中产乡绅，而铜钱三十六万在当时也不是一个小数。但陈尚忠深明大义，不做守财之奴，毁家助教，堪称后人楷模，"其子洋谟、绩谟肄业童生，皆循循在家法"。据清同治版《都昌县志》和《白鹿洞志》载，清道光二十二年（1842年），石桥又毁于蛟水。越明年，其子州同衔洋谟、贡生绩谟又对该桥进行了捐修，可谓子继父业，贯彻始终。只可惜因史料匮乏，这次维修不知耗资几数。

白鹿洞书院碑廊中，今仍存有当年南康知府杨树基撰文、府学训导熊骏书额的《重修白鹿洞枕流石桥碑记》一通。碑高1.93米，宽0.83米，楷书阴刻，竖排十四行，满行三十字，字体端庄、工整，石碑保存完好。

杨树基，山东蓬莱人，进士，清道光十年（1830年）时任南康知府。他写道："白鹿洞为天下四大书院之一，而门前枕流桥为士子来学必由之径。桥跨峡口贯道水，圣泽泉汇焉。考志原系石桥，久废，后易以木，难期坚久，庚寅夏，余来守是邦。公余流览书院，荒废应修之处甚多，而此桥尤属要津。适有陈君先得我心，以独力捐建请即。于是科躬自督工，风霜冰雪，备历艰辛。堕者立之，堙者疏之，木桩尽撤，驾以石梁。砥柱中流，坚久不朽，共用制钱叁佰陆拾余缗。"碑之最后赞道："陈君家不中资，勤俭自持，而遇公事能知大义若此，予甚嘉之，是为勒诸贞珉，以为世之好义能用财者劝。"

陈尚忠、陈洋谟、陈绩谟父子两代乐善好施、尊儒重教的慷慨义举令后人没齿难忘。

白鹿洞书院"屡取第一"的诗人余笛

闵正国

余笛(1808年—1839年),字可香,号鹤楼,都昌县十一都(今中馆乡)四甲村人。他幼读私塾,聪慧过人,尤以诗词闻名遐迩。他于清道光十七年(1837年)入南康府学,次年入白鹿洞书院攻读。在院期间,他颇受山长骆尉亭、徐白舫等人青睐,课考之时"屡取第一",志书说他"工骈丽诗、古文辞,每试辄冠"。他又曾以诗词得与南康知府张南山交往,两人相交莫逆,相知甚深,郡伯何甲畬也很赏识他。清道光十七年(1837年),他又以第一名的成绩被选为拔贡。同年,他在乡试中以第五名中举。第二年,他赴京应试,未第,回家途中偶感风寒,到第三年十一月时不幸英年早逝,邑人为之痛哭叹惜。他有《北游南旋草》二卷传世。

余笛的诗作力求用诗句表达他对生活的真情实感,想象奇特,豪放雄健,且喜以俗语入诗,自然清新,绮丽流转,通俗易懂,明白如话,读之朗朗上口。其诗多爱日望云之句,讴歌大自然,热爱大自然,可见其人性情恬淡,气度冲和。其诗近百载在都昌广为流传,长盛不衰。

余笛颇受骆尉亭、徐谦、张南山等人赏识。骆、徐、张皆亦非等闲之辈。

余笛的诗歌很多,今选录如下:

咏菊(四选一)

生从三径伴孤松,便遇严霜未改容。

笑汝性情浑似我，逢人能淡不能浓。

西风吹处数枝鲜，只占秋光不占先。

但使满头人竟插，当年何事寄篱边。

诗人以菊咏己，寄托情怀，"人淡如菊""本色不改"正是诗人的精神写照。

舟中读船山诗集

诗无真气不沉雄，满纸灵光独美公。

有句都从天外至，此才能使古来空。

一官过眼浑如梦，千卷罗胸不济穷。

我欲大声叫奇绝，恐惊万怪起蛟宫。

诗人对王夫之的诗才可谓推崇备至，认为王夫之的诗才令人拍案叫绝。本诗写得很有气势，亦有诗人独到的见解。

马垱舟中望小姑山欣然有作

看山一路遍江淮，到此登时倦眼开。

游子正当归思迫，小姑已送故乡来。

雪残渐有回春意，家近何须缩地才。

今夜闺中如忆我，不应尚作远人猜。

上诗环环相扣，诗人将对故乡的思念、对亲人的眷恋写得十分准确贴切、率真自然。

检南旋诗草漫题三绝

诗情得助是蓬窗，有句都成水调腔。

我与青山缘不浅，留题一路到西江。

飘泊无端逐雨风，江南蓟北太匆匆。

检计且自摩挲久，一片归情在此中。

不将落第扰襟期，遣兴惟凭彩笔挥。

赢得锦囊诗数卷,此来胜夺锦标归。

科举落第在他人看来是悲伤的事,但在诗人看来却是"胜夺锦标归"的好事。诗人一路讴歌,钟情于山水之间,钟情于诗情画意,我们从诗中不难看出诗人积极的人生态度和渊博的学识。

清道光朝榜眼曹履泰

冯唐波

曹履泰,派名敏政,亦名昕,字曙珊,号树山,又号泰履,清乾隆庚戌年(1790年)生于今都昌县芗溪乡马垅村委会湖下曹家。他在清道光十三年(1833年)癸巳科举殿试中高中榜眼,后官居要职,威名显赫,是封建社会后期都昌县最有影响的人物。

曹履泰二十六岁时参加清嘉庆丙子科(1816年)本省乡试,中副举,在乐安县任教谕俸满;清道光辛巳年(1821年)中举人;保举候选知县期间,又于清道光癸巳科(1833年)会试中进士,殿试一甲第二名,榜眼及第,其时曹履泰四十三岁。榜眼及第后,曹履泰任翰林院维修、国史馆纂修,掌陕西道监察御史。1840年,曹履泰因丁父忧归家,期满后任兵部给事,旋为掌印官。清咸丰辛亥年(1851年),六十一岁的曹履泰分巡广东惠、潮、嘉兵备道(今惠州、潮州、梅州一带),又被调署雷、琼兵备道(今雷州半岛和海南省),被任命为中宪大夫,后被晋封为通奉大夫。从曹履泰有文字记载的经历和后代流传的叙述中,我们可以知道,他学问高深,入翰林院,修国史,清咸丰帝曾在他处读书,他是清咸丰帝的老师。他六十一岁时出任广东一带的兵备道,受命于危难之际,此时正是太平军在两广地区大举起义时期,足见其深得清咸丰帝的信赖。

清咸丰甲寅年(1854年),陈阿亮起兵造反,啸聚于潮州河对岸的东津乡。曹履泰提兵进剿。陈不敌,率众逃往揭阳。曹履泰随后督队穷追,陈终被擒杀,

此乱遂平。

曹履泰谦恭礼让,诚信孝义。他事母至孝,母亦督教严厉。他少年时遇母怒,必长跪不起,待母欢颜方才起身。他笃信师友,在任京官时,对朋友屡有馈赠,毫不吝啬,待到广东为官时,凡师友已谢世者,仍厚待其子,关爱如初。他认为"为治首在得人",重视地方英杰的选荐提拔,公道不偏,"虽亲故子弟,无毫发私焉";而在叙功时,他虽居功却不享功,更不自傲。江苏巡抚丁日昌对他的为人褒赏有加。

曹履泰地位显赫,荣宠至高。他晚年与粤督有隙,于是效仿家乡先贤陶渊明辞官归籍,然而粤琼地方官员和绅士对他颂扬敬爱。现存的一副由潮州府属绅耆士庶同顿首拜、恭颂曙珊曹大公祖大人德政的丈余长的缎制对联曰"五年露冕宣风岭海瞻同生佛,八月歌铙奏凯鳄蛟扫若轰雷"。这副对联正是曹履泰回家之时潮州府人士敬送的。

回籍后不久,其母亲去世,他悲伤不已,逾年也卒,享年七十一岁,其时为清咸丰辛酉年(1861年)农历八月初五。曹履泰被葬于今鄱阳县响水滩魏姓屋背,与其母冯太夫人并冢。

主讲白鹿洞书院的万起鸿

闵正国

万起鸿,字云巢,都昌县三十七都人,清道光十九年(1839年)举人,清道光二十年(1840年)中恩科进士,以知县身份被分发至直隶(今北京、河北、天津),补平山令。他在任上办事干练,为民解困,曾清理积案百起,颇有三国时"凤雏先生"庞统的才干;而闲暇之余则教授学生作诗,邑人也从中始知音韵声律。上官廉其能,调其任巨鹿(今属河北省)县令。他见内忧外患,战乱不绝,民生苦顿,仕途凶险,未予赴任,既而挂冠回乡。万起鸿后出为白鹿洞书院讲席,教授闾里,提携后学。受教之人,皆有长进和造化。万起鸿品学兼优,才干裕能,少时学诗于白鹿洞书院洞主徐白舫,尤擅长作咏史诗,每有所得,必见于诗,有《卧云斋诗集》流传于世。

题联点将台和白鹿洞的李秀峰

闵正国

李秀峰（1833年—1903年），名乘时，字子和，号秀峰，李士衡之子，都昌县苏山人。少年时他曾于白鹿洞读书，白鹿洞的求学生活给他留下了美好的印象和不舍的情结。与父亲一样，他也是廪贡生。清同治己巳年（1869年）后，李秀峰历署江西东乡县训导、崇仁县教谕。中举人之后他又被调为安徽督办三河税务。这在他人眼中本为美差，但李秀峰为官清廉，忠于职守，故一生仍然穷困潦倒。清光绪二十九年（1903年），李秀峰客死上海。修水陈三立对他极为赏识，为他题写挽诗："秀峰哦诗浩千万，泥砾飒沓奔河潭。去为小吏踣偃强，晚耽神仙攀渺茫。乡国此士憨可取，羁旅遂死吁谁伤。平生臭味放蛮海，魂魄依人烽燧长。"1993年版《都昌县志》载："李秀峰，善诗，有《妙香斋诗钞》两卷传世。"至今，我们在国内许多著名风景区偶尔还能看到李秀峰所题书的楹联，如九江名胜——烟水亭就有他的一副楹联："晚上孤亭，影倒一湖烟水；夜横高枕，声来九派风涛。"

李秀峰在《闲居》诗中写道："酒作伴侣，诗是情人。"嗜酒好诗，乃历代大文豪之所为，陶渊明、李白等概莫能外。李秀峰读书刻苦用心，年少时作诗即求新避俗，呕心沥血经营之。他说"得句莫求流俗谅，用心须避古人知""能开奇境才真卓，怕覆前人笔已低"（论诗偶作），又说"低徊咏叹费多时，百炼方成七字诗"（《作诗杂题》）。如他的《游开先寺》："万树拥孤寺，客来苍翠巅。路腥知虎过，潭黑骇龙眠。峰势欲离地,瀑声如在天。回头隔尘世,此地合参禅。"诗写得景奇貌异,令人有一游方罢的冲动。开先寺坐落于庐山秀峰脚下,李乘时以秀峰为自号,想必自有其纪念意义。又如他的《鞋山》有一句"摩天千古峭,蠡水一峰孤",很是贴切新奇。

李秀峰生在鄱湖之滨,对鄱湖水和故乡人有着不了的情怀和深切的体味。其诗写鄱湖水的居多,如《途中见水灾感作》:"一白何空阔,滔滔世界浮。有村皆水面,无路不山头。客守堤边渡,人撑树杪舟。苍生呼吸里,怅望泪双流。"其故乡本为鱼米之乡,反受水灾之害,惨状历历在目,挥之不去。又如"风斜蝶与人争路,雨涨鱼随水出池"(《南园遗兴》),"水鸥随浪起,水鸟带云飞"(《湖上偶成》),"崩树每当道,陷田多傍湖""鸥鹭亲江市,鱼虾贱水乡""窄室分眠榻,颓垣界比人邻"(《道中杂日诗》)。这些诗歌较深刻地反映了底层劳苦大众的生活情景和水乡风貌,是诗人作品中的精华。

现选录李秀峰的几首诗作以做赏析:

观 音 桥

天半一桥横,雷霆足底生。

只闻风与水,不辨雨兼晴。

仙籁虚空满,尘心顷刻清。

石梁高倚处,俯瞰雪涛明。

本诗写得气势开阔,不同凡响,读者读后确有一睹为快的欲望。

鄱 阳 道 中

仆仆风尘满,悠悠道路长。

雨余村径滑,水断野桥荒。

名利催人老,山川送客忙。

鲈鱼闻正熟,应美尔江乡。

这首诗开头写的是鄱阳湖边的景致,落脚于赞美家乡。诗人对家乡的热爱之情尽在字里行间。

舟 行 杂 诗

日日鲜鱼入馔香,水程如此未嫌长。

舟行博得湖山趣,满载诗情返故乡。

风顺开船雨泊船,人生到处总随缘。

行舟一似行吾道,去往无心听自然。

上诗写出了很多人的心态,亦体现了诗人豁达乐观的处世哲学。本诗写的是对生活的感悟,还是对现实的无奈? 或许只有诗人自己才知晓。

咏 雪

围炉销受岁寒身,谁念袁安彻骨贫。

门外忽无黄叶路,客来都是白头人。

定池昨夜全倾满,老屋今年特换新。

照我三冬读书处,明窗几净绝纤尘。

这首《咏雪》诗看似平常,却很有韵味,耐人咀嚼。雪天读书,窗明几净,围炉取暖,彻夜不眠,这是很多读书人梦寐以求的精神享受。

较早收录李秀峰集字题署白鹿洞书院楹联的,是清末民初湘人吴恭亨所著的《对联话》(1984年三版点校本,岳麓书社)一书。其收录了李秀峰的三副集字联:"傍百年树;读万卷书。""泉清可饮我欲隐;树老如此人何堪。""玉树千山,风泉万壑;洞门一扇,石室半重。"(有以"室"为"屋"者,以与明紫霞真人《游白鹿洞歌》相对,因《游白鹿洞歌》中只有"屋"字而无"室"字。)吴恭亨在联语前的题签是:"李秀峰读书庐山,集白鹿洞歌为联,亦洗尽铅华。"评价可谓高矣。

除此之外,粲花轩明主编著的《分类古今联海》还补充收录了另两副李秀峰以《游白鹿洞歌》集字的对联,联文为:"泻石清泉堪一饮,倚门老树欲千年。""泉石可人,烟霞老我;青山傍屋,绿树盈门。"

仅《分类古今联海》一卷收录的李秀峰集《游白鹿洞歌》字联就达五副之

多。这五副联语中凡涉及"室"字和"屋"字者,并未出现如《白鹿洞楹联诗词精萃》(白鹿洞书院自选印本)、《中国书院楹联》(湖南大学出版社)、《对联话》中那样的讹误,应当识之为"善本"。

谨录明万历年间(1573年—1620年)紫霞真人《游白鹿洞歌》碑刻如下,以供识者鉴赏,亦可作为对李秀峰以上五联的诠释:

何年白鹿洞,正傍五老峰,五老去天不盈尺,俯窥人世烟云重。我欲揽秀色,一一青芙蓉,举手石扇开半掩,绿鬓玉女如相逢。风雷隐隐万壑泻,凭岸倚树闻清钟。洞门之外百丈松,千株尽化为苍龙。驾苍龙,骑白鹿,泉堪饮,芝可服。何人肯入空山宿,空山空山即我屋,一卷黄庭石上读。

辛巳三月,紫霞真人宿此洞编蒲为书

《游白鹿洞歌》以大手笔和拟人的手法尽情描述了白鹿洞及其周边的绮丽风光和自然风貌,抒发了作者归隐林泉、超尘脱俗、读书最乐的思想情感。其文风清新,诗韵悠然,朗朗上口,一气呵成;其书法飘逸流畅,庄重苍劲;其中心紧结而外向纵横,疏密有致。《游白鹿洞歌》碑已被列为国宝级文物,而紫霞真人何许人也?罗洪先乎?王阳明乎?数百年来,莫衷一是,至今仍然是个不解之谜。李秀峰能从歌中集字成五副楹联,可谓联坛高手。

重教爱民的江南金

江政姜

江南金,派名奇珪,字席珍,号品三,又号聘珊,生于清道光癸卯年(1843年)正月二十日。他是清同治甲戌科(1874年)进士,以累功劳绩蒙奖晋知府。

江南金居西源乡畈上村,该村地处鄱阳湖畔,乃穷乡僻壤,世代以农事为活,少有书儒,江南金是村里历代以来唯一一位当官之人。据《江氏宗谱》记载,江南金祖辈以耕种为业,家道贫寒。江南金幼时勤奋苦学,立志自励;为县令期间,勤俭朴素,体恤百姓;解纽回籍后,治病救贫,乐于善行。时至今日,村里还流传着他治学严谨、为官正直、帮难扶困的佳话。

江南金勤政为民。他在柏乡县任知县期间,体察民情,深入民间,凡事必躬身亲问,案无积牍,解决了当地农民生产、生活上的困难,带领百姓修缮水利,改善生产条件。《江氏宗谱》记述:"柏邑有槐午二河,湮塞已久,大雨多雨则汛溢为害,略旱则不足资灌溉,先生与士民商令,附近居民于冬闲分段挑浚,合注之城濠,未尝大费,而旱涝之患均减。"江南金为民办事,组织百姓兴修水利,这在封建社会的官吏中是很难得的。

江南金正直爱民。《江氏宗谱》记载了江南金在柏乡、任县、涞水任县令时办理案件的几个事例,这些事例都体现了江南金为官正直、以民为本的民本思想。他善断难案,刚到涞水县供职时,有一刨坟案,经前任李某审结,盗贼被定罪于狱。江上任后，以盗将解省提案，复讯贼，发现此案有疑，存在纰漏。所刨之坟，坟主乃成亲王之戚也，近坟有某寺，坟由寺僧看守，僧所供述坟内情形与贼供有异，而僧于葬时亲临现场，所供必实。先生疑此案有冤，如果是真盗，为何所供坟内情形与僧供不一而只有金制簪环一二事相符？原来，前任因坟主乃成亲王之戚，王函促务速获贼，恐忤王，意欲急捕，捕役惧，拘别贼以应勒令，役以细绳系贼手大指，悬之三日，贼不得已应诺，为逼供所至。江南金验贼手指，发现其手指已断，犹有绳系痕迹，因以案情不实故拘此贼于狱，待缉真贼，再行释放。此桩冤案的平反可见江南金办案认真谨慎，轻口供重证据，秉公执法，正直爱民。

江南金重教抚民。江南金虽身为农家子弟，却酷爱读书，有很深的儒学思想，重视教育，培养后辈。江南金中进士后，归工部签分虞司主事期间，因父早年亡故，请假终养先太夫人，待卒服阕，仍无意禄仕，以为清平。他乐居于家十余年，自购竹坡别墅，捐资建丽泽书社，教书育人，亲授课业，徒训子侄后辈、乡邻故亲子弟。他家中藏书不少，常供人阅读。他自己好读古书，善解文意。受其影响，后辈不乏读书之人。

江南金还帮困恤民。江南金在清光绪癸卯年（1903年）告假回籍候知府缺以后，一直在家休养至病逝。据《江氏宗谱》记载，江南金晚年身体健康，精神不衰，"究心医学，博涉诸家，融会贯通""治病不求近功，而每有奇效""求医者坐客满堂，虽烦扰不肯辞""为人之疾痛可悯救之，所以使各遂其生"。江南金医术高超，治愈了不少疑难杂症，但并未见著书立说，仅有评注散见于各书中。《江氏宗谱》记载，先生说："著书必有特出卓识伟论补前人所未备，为后世大法者方容着笔，其千之一得或随时通变，仍不出前人范围者，何必多事成书，具在潜心读书，可自得焉。"从这番话中，我们可以透视出他的高尚人格：只干实事，不徒有虚名。

江南金于清同治甲子年(1864年)考入邑庠,于清同治丁卯年(1867年)中举人,于清同治甲戌年(1874年)被赐进士,并被钦点为工部签分虞司主事。清光绪辛卯年(1891年)至清光绪癸卯年(1903年),江南金先后在柏乡、任县、涞水任知县令。清光绪癸卯年(1903年)三月,江南金请假回籍候知府缺,后一直未赴任,至中华民国乙卯年(1915年)病卒,终年七十三岁。

以血书经的普超法师

罗水生

清宣统元年(1909年)八月十四日清晨,庐山五大丛林之一的海会禅寺,以血书经的住持普超和尚集众顾命,端坐而逝,西往极乐佛国。众僧齐呼佛号,梵钟悲鸣的哀音萦绕在匡山和蠡水的上空。一百多年过去了,普超墓上青草萋萋,但大和尚的名字依然存留在人们的记忆之中。他用自己的鲜血写成的《华严经》已成佛家瑰宝。面对血经,后人常常会进行深深思索和无穷感叹。1946年5月8日,江西一代名历史学家吴宗慈在海会寺阅读了普超以血书写的《华严经》后,挥笔写下了题识"刺血以写经,此血永不灭。念此苦心人,痴绝亦慧绝。疾也何云痴,其理不可说",对普超进行了高度评价和由衷赞叹。

普超是都昌县苏山乡马鞍戴家村人。马鞍岛位于都昌县西北部的鄱阳湖中,与庐山五老峰隔湖相望,面积近十平方公里。岛上一山形似马鞍,俗呼"马鞍山",岛遂因山名。岛上有九姓十三村,其中戴姓因戴高、戴凤祥父子在清乾嘉年间(1736年—1820年)一中举人一中进士而成为岛中的"高门大姓"。戴村有一人名"戴启辉",乃戴凤祥族侄,家道小康,有一妻一妾,可惜只活了四十三岁,没有留下后裔。戴启辉之妻陈氏便思谋在族中过继一男丁,以接续香火。戴启辉逝世七年后,安义县石塘戴村的戴启楠生下一子,时为清同治二年(1863年)六月廿九日戌时。马鞍戴姓人本自安义县石塘迁徙而来,陈氏托人将戴启楠之子接来都昌立为嗣子,取名圣谦,字益生,行尔六。此子即为后来的普超和尚。

圣谦幼时入私塾读书,极聪慧。清代都昌农村盛行早婚,何况圣谦家中男丁单薄,其母陈氏急于抱孙,遂于清光绪三年(1877年)让自己所带的童养媳余氏与圣谦结婚圆房。此时圣谦只有十四岁,而余氏已是二十二岁大姑娘。结婚后的第二年余氏即生下其长子徽仁;圣谦十七岁时,其次子徽义出生。当时,圣谦家中只有十余亩薄田,由于添丁加口,生计日愈艰难。圣谦便在戴村设一蒙馆,教授几个孩童以增加家中收入。家中的生活重担沉重地压在不到二十岁的圣谦的肩上。

圣谦一边教书,一边参加科举考试,试图取得功名,像其叔祖父戴凤祥那样取得一官半职,荣耀家庭,改善生活的窘境,可惜他屡试不第。在读书做官的道路上受到打击,加上对世俗的不满,使得圣谦"一旦自觉光阴迅速,人命几何,泡影生死,直如转毂,富贵尘云有何可着,遂舍儒从释"。马鞍山上有一古青云寺,在湖山灵气的熏染下,禅风甚浓。当时圣谦只有二十三岁,家中母亲陈氏已有六十九岁,两子俱不满十岁。尽管亲老子幼,但是他还是毅然斩断尘缘,皈依了佛门。

清光绪十二年(1886年),圣谦投入应竹庵,从本公薙梁圆具戒,得法号觉禅,字普超,在九华山甘露寺学习佛家经典,礼佛问禅,寒暑不辍。三年后,他又登天台山,寻师释友,虚心求教,咨决心中疑问。接着,普超返回江西至庐山海会寺,拜谒住持至善和尚。海会寺位于庐山五老峰下,为明万历年间(1573年—1620年)所建,清咸丰三年(1853年)毁于兵灾。清光绪初年,僧至善来此,筑茅以居。后在姑塘驿官魏兴要的资助下,海会寺得以重建,由至善和尚主持庙务,香火渐盛。普超来到寺中,至善见他慧根独具,佛法造诣甚深,知其必有大事,海会佛种薪传将要依靠此僧,便将一部《华严经》授予普超,谆谆指教道:"闻此可以发明心要。"该经阐述了"六相""四法界"等佛理,提出了一些相对应的范畴来说明世界事物的相互依存、相互制约等关系。普超认真学习钻研《华严经》,与至善住持相互答疑解难,佛学水平渐进至高层。他以《华严经》为护身至宝,正如他的弟子所说,"从兹动静不离,忆忘如也"。

清光绪十五年(1889年)秋,普超面对云绕翠溢、雄峙亿万年的五老峰,彻然大悟,便"发广大心,立坚固愿,烯身香五百炷以增净因,期证圣品",决心用自己的鲜血书写佛经。他的这一舍身求法的行动得到了至善住持的大力支持。至善用寺内的一间静室专供普超写经。普超每天掩关闭户,燃香一炷,于身上取血小盏,用圆润端正的楷书进行抄写。他足不出户,伏案读经、写经,每日两餐由小沙弥送入室内。有时,他还要小沙弥进入寺后山中采摘野生百合供他啖食,以补元气。他由于用心至诚,甚至见佛陀从经中迸射的金光中出现,与他讲解经文。普超在以血书经的过程中,不但没有感觉到任何的身心疲软,反而感觉像是在美仑美奂、富丽堂皇的华茂世界之中遨游和生活。

清光绪十七年(1891年),住持至善和尚作古西去。海会寺内住持法席空虚,众僧公举普超主席,普超坚辞不就。

清光绪十八年(1892年)冬,普超终于用鲜血书写完了《华严经》八十一卷、《梵纲经》三十卷、《行愿品》三十卷。这一百四十一卷佛经浸透着普超的心血。其弟子说普超"十指沥干,一心不动,宴如也!"普超把书写血经当作一件快乐的事情去做,任何事情都动摇不了他的决心,就是寺中众僧公请他当住持,在未完成书写血经的任务前他也拒不担任,致使法席空虚二载。大功造成后,立即轰动僧俗,"因定发慧,静极光通",诸见者莫不欣崇感叹,发信向心。时有清朝的官吏许观察、周军门阅读了普超书写的血经,极为钦佩,大加赞叹,不惜花费巨资,购买珍贵的楠木和紫檀造成宝塔,珍藏血经。这座血经宝塔被供奉于寺内方丈上阁,"俾诸求者瞻仰钦敬礼念"。

清光绪十九年(1893年),经寺内众僧再三请求,普超才应命担任住持。他秉承佛陀的宣示"以戒为师",由戒生定,由定发慧,由慧护戒,严肃清规,严净毗尼,领众宏修,信众倍增,使海会寺香火盛极一时。清光绪二十五年(1899年),

普超在海会寺大开戒坛,传戒得度弟子八百余人。九年后,普超又在寺内重宣戒法,度弟子数十人。在普超住持海会寺的十余年中,寺庙积资甚丰,置寺田八十余亩,建庄屋八所,修建了华严静室,庙宇规模宏大,弟子众多,海会寺遂成为匡庐境内的五大佛教丛林之一。

　　普超由于主持寺务,操劳过度,虽然还不到五十岁,但身体日渐衰弱。清宣统元年(1909年)农历八月,他突然感觉身体不适,自觉将要圆寂,于是召集寺内众僧,嘱托后事,端坐闭目而逝。这时,刚刚冉冉升起的朝阳将一缕金色的光芒射进寺内,映照到普超的法体上。一代名僧就这样驾鹤西去,托体名山。他书写的一百六十一卷血经成了海会寺的瑰宝。

　　1918年,康有为第三次来访海会寺,听说住持至善和普超先后辞世,十分伤感。他在寺中观看了血经,深为钦佩和感动,挥笔题曰"尊之,敬之,护之,保之"。1938年,日寇侵华,海会寺沦陷入日寇手中。当时海会寺的住持会通法师丢下一切,仅怀抱血经逃难于湘桂边境。日本投降后,会通法师捧血经返回海会寺,可惜此时血经已在战火中散失了大部分,仅剩三十三册。佛门遗宝,经劫难而重光。后来罗家伦、王陵基、吴宗慈等在寺中观看了血经,都题写了观后记。罗家伦写道:"刺血写经、成此巨帙,非有极伟大的宗教热忱,曷克臻此。"王陵基写道:"刺血写经,发愿宏深,血干叶尽,自归西庭。"安福王孟述写道:"相级普超,出世大雄。碧血写经,厥力异通。果证普提,参透色空,世世永宝,护我禅宗。"现在,剩余的血经保存在庐山博物馆中。斯人已去,斯经犹存。普超刚毅决断和献身佛教的精神将永远光照佛门,永远启迪和教育后人。

江西省教育耆宿杨士京

闵正国

杨士京(1874年—1960年),字蒇衫,都昌县春桥乡杨培祥村人。其人乐善好施,敦亲睦邻,诚正不阿,人皆称誉之。

先生世代耕读传家,少有异禀,幼读四书,过目辄能成诵。先生年十二时习制艺文,其驳杂不易解处,人恒苦之,而先生却能晓其大概,士林为之叹服。年十四时,先生负笈到白鹿洞求学。先生在此问学长达三四年之久,常识得以大进,眼界得以开阔。1894年,先生回到故乡经训书院继续攻读。这一年中日甲午战争爆发,举国震惊。维新变法图强之声日起,先生多所感悟,亦在探求匡时救世之法。1896年,先生赴应府试,获方巾青衿(秀才)之赐。次年,先生又赴省城乡试,又得孝廉(举人)之名。正在他准备赴京参加会试之时,上诏令废八股。1900年,他考入江西省高等学堂,与湖口杨赓笙等乃同窗好友。其时,学堂总办、教习等人对西学内涵一无所知。先生求知心切,与杨赓笙等人对学堂之教育指导方针、课程设置、教学方法多有建言,且建言屡被采信。此时兴中会会员张一鹏应聘来校任教务提调,九江蔡公时也来该校拓展会务,先生首倡入会之举,得数十人。一时间,学生中民主革命思想颇为盛行。

1902年,先生以清末举人、新学优等生身份考入京师大学堂(今北京师范大学前身),入师范馆,主攻史地学科。这次远学为其日后从教奠定了扎实的基础。1904年,他以特等优异成绩毕业,随之被派往礼部任主事。不久,先生因目睹时艰，不满清廷腐败，遂辞职不再出仕，转任殖边学堂教师，主授中国历史。辛亥起义的成功给了先生莫大的鼓舞，他积极拥护孙中山等人的革命主张。1912年春，他满怀喜悦心情离京返南昌，就任江西高等师范学堂文史教员。在校四年，先生绛帐传薪，春风广被，品德、盛誉日隆。1916年，江西农业专校成立，先生又受聘到该校任教。1920年，先生转往省立第一中学，先后传授国语、历史课程达五年之久。邵式平同志即是此时受教于先生，并从该校直接考入先生的母校——蜚声中外的北京师范大学，开始接受新思想、新观念和新知识的。1925年后，先生又改任赣省中学教师。1927年，先生之挚友杨赓笙任江西省民政厅厅长，一度代理省长之职。杨赓笙为革除贿官鬻爵之弊习，整顿吏治，培养人才，特邀先生出任江西省吏治训练所教务长。先生出任后不敢懈怠，自编教材，亲登讲台，殚精竭虑，恪尽职守。凡此三载，受教育者遍布全省，数以千计。后因杨赓笙被调离江西，他才回到原校任教。江西法专、工专、二中、心远中学等学校他都待过，或专职，或兼职。其间，洪都中学、鸿声中学、匡庐中学也竞相聘请他，先生之声名远扬。由此可见，杨士京耕耘教坛长达四十余年，可谓桃李争春，硕果累累。其学生中不乏志士仁人，不乏学有成就者，不乏德才兼备者，不乏造福桑梓者。

抗日战争期间，先生随校迁徙各地，颠沛流离，备尽艰辛，但教书育人之志向不改，以苦为乐。抗日战争胜利后，其家乡都昌县成立文献委员会，力请先生主持其事，先生慨然应允。先生又应友人吴宗慈之邀，出任江西省文献委员会编纂，协助撰写《江西省人物新志稿》。闲暇之余，他还编著欧美各国爱国志士传记，拟其书名为《泰西英雄传》。全书五十余万字，旁征博引，褒善贬恶，精辟入微，旨在激励来者，激励国人，"咸识其直可同步史汉"。先生之爱国之心与报国之志由此可见一斑。当时先生已过花甲之年，仍能奋笔疾书，其坚毅、负责之精神实属难得。

都昌刘肃有《题蓆衫译述泰西英雄传》三首：

澄清独抱救时心,忍见神州坐陆沉;

异地借材搜断简,念豪怀古一何深。

痛哭思登广武原,古今成败与谁论。

描摹双管多齐下,一卷能招故国魂。

他山攻错石堪分,十五人尤重殿军。

怅望西方同洒泪,青梅煮酒读斯文。

中华人民共和国成立后,他欢欣鼓舞。其早年的学生、时任江西省第一任省长的邵式平因先生毕生执教、桃李满天下、德高望重,推荐他为新中国、新江西服务。1952年,江西省人民政府任命他为省政府参事室参事、省文物管理委员会委员。先生竭尽心力,建言献策。

先生一生乐善助人,常扶倾济弱,求人于困厄。他常年长衫一身,布鞋一双,必待其破敝难用始换新品。他不烟不酒,不事应酬,粗茶淡饭,不求珍馐,自甘淡泊,不计名利。其常言:"我国百余年来,内忧外患,兵燹迭起,因而导致祸患相乘,吾民苦矣!吾人能获粗粝度日者,已幸甚矣,奈何暴殄以自甘乎?"

1960年4月,先生终老于南昌,享年八十六岁。先生之子孙或服务故里,或供职台湾地区,或漂泊海外,大多学有所成,有医学博士,有化学高工,也有兽医专家。这都是先生早年言传身教、身体力行的结果。

盲诗人吴伞

吴荣森

吴伞,出生于1876年,都昌县北山乡夏家山村人,派名道清,字心夷,号济民,自号我非我。他参加清朝最后一届科举考试时考入前列,面试时,主考令其改名为"吴楫"。他却固执高傲,不同意改,并说:"上不敢与古人同名,下不敢与今人共号。五经四书无一伞字,故号伞不改。"主考言:"此生太傲,下届再取。"于是吴伞落第。吴伞落第后反而名震省城,其名一时传扬。

科举废后,他连取本县高小、府中学、省师范优等毕业生,后又被吴督抚取为江西省地方自治优等毕业生。中华民国建立后,吴伞被选取为县议员,委充警务课课员。

吴伞四十二岁时双目失明,改号醉明。他于家中设私立学堂,招当时已上过学的学生深造,学生背诵四书五经等的文章有错,他能及时指正,可见其功底之深。作业由其侄吴绍珖等代改。他的学生众多,有吴镜心、吴绍简、吴育青、吴柏清等。吴伞一生著书六大卷:《劫余轩》《咏物春秋》《杂货店》《文化从新》《解放诗经》《撑天十柱》,得到时人赞颂。如对《咏物春秋》的面世,吴安贞赞道:"咏物春秋一卷,果然褒贬不糊涂,笔头墨和心头血,半是弹丸半是珠。"从中我们可见其笔风啸傲潇洒,清逸含蕴。今都镇诗词分会首刊本从《劫余轩》集中先刊了十二首,同样得到了很高的评价。可惜吴伞的大部分著作已散佚,令人惋惜。

先生花甲寿庆时，时为江西省主席的曹浩森送一匾曰"觞咏从心"。匾额至今依然被保存在夏家山村。

吴伞有一首《棉花歌》，中华人民共和国成立后被《江西日报》刊登，反响热烈，受到读者的赞扬，并得到邵式平省长的嘉奖。《棉花歌》原文如下：

谁个园丁唤种花，种花须要种棉花。

他花仅足供人目，适体年年赖此花。

一着一眠花世界，应无孝子衣芦花。

花生自我花生我，花活我兮我活花。

花盛花衰分冷暖，斯民生死系斯花。

万花何若斯花好，斯是花中第一花。

顾我不如花有用，斯花应号济民花。

我与花如同变化，愿花为我我为花。

一介寒儒，一个盲人，在一生中惊动了两位省长，其声名之高、声誉之大可见一斑。1954年，先生病逝。

郭沫若为其写墓志序的李伯农

刘章高

李伯农(1876年—1937年),名运琳,字林瑞,都昌县钟麓村人,终生致力于新学教育,为都昌的教育事业打下了扎实的基础。他逝世后,其好友郭沫若写下了《李公伯农先生墓志序》。序文曰:

> 丁丑秋,抗日战兴,予间关西渡,幼农君由牯岭来书,恸述伯子之丧,嘱予为文,以志其墓。予于轰炸中讨生活,何敢言文,但以幼农君之友爱,犹子昇三,复与予为小朋友,行不敢辞,谨案状。
>
> 先生系出陇右,世居都昌钟麓村。梓亭公冢子乾元公长孙。性纯朴,内方外圆。素嗜饮,不及乱居,恒慕颜习斋。李刚主,为人亹亹然,动皆中节。甲午中东之役,先生以清诸生上书大府,内有不变法不足以图强,变法须自废八股,停科举始。其高瞻远瞩,有过人处。丙午,先生毕业"江西优级师范"。厥后办理教育行政四十余年,绝不以功利之见分其心。知所先务,可以风矣!
>
> 先生生于清光绪丙子年九月初一日申时,殁于民国丁丑年二月十三日申时,葬大畈上祖茔之侧。生子一女四。谨志。
>
> 蜀人郭沫若谨撰

李伯农在幼年时就表现出博学善记、颖悟过人的天赋。他出身于书香门第。祖父、父亲都希望他科举高中、光宗耀祖。可是,李伯农却走了一条与父辈的愿望相反的道路。

清光绪二十年（1894年），其父命其应试考举，他不仅予以拒绝，反而在南康府结识了不少志士，联名上书知府，力陈"不变法不足以图强，变法须自废八股停科举始"。他认为，欲图国强，先要唤醒民众，而要唤醒民众，则当以改进教育为首。

1906年，李伯农读完了江西优级师范，因成绩优异，被选拔留日深造。但他信奉的是颜元、李恭的"经世致用"的学说，为此放弃了出国深造的机会，毕业后随即在南昌大同大学（心远中学的前身）实习执教一年。

1912年，李伯农任都昌县教育课首任课长。为了播下新学的种子，他首先抓师资建设，创办了都昌县师范讲习所，兼任所长。讲习所学制为两年一届，每届约四十人，共办三届。与此同时，他又创办了都昌县高等小学堂。为了能长期深入学堂，对广大学生灌输新学思想，李伯农辞去了就任两年的课长之职，亲任该学堂堂长。

根据当时都昌县东部地区无一高等小学、各地私塾贻误后代的现象，1918年春，李伯农在社会贤达黄昌启的赞助下，在都昌源头港创办起全县第一所私立小学堂——广智高等小学堂。学堂一反旧制，开设了国文、英文、算术、历史、地理、音乐、图画、体操、修身等课程，聘请具有新学思想的青年教师任教。李伯农亲授文、史、地等课程，讲课生动，结合时政，宣传苏联十月革命，宣传"五四"新思想、新文化，批判封建迷信，积极配合"五四"宣讲队开展宣传鼓动工作，猛烈抨击旧制度、旧观念，讨伐北洋军阀和卖国政府，学生思想豁然开朗。这里不仅吸引了都昌县的青少年，连邻县鄱阳的学生也纷纷前来上学。广智高等小学堂成为全县一面反封建制度的旗帜。他劝其弟"有钱应当办公益，何须买田"。他创办的学堂培育了大批人才，如冯任、刘肩三、李新汉、刘一燕、黄醒民。他们成了革命事业的一代英烈。

1926年春，李伯农任江西省教育厅第一科科长，决心让新学在江西省全面

开花、结果。1927年,"八一"南昌起义失败后,国民党右派大肆捕杀革命党人和爱国志士。伯农之弟李幼农是起义军军官。伯农被迫辞职,重返都昌事教。

1928年2月,李伯农在都昌东北的偏僻山区(与湖、彭、鄱三县交界)的陆家祠创办起都昌县东北高等小学堂;5月起直至1930年年底,李伯农一直任都昌县教育局局长。他狠抓一大批农村高小,实施义务教育,如开办马洞桥义务小学、土塘义务小学。

创办学校急需大批师资。1931年春,李伯农在都昌县城创办起都昌县乡村师范,任校务主任,代行校长职权。学校学制四年,连续招生两年,每年一班,每班约四十人,共办五年,培养了两届毕业生。这些教师后来都成为都昌教育的中坚力量。

都昌县乡村师范在设施、规模和教师等方面都有较好的基础,为以后改为都昌县立中学和创立湖口师范提供了有利条件。

1937年,李伯农病逝。他一生为新学上下求索,虽不曾留下任何华章,但他的业绩已留在日益繁荣的都昌教育事业中。

创办《贯彻日报》的李幼农

邵天柱

李幼农,派名运洪,又名林瀚,清光绪十四年(1888年)生于土塘钟鹿李村,幼年在乡间私塾就读,天资聪颖,好学过人。李幼农于清光绪三十三年(1907年)考入南康府中学堂,1910年毕业后又考入江西农业专门学堂,1915年农专毕业后留校任教习数年。

1920年,李幼农会同熊式辉、王枕心等一道去北京,考取了文官,次年回省,至江西省农会任职。1923年,李幼农当选为江西省农会会长。因其在农会就职期间思想进步且屡向当局替农民争福利,所以当局有所不满。特别是当时驻扎江西的北洋军阀方本仁为争夺江西位置,急需士、农、工、商四大群众团体联合通电"欢迎",以显其"民主"。李始终不肯屈膝于强权之下,直到士、工、商均已签字表示欢迎方就职,方本人亦派人示意于李,表示只要李同意签字,他上台即给李所主持的农会七个县的空缺,由其安排人选,李仍不予理睬。因此,方就任江西督办后,李亦不为当局所容。当时,李幼农获悉国共两党合作、准备自广州出师北伐,便弃官赴广州。

1926年7月,国民革命军从广东出师北伐,李被任命为北伐军第三路总指挥部机要秘书,随军北上。是年初冬,北伐军二克南昌后,第三路军留守南昌,第三路军总指挥朱培德被广东国民政府任命为光复后江西第一任省主席。李幼农世籍江西,又曾在江西任职,有一定社会影响。朱就任省主席后,即意图委其就任地方长官。朱初让李去修水县，李未同意，朱以为李嫌修水辖地小，又提出让李去吉安，李仍婉言拒绝，曰其参加革命不为做官，而为追随孙中山先生革命主张，请求允许其在南昌创办报刊，从事革命宣传工作，以继总理遗志。这一要求，当时也得到了朱培德的赞同。朱培德还亲自拨给银圆一万元，作为办报的基金。李幼农得到这笔钱款后，立即一面派人携款六千元前往上海等地购置印刷机等办报设备，一面到处物色办报同人。时有陈资始（共产党员，湖口人，大革命失败后流亡上海，后病故）、舒味三（共产党员，靖安人，大革命失败后牺牲）、陈迪亚（国民党左派，都昌人，大革命失败后流亡日本，后在日本病逝）等人应邀参与了报纸的创办。李与上述人等商定以贯彻孙中山新三民主义与三大政策为宗旨，将报纸定名为《贯彻日报》，将报馆设于南昌市系马椿。李幼农任经理，舒味三、陈资始等分管发行、采访、编辑。

《贯彻日报》虽是朱培德拨款资助创办的，然该报宣传三大政策的观点极为鲜明，尤其是当蒋介石背叛孙中山先生三大政策、其反共面目逐渐暴露后，《贯彻日报》不顾朱等的阻挠，公然以大量篇幅刊载文章、漫画，鼓吹倒蒋。如该报曾刊一幅名为《蒋介石钻坟墓》的漫画，称蒋背叛革命必将自掘坟墓。因此，国民党右派对该报恨之入骨。以段锡朋为首的国民党新右派"AB 团"及其一度把持的国民党江西省党部曾多次用金钱收买地痞流氓上报馆寻衅滋事。朱培德表面上虽尚未撕掉左派的伪装，但暗中通过右派军人王钧与蒋串通一气，对李幼农坚持革命的办报方针十分恼怒，甚至怂恿右派去《贯彻日报》处捣乱。但李幼农得到了中国共产党以及社会上广大进步力量的广泛支持。中共江西省委秘书长冯任就经常代表党组织到高桥狮子口李幼农寓所找其共同商讨办报事宜；南昌市总工会纠察队队长涂凌云也经常奉党的指示，亲率工人纠察队来报馆执行保卫任务。

1927 年 3 月，国民党右派反动气焰更甚，段锡朋执行蒋介石关于解散左派国民党南昌市党部的指令，在捣毁南昌市党部的同时，公然将报馆予以查封。

幸于同月18日，武汉国民党中央改组江西省党部决议案从汉口传到南昌，南昌市党部方于马王庙恢复办公。《贯彻日报》亦在南昌市工人纠察队的保卫下启封出版。4月2日，南昌各界群众激于义愤，在中共江西省委组织的领导下，一举击溃"AB团"。4月3日，三万余群众在皇殿侧公共场所集会，批斗了捕获的"AB团"分子程天放等人，并于大会上将启封《贯彻日报》作为正式提案提出。时隔不久，随着蒋汪合流，朱培德右派面目逐渐暴露。5月6日，朱下令南昌戒严，宣布"礼送"共产党人出境，将舒味三、邹努等共产党人和刘一峰等国民党左派押解出境，《贯彻日报》因此再次被封。

李幼农在创办《贯彻日报》期间，因政治倾向鲜明，报馆常遭国民党右派捣乱和破坏，收入甚微。为维持报馆工人的生计，使报纸办下去，李幼农将自己的工资及爱人的私蓄都拿出来，想方设法解决工人生计问题，坚持让报纸发行。报馆被查封后，李更加愤恨蒋介石、朱培德等叛变孙中山三大政策、破坏革命的卑鄙行径，更加积极地追随中国共产党的革命主张。

这年，为挽救革命，中国共产党在南昌领导了"八一"起义。李幼农热烈响应并亲自参加了起义，在起义军政府革命委员会负责人谭平山之下任秘书科科长。当起义军被迫离开南昌、南征至广东汕头时，由于遭反革命武装钱大钧等部的阻击，李方与部队失散。此时，他已被蒋介石下令通缉，其家亦在部队撤出南昌时为反动派包围。李无家可归，遂偕谭平山、郭沫若等流亡上海，隐名于法租界建业里，开设一小杂货店营生，并利用与上海警务司令熊式辉的同学之谊，积极从事掩护、救济和营救共产党人及进步人士的活动。1931年，上任江西省主席不久的熊式辉为实行所谓"赣人治赣"，标榜要集中各方面力量来建设"新江西"，曾邀李幼农返省商讨建设江西的意见，但李对国民党反动派那一套已丧失信心，尤其对熊极力推行蒋介石"攘外必先安内"的反动政策不满，坚持不肯回江西做官。"一·二八"事变后，在上海已无法立足，李只得返回江西，但仍拒绝了熊要其任江西省农村合作事业委员会副主任委员的邀请，宁于南昌市高桥开设"老虎灶"卖开水维持生计。因无法糊口，李1937年秋又携眷回都昌老家，在乡间教了十几个学生。这时，国共实行二次合作，活动在都昌武山革命根据地的都、湖、鄱、彭游击大队在中共都湖鄱彭县委书记田英的率领下，准备下山接受改编，开赴抗日前线。李幼农闻讯极为赞赏。11月间，田英亦慕名下山至李家拜访，并邀其上山一游，李亦欣然同意，但因部队不久开拔而未实现。不久，田英又返都昌大港主持新四军驻都昌留守处工作。1938年4月初，国民党都昌自卫大队李运辉率部制造借口，无端包围留守处，将田英等人拘捕。李幼农获悉此讯，义愤填膺，连夜赶去大港进行营救，行至距大港几公里处的盐田坂小学，便闻田英等已被杀害。李万分悲恸，即刻去信熊式辉，愤怒地指责其与中共合作毫无诚意。

是年6月27日，日寇冲破马垱封锁线，彭泽、湖口相继沦陷。不久，日寇又向景湖路进军，沿途烧杀奸淫，钟麓李村被付之一炬，国仇家恨使李幼农决计献身民族解放事业。李幼农遂携眷去广西，因为在中国共产党及李济深先生的影响下，广西当时的抗日氛围浓厚。他到达桂林后，便积极投入抗日救亡运动，联合旅桂江西同乡，创办了宣传抗日的进步刊物《新江西半月刊》，并以笔名"游龙"向江西同乡征集稿件。可惜，由于长期病贫、忧患交迫，1939年8月，李幼农怀着一片赤子之心客死异乡。死后，李幼农赖旅桂江西同乡资助而草草下墓。

李幼农乃国民党左派人士，积极献身于民族的进步事业，成为中国共产党的亲密朋友。1949年，江西举行中华人民共和国成立后的全省第一次"八一"建军节纪念大会，中国人民解放军江西省军区司令员陈奇涵在讲话中特别提到李幼农等本省几位参加"八一"起义的革命前辈，对他们的革命功绩进行了高度赞赏。在投身北伐战争、创办《贯彻日报》、参加"八一"起义、积极抗日救亡等一系列革命活动中，李幼农和一些革命人士建立了很深的革命情谊。1937年，幼农兄伯农先生病故，郭沫若得到李幼农关于"恸述伯子之丧"的信后，遂以"幼农君之友爱"，为李伯农先生撰写了墓志序。

与蔡元培姻缘天定的黄仲玉

凌凤章

  黄仲玉,生于1877年,派名世振,都昌县城人。其父黄尔轩曾任浙江温州府永嘉县三溪巡检,属小吏。黄仲玉系小家碧玉,自幼随父宦游,聪颖过人,尤好丹青,受父亲宠爱。父亲把她当男孩看待,反对给她缠足,热心支持她的爱好。这使得她从小就掌握了诗、书、画诸法,小有成就,街邻呼为"才女"。后因时局变化,其父丢职流落江湖,生活拮据,仲玉不得不卖书画以补家用,一直未曾想过谈婚论嫁之事。

  1900年,资产阶级革命家、教育家蔡元培的结发妻子王昭因病逝世,留下一对儿子。此时蔡元培刚满三十二岁,在浙江一带的知识界中颇有名气。到其家提亲的人络绎不绝,皆被推辞。为革新社会风气,倡导男女平待,蔡元培特在《浙江时报》上刊出求偶启事,计有五条:一,女子须不缠足者;二,须识字者;三,男子不娶妾;四,男死后,女子可以改嫁;五,夫妇如不合,可离婚。从此,说媒者一个个退避三舍。

  也许真是姻缘天定,蔡元培在杭州办学的时候,一天在朋友家看到一幅工笔画,线条秀丽,题字极有功底。经打听,作者是江西名士黄尔轩的女儿黄世振,出身书香门第,不但大足、识字,而且精通书画,孝敬父母,完全符合蔡元培的择偶标准,使他顿生爱慕之心。于是,蔡元培特请在杭州的江西名士叶祖芫先生为其提亲。黄仲玉得知蔡元培择偶五个条件中的"须大足""不娶妾"后十分感动,也十分惊讶:启事中的第一、第二条怎么会与自己的情况完全相符?黄仲玉遂对蔡的人品和学识肃然起敬。两人志同道合,欣然订婚。1902年元旦,他们在杭州举行婚礼。这次婚礼中西合璧,用大红幛缀起"孔子"二字,代替悬挂三星画轴的传统,又以演讲会代替闹洞房。婚礼上有人引经据典,论述男女平等,也有人展开争论,表示不能苟同。来宾宋恕戏问:"倘黄女士学行高于蔡先生,则蔡先生以弟子视之,又何以平等?"蔡含笑回答:"就学行言,固有先后。就人格言,总是平等的。"他的妙语得到一致赞赏。蔡黄婚礼开一代新风,一直被国人传为美谈。婚后,黄仲玉随夫赴沪,后于登贤里爱国女子小学任教师。黄仲玉1902年冬于沪生女威廉,1907年于绍兴生子柏龄。1912年9月,因政治原因,黄仲玉携子女随夫赴德国。次年6月,蔡元培应孙中山先生之邀回国参加"二次革命"。9月,因革命失败,夫妇双双又去欧洲各国旅居。1916年10月,蔡元培应邀就任北大校长而回国。为了支持丈夫的事业,黄仲玉放弃了自己的书画爱好,全身心地照料丈夫、抚育子女。她克勤克俭,不请用人,自操家务,毫无怨言。

蔡元培是位名人,也是一位社会活动家,还热心资助他人,但对自己的家境不甚了解。1918年11月,第一次世界大战结束,北京六十余所大、中、小学校的三万多名师生欢呼游行,最后集中在天安门广场开会。会上,蔡元培被推举为大会主席并主持演讲。美国、英国、法国公使也在会上发表了讲话。晚上回家,蔡元培让妻子为他挑一件像样的衣服,准备明、后天再上台演讲。黄仲玉苦笑着叹了一声,去屋里取出一张记账单,脸色为难地递了过来,说:"我早已翻过箱子了,几件旧长衫都有补丁。唉,讲起来一月六百大洋,可待你东捐西送剩给我时,连日常开支都捉襟见肘。不好意思,我又开始卖点画。昨天,有位姓戴的老板订了几幅山水,待润笔费送来时,我一定为你做一套过冬的新棉袍。"

蔡元培愧疚地望着日渐消瘦的黄仲玉。他曾几次劝她去法国医院检查病情，都被婉言谢绝了。原来原因是囊中羞涩。他慌忙低头看起账单，不看则已，一看不免大吃一惊。本月，他助徐悲鸿赴法国留学两百元；为各学校募款义演购票五十张，每张现洋两元，共一百元；为赈湖南兵灾捐款五十元；助刘姓门房奔丧东北用资十元；何以庄婚娶赠礼金十元。这些账目计四百七十元，留做家用仅一百三十元。看着账单，蔡元培很是自责：看来自己真是太不顾这个家了，整日在外奔波；威廉已长大成大姑娘了，柏龄也开始有了独立见解，他们常想和父亲谈谈对时局的看法，但每次他回家时孩子都早已入睡；上月说好给女儿做生日的，还许愿带全家上一次馆子，结果又因为忙而未能如愿，令威廉伤心了好久。

1920年底，蔡元培由北京大学派遣去欧洲考察。其时，黄仲玉因积劳成疾已病入膏肓。为了不拖累丈夫，她住进了法国人在北京开办的医院。由于是绝症，1921年1月2日，黄仲玉溘然逝世。1月9日，蔡元培在日内瓦接到噩耗，觉得这简直是晴天霹雳。他眼前不断浮现仲玉的容颜——她确实是由于替自己担惊受怕和过度劳累病倒的。蔡元培悔恨交集，伏案挥泪疾书《祭亡妻仲玉》："呜呼！仲玉，竟舍我而先逝耶！自汝与我结合以来，才二十年，累汝以儿女，累汝以家计，累汝以国内国外之奔走，累汝以贫困，累汝以忧患，使汝善画善书，为美术工艺之天下竟不能无限发展，而且积劳成疾，以不得尽妆之天年。呜呼！我之负汝何如耶！""汝时时在纷华美丽之场，内之若上海及北京，外之若柏林及巴黎；我间欲为汝购置稍稍入时之衣饰，偕往普通娱乐之场所，而汝辄不愿，对于北京妇女以酒食赌博相征逐，或假公益之名鹜声气而缘为利者，尤慎避之，不敢与往来。常说克勤克俭，以养我廉，以端正子女之习惯。呜呼！我为感汝何如，而竟不得一当以报汝耶！"祭文可谓字字血泪，情真意切。

虽然蔡元培不能回国凭吊仲玉，但这篇《祭亡妻仲玉》的电文却在北京教育界广为流传,还被选进了许多教科书。这篇祭文后来还被收入中学课本,成为抒情散文的典范。北大和黄仲玉曾任教的孔德学校的全体师生于1月30日在北大三院隆重举行了追悼大会。《京报》还刊出《追悼蔡夫人特别增刊》,登载了黄仲玉的字画墨迹、著作函件以及祭文、挽联、诗词等。最为感人的是蔡元培的北大全体工友还赠送了挽联。挽联文字质朴,却情真意切,表达了他们对蔡先生夫妇倡导平民教育的崇敬之情。联曰:

办学堂实行男女平等,愿天下妇人们共看模范。

相夫子鼓吹劳工神圣,凡学校好伙计快来鞠躬。

国民党江西省政府主席曹浩森

龚 屏

曹浩森,字善继,族名明魏,国民党陆军中将加上将衔,长期任高级军事幕僚,颇有儒将风度。他同李烈钧(武宁人)、刘峙(吉安人)、熊式辉(安义人)、方天(赣县人)并列为江西籍中以军职而擢任文职的五员国民党"封疆大吏"。

曹浩森1884年出生在江西省都昌县周溪镇牌楼村。兄弟六人,他居长。祖父曹常相是一个务农兼捕鱼的村民。父亲曹光涧则苦读寒窗,应科举省试得中举人,一度出任江西余干县令,后退居乡里,以诗书教子。曹幼承父训,敏而好学,1904年入都昌县高等小学堂读书。国文教师高孔林对他的天资与勤学甚为赞许,遂悉心教诲。曹终生不忘这位启蒙老师,后来他身居高位亦不忘师情,常致书请安。本来高等小学是四年毕业的,曹因是高才生,仅一年半就得到了文凭。有感于国势积弱,国家常受列强侵略,出于爱国激情,他下决心投笔从戎。

1906年,曹浩森来到南昌,考入江西陆军小学堂当学兵。他同期同队的学兵徐雄士(中华人民共和国成立后曾任赣州市政协委员)回忆道:曹不仅品学兼优,而且身材魁梧,体格健壮,每次出操列队总是排头兵。

当时陆军小学的教官李烈钧是同盟会的秘密会员,也是江西新军第五十四标(团)第一营的管带(营长)。李发现曹是个"秀才"出身的知识青年,深加器重,对其灌输了民主革命的思想。

1909年,曹浩森升入南京陆军第四中学。同年冬,他以最优秀的成绩被选赴日本留学,就读于东京振武学校。他在留学时期秘密地参加了同盟会。

1911年,他在日本振武学校毕业,适值辛亥革命武昌起义。他返回祖国后,仍旧来到南昌。这时江西已经光复,他会见了时任江西都督的李烈钧,被派为江西都督府的军事科科员,旋调任江西护卫军第三营的督队官。1913年,李烈钧在举行湖口起义之前派人前往保定军校,秘密邀约江西籍的学员回赣参加讨袁战役。曹浩森当即应召,与同学张岂庸等一道南下,投身湖口起义。讨袁军总司令李烈钧接见曹之后,派他担任以林虎为司令的左翼军第一团副团长,驻防于德安、瑞昌一线。

是年7月12日,讨袁左翼军林虎部与北洋军阀的第六师李纯部激战于沙河、德安之间。曹浩森和团长杨祖世率领第一团突袭瓜子岭,猛夺沙河镇,予敌重创。后因左翼军孤立无援,讨袁部队失利。曹随同林虎等由德安转移到永修、奉新、修水,经萍乡撤退到长沙。湖口起义失败后,曹随林虎等到汉口,乘日本军舰东渡,亡命日本。

曹浩森到日本后,得到日本友人的推荐,加入日本陆军第十四团工兵部队,作为日本士官军校的候补生。此事被北洋政府所获悉。北洋政府乃通过外交手段咨请日本政府驱逐曹,他便转赴南洋,流浪于新加坡、马来西亚、槟榔屿、印尼、苏门答腊等地。在外国华侨的资助下,曹浩森开始在《苏门答腊报》担任华文版总编辑。1915年,他又到雅加达担任火山华侨敦本学校的校长。当时,寄寓在新加坡的李烈钧得到孙中山的密电,计议再度兴师讨袁,而蔡锷在云南已经发难。同年12月,曹随李烈钧到河口,由云南督军唐继尧派其弟唐继虞迎接到昆明。

1916年,李烈钧担任护国军第二军总司令,任命曹浩森为总司令部参谋厅第二课课长,主办机要军务事宜。同年6月,曹升任第二军第三十一团团长,奉命率部驱逐龙济光,兵进广东。在攻占韶关时,曹团攻克帽子峰,仅仅向韶关开了三炮,守军镇守使朱福全便闻风而逃。这就是所谓"三炮定韶关"的趣闻。

1917年4月,曹浩森辞职返回故乡都昌县探亲,筹备经费,准备再度赴日本留学。他的原配方夫人是个大家闺秀,娘家比较富裕。曹请方夫人去娘家商量借贷数百银圆之事,以便去日本深造,不料他岳父一口拒绝。曹为此而感叹交集,写了一首古体诗《述怀》,反映自己当时的心情:"平生志不在封侯,又向天涯作温游……茫茫宇内无青眼,碌碌尘中易白头。"他在故乡只住了半年,便重返广东。此时,在广州召开非常会议之后,孙中山成立了中华民国护法军政府,李烈钧担任大元帅府总参谋长。曹返广州立即晋见李,被派任广州警备军总部参谋,1918年6月又调任滇粤桂联军总部参谋。次年4月,他又调任总司令部副官。这时,广东护法军政府参谋部为了培养军事人才,选送曹浩森等四人到日本陆军大学深造。曹为此兴奋不已,立即启程赴日。可是,他到达日本后,北洋军阀政权又致电日本政府,阻挠广州选派的人员入陆大。曹在日本无法入校,不得已而回国。1920年,他奉调在大元帅府担任孙中山先生的侍卫副官,因而有机会向孙中山陈述自己的志愿,并得到孙先生的嘉勉。1921年5月,孙中山派他为代表到贵州巡视,并让他担任参谋本部特派参谋,赞襄滇黔援桂军第三路、第四路军务,还让他兼任桂军第三路司令部参谋长,由贵州随军进入广西柳州。11月,曹再次东渡,进入日本陆军大学。

曹1924年冬毕业后归国。他刚到上海,便接到李烈钧叫他马上去北京的电报。当时,孙中山正在北京同北洋政府首脑段祺瑞进行会谈,不料肝癌发作,住入北京协和医院诊治。为了做好孙先生住院的安全保卫工作,李烈钧命曹担任总侍卫。他住宿于协和医院,专职护卫病中的孙中山先生。当时《京报》记者李世璋专门对孙先生的病情进行了采访,曹与李都作为发言人接受过采访。1925年3月12日,孙先生逝世,李烈钧为治丧委员会首席委员,曹为治丧事务处负责人。

孙中山先生的治丧工作结束以后,曹浩森随同李烈钧会见国民军司令兼第一军军长冯玉祥。冯聘请李为总参议。经李推荐,曹被冯玉祥任命为西北边防督办公署参谋处处长,旋又升任为参谋长。1926年,北洋军阀政权以"讨赤"为名,拼凑五路联军,入侵西北国民军防地。曹在南口集结部队,构筑工事,同军阀部队奋战三个月,大挫敌军。后由于军需补给不济,南口落于敌手,曹率部退至甘肃。这年9月,冯玉祥同于右任、邓宝珊等共组国民军联军,在五原誓师,发表宣言,同广东国民革命军北伐采取一致行动。12月,曹浩森就任国民军联军总司令部副总参谋长,率部转战河北、山东、河南等地。不久,国民军联军改编为国民革命军第二集团军,冯玉祥为总司令,曹为参谋长。

1927年初,蒋介石为了分化、瓦解冯玉祥的武装力量,对曹浩森进行拉拢。次年5月,蒋介石特任曹为国民政府军事委员会委员。此时,冯玉祥已请曹负责全集团军的督训工作。蒋又邀请曹回江西为桑梓服务,而委曹以江西省建设厅厅长的职务。曹念及冯玉祥的旧情,拒绝了蒋的邀请。

1928年8月,冯玉祥就任国民政府行政院副院长兼军政部部长。11月,冯任命曹浩森为军政部陆军署长。冯到南京后,渐渐察觉到蒋介石排除异己的阴谋,遂于第二年2月以治病为由匆匆离开了南京。曹也同时随冯弃职出走。1929年5月,冯玉祥在陕西华阴与曹浩森、韩复榘等高级将领秘商反蒋。可是,韩复榘向蒋介石告密,冯的计划失败。蒋便因此而明令讨冯。

冯玉祥与曹浩森商量对策,曹提出了联合阎锡山共同倒蒋的意见。冯遂派他与邓哲熙两人到山西太原去见阎。阎锡山对曹说:"请你转告焕章先生(冯玉祥字焕章),请他来太原一趟,我将同他做出决策,或出国一游,争取外援,相机倒蒋。"曹被阎的花言巧语所迷惑,便于6月陪同冯玉祥一道到达太原。阎锡山一面虚张声势,号称"阎冯合作",一面又向蒋介石密告。蒋在北平秘密会见阎,并派阎为山西宣抚使兼办军事善后事宜。阎即将冯软禁于五台县建安村。曹一看形势不妙,三十六计走为上,跑到南京去了。

曹浩森到南京后,忧心忡忡,顾虑重重。蒋介石听说曹已到南京,便立即召见,不但未加责备,反而优礼有加,表示关切,并仍任曹为军政部陆军署署长。从此,曹便投入蒋介石的怀抱。

1930年5月,中原大战爆发,曹浩森随同蒋介石到柳河督战。当时,蒋冯两军对峙,蒋因后方接应不及,情况紧张。蒋在柳河召集军事会议研究对策。杨杰、曹浩森等均参加了会议。曹向蒋献策,说:"冯玉祥用兵素来稳扎稳打,从不冒险深入,我军应把握时机,以进为上策,可以迅速集结兵力,重点突击,进行强攻。我军变被动为主动,赢得时间,则后续部队可到,必操胜券。"蒋介石依其计。果然,冯军因不知对方虚实而后撤。从此,曹便为蒋所倚重。

9月,冯兵败。冯部第一集团军由孙连仲率领,投奔山东的韩复榘。蒋介石获悉此讯,深感不安,便与曹浩森商议:如果能将孙连仲的部队拉过来,派到江西"围剿"红军,岂不是一箭双雕?曹便自告奋勇,向蒋介石要求去担任说客。蒋大喜,即派曹为秘密特使前往山东济宁劝说孙连仲接受改编。当时,孙连仲的处境很艰难,但又不甘居于韩复榘之下。曹浩森在西北军任参谋长时,和孙连仲私交很好,同时,孙部的高级将领如参谋长赵博生(后加入中国共产党)、旅长董振堂都是曹在保定军校的同学,旅长季振同也是其熟悉的老友,因而说服工作进展得很顺利。1931年春,他亲自陪同孙连仲部旅长以上军官到南京晋见蒋介石,蒋亲自到南京车站欢迎。从此蒋介石对曹浩森倍加宠信。不久,曹升任军政部常务次长,仍兼陆军署署长。

曹浩森曾在1931年当选为国民党第四次全国代表大会的代表,转任军政部政务次长。1935年,他又当选为国民党第五次全国代表大会代表。1939年,他在重庆兼任军政部特别党部特派员。

1941年,江西省主席熊式辉调任军事代表团上将团长,前往美国。在熊的保荐下,蒋介石特任曹浩森为江西省政府主席。3月,曹由重庆赴江西履新。

1941年3月16日,五十七岁的曹浩森宣誓就职,国民党中央指派中委刘文岛监誓。在仪式上致辞时,刘对曹推崇备至,说:"曹将军主持国家军政历史甚久,声誉卓著,他为人敦厚,尚俭廉,重朴实。"曹在仪式上致辞说:"本人奉命主赣,自应竭尽所能。本人长期服务军事机关,一贯少说话,不应酬,负责任,守纪律,刻苦耐劳,这是我的生活信条。我从事工作,务求有功,不必无过,决不尸位素餐。我是一个军人,对地方政治素少研究。本着'萧规曹随'之旨,我决定'熊规曹随',墨守成规,或可少过。我自己也不开任何空头支票,大家也不必要我多说些什么话,而是要我多做一些事。"

曹浩森主赣时,班底都是熊式辉的人马,其中以财政厅厅长文群、民政厅厅长王次甫为重要角色。他们承揽大权,起核心作用,时人曾讥称此为"文王政治"。曹对当时江西省政府的厅长、局长说:"我想,我本人好像是一张白纸,你们各位好像是画师。各位在这张纸上着一笔蓝色,我就是蓝的;着一笔红色,我就是红的。将来这幅画好看不好看,就完全取决于各位的技术了。"他说自己办事的作风是"应办之事,今日办好,不能拖沓。不准公开的事情决不公开。自己不对外随意发表意见"。曹曾在全省县长会议上提出"施政三大任务":一、树立政治风气;二、提高工作效率;三、督导地方自治。他对一些县长说:"切勿误国害民。现在民众已有不胜负荷之苦,如果从中渔利,试问良心何在?长此腐败下去,抗战不能胜,建国不能成,大家就有做外国人的牛马奴隶的危险。"

抗日战争后期,江西省处在孤立的地位,四面都被日本侵略军所包围。在国民党的抗战五周年纪念大会上,曹浩森说:"我们要动员起来,保卫家乡。我们要咬紧牙关吃苦,挺起胸膛,把敌人赶出江西,才能对得起国家和后代子孙。"曹在全省参议会上,还提出了"不图贡献,便遭毁灭"的警语。

为了支援抗战,曹浩森主持了"一县一机"的募捐工作,下令全省捐献飞机一百架。他自兼劝募委员会主任,规定一等县捐四架,二等县捐三架,三等县捐一架。吉安县要捐献飞机五架,计现款一百万元。可是,该县商会的会长徐建中认为捐款任务太重,拒不完成。曹获悉情况后说"这些人有钱而不出钱,实为民族中之不肖者",遂下令将徐撤职。据统计,当时全省募集所得共折合法币两千余万元。这些钱上交重庆当局后便没有下文了。

曹浩森在任期间,曾公开发表用人的主张,说:"用人自必量才器使,人事相宜。有的人德才兼备,有的人无才有德,有的人德胜于才,有的人才胜于德。我认为我们用人,能得到才德兼备为最好。如求其次,则宁取德胜于才者。至于有才而无德者则以不用为好。"

曹浩森对国民党的党务很少插手。在他任国民党江西省政府主席的四年任期内,国民党江西省党部前后由梁栋、陈肇英任主任委员。曹对梁、陈都表示谦让。陈肇英到泰和接任时,他亲自到车站迎接,并设盛宴欢迎,在宴会上致欢迎词说:"雄夫(陈肇英字雄夫)先生乃中山先生的忠实信徒,德高望重。今后希望先生对省政府的工作时加匡正。"曹以此来表示对"CC派"的尊重。此外,他对江西的驻军首领如顾祝同、上官云相、王敬久、王陵基等也恭恭敬敬。

曹浩森不吸烟、不酗酒,对禁赌禁烟也抓得很认真。他亲笔给各县县长下了一道手令:"鸦片之危害,足以亡国灭种。先哲林公则徐早有明训。当年《南京条约》之国耻,至今犹有余痛。吾人决不能令祸国殃民之鸦片烟毒死灰复燃。"

曹对教育事业比较重视,在抗战经费紧张之时,对教育经费仍尽力支付。1942年,重庆政府教育部下令要将设在江西的国立中正大学(现江西师范大学前身)迁往湖南,引起江西各界强烈不满。曹为此直接给蒋介石发出急电,要求维护江西高等教育,因而制止了中正大学迁湘之举。

1945年抗日战争结束后,蒋介石免去曹浩森江西省主席的职务,让四川军阀王陵基继任。曹交卸以后便离开了江西。1947年,他在南京被选为国民党中央监察委员。1948年,曹从广州转往台湾。曹在台北,与原国民党监察院院长于右任时相过从,经常流露思乡怀旧之情。1952年,曹郁郁而终,时年六十八岁。

国民党政府国防部次长刘士毅

龚　屏

刘士毅,字任夫,桂系外省籍的重要将领。他胆略过人,曾在国民党旅、师、军各级任过参谋长,最后被李宗仁特任为总统府上将参军长。享有"小诸葛"之名的白崇禧也称赞他"经纶满腹,文武兼备"。

刘士毅是江西省都昌县下排门刘家村人,生于1886年3月。他从小就失去了父亲,由寡母抚养成人,十几岁时进入南康府中等学堂读书,随后到南昌报考江西高等实业学堂,被录取在农林科就读。但他无意于农业,一心想学军事,便买了一部《孙子兵法》,熟读背诵,因而被同学讽称为"武秀才"。

清朝末年,清政府成立保定速成军官学校,在全国各省选拔学生。刘士毅应试录取,被保送到保定速成军校,编入炮兵科受训。1907年结业后,他被分配在江西巡抚胡廷翰编练的江西新军混成协(相当于旅的建制)五十三标担任排长。他练兵得法,被标统马毓宝誉为"排长之楷模",旋被提升为连长。从此,他成为马毓宝的得力助手。武昌起义后,驻防九江的江西新军第五十三标的营、连、排级军官在同盟会秘密组织的宣传影响下,思想倾向于反清政府。刘士毅和刘世钧、王恒等保定速成军校的同学获悉武昌起义的消息之后,便跃跃欲试,分头试探上级军官的思想动向,以便待机而动。他自忖标统马毓宝对自己颇为信任,参谋长蒋群对自己也很赏识,便和刘世钧一道向蒋群陈述了自己的意见。同时,他们又面见马毓宝,向其呈交建议书,表示拥护辛亥革命,敦促九江独立。

此时，马毓宝又听说李烈钧已在武昌担任起义军的重炮队司令，经与蒋群会商，遂于 10 月 23 日宣布独立，成立了九江都督府。马毓宝自任都督，蒋群为总参谋长，刘士毅则担任都督府参谋。数日后，李烈钧即由上海到达九江，蒋群主动让贤，由李烈钧任总参谋长。

不久，清朝总理大臣袁世凯命北洋军阀头目冯国璋率领重兵向武汉反扑。马毓宝、李烈钧应武昌都督府之电邀，立即组成江西援鄂义勇军。刘士毅随部参加了支援武昌起义军的战斗。到达武昌后，李烈钧担任五省联军总司令，召开紧急军事会议，研究战略。刘士毅作为参谋官，向李烈钧献策说："近获谍报，冯军已部署倾兵渡江。我军之计，在于速决。各路人马务必构成掎角之势，并立即组成一支轻骑，绕道袭击黄陂与孝感之间，以迅雷不及掩耳之势截断平汉路，压迫冯军之后方，使其首尾难顾。冯军则受我牵制，不敢遽尔仓促渡江。"李烈钧深以为然，遂决定自己亲率中央军控制武昌紧要地区，以杜锡钧部为右翼，以王芝祥部为左翼，并派刘士毅火速率领轻骑部队袭击黄陂。此时，山西民军起义，滦州的吴禄贞部也宣布独立，直接威胁清王朝中枢。冯部被迫北撤，武昌之危得以解除。

1912 年春，李烈钧任江西都督，委托刘士毅为江西省临川府知事。当时，刘士毅只有二十六岁。

1913 年 7 月，李烈钧在湖口发动起义讨伐袁世凯，组成了讨袁军总司令部，下辖两个师。刘士毅任第二师参谋长。当时，北洋军阀李纯奉袁世凯之命率第六师进攻江西，其两个先头营已进入九江县的官排甲。在两军即将对垒的紧急时刻，刘士毅及时向师长刘世钧提出了破敌之策。他说："目前，我方兵力只有第六团的两个营和第三团的两个营，李纯的北兵已有两个营进入九江官排甲，双方都剑拔弩张，战事一触即发。为今之计只有两条，第一条是捕捉战机，先发制人，在李纯的增援部队尚未渡江之前，我们集中现有兵力，以迅雷不及掩耳之势全歼北军两个营，此乃上策；第二条就是我军全部转移，保全实力，以待我方增援。这两条的利弊得失,请慎重衡量。"经过研究,李烈钧决定集中三个营的兵力,先解决李纯的两个营,然后开赴德安,协同第一师的林虎旅进攻李纯师部侧背,并准备翌晨照计行事。不料第六团团长李定魁被袁军收买而叛变,竟然与北军合击第二师师部,并包围第三团,将其第二营缴械。这时,袁世凯已派海军进袭湖口,讨袁军节节失利。湖口起义失败后,刘士毅随同刘世钧化装潜赴上海,东渡日本,过起了流亡生活。

1916年,袁世凯的"皇帝梦"幻灭,黎元洪继任总统。刘士毅从日本回国,被黎元洪委派为陆军部咨议官。适逢北洋政府选拔十名青年军官出国深造,他应试被录取。是年10月,刘士毅以官费留学生的身份进入日本东京士官军事学校。1919年,刘士毅学业期满回国。当时正值五四运动爆发之际,全国掀起了反对北洋政府的巨浪。他权衡形势,便没有到陆军部报到,而转赴上海,暂作寓公,等待时机。

1920年,刘士毅在上海邂逅辛亥革命时的老友王恒。这时王恒在广州革命政府任职。经过交谈,刘士毅为广州的革命形势所打动,乃离沪去穗,由王恒引荐,拜访大元帅府的部长程潜,可是话不投机,受到冷遇。接着,他又想去会见李烈钧,然寻思当年在江西时曾被李撤过职,就犹豫不决。这时,他正好碰上日本士官军校的同学方本仁。方时任赣西镇守使,将他请回江西,待若上宾,让其担任本部参谋长。

1923年,广东革命政府进行第一次北伐。孙中山派张岂庸担任第十四路游击司令,让其率部攻打驻赣西北的军阀陈光远部,为北伐军做内应。张和刘士毅私交很深,便密约刘士毅商讨计策。刘士毅也有意靠拢革命政府,便对张说:"眼下方本仁与陈光远之间的矛盾是存在的,如果能够把方本仁争取到革命阵营来,合力攻打陈光远,当然是上上之策。"张便敦促他秘密做方本仁的工作。但是,方举棋不定,刘士毅未取得成果。

第一次北伐失利后,刘士毅离开方本仁部,与赣军第二旅旅长赖世璜合作。

该旅曾参与北伐,战败后转而投靠陈炯明,受到革命军的讨伐,退守潮州、汕头一带。刘士毅与赖世璜是早年的同窗好友。刘士毅在刘世钧的第二师担任参谋主任时,赖是该师的连长,两人曾一同参加湖口起义。两人关系密切,刘士毅称赞赖是勇敢善战的英雄、不可多得的未来的将领之材,赖则称赞刘士毅是足智多谋的战略家。这次,刘士毅得知赖部败退汕头后,估计赖世璜另有图谋,便前往担任参谋长。刘士毅在赖困危之际前去受任,更为赖所推崇。

在刘士毅的策划下,赖世璜率部向福建漳州进发,击败了闽军臧志平。接着,赖世璜收编了流窜在闽西的李厚基、黄大军、陆荣廷和刘志陆等的残部,成立了"联军办事处"。刘士毅为军事代表,兼任"联军办事处"处长,负责整编。从此,赖世璜控制了漳州、汀州一带的二十余县,形成一个独立王国。

1924年春,闽军臧志平以收复失地为名进犯漳州,陈炯明也派兵威胁赖部。面临多方来犯之敌,赖世璜问计于刘士毅。刘士毅果断地回答:放弃漳州,相机进入江西。

这时,方本仁因江西督办蔡成勋克扣军饷,极为不满,正欲出兵驱蔡,但力不从心,未敢造次。他见刘士毅来访,喜不自禁。刘士毅看到方求策心切,才讲出自己的来意,使方本仁大喜。方本仁说:"依君所言,我愿将赣南的石城渚邑拨归赖将军驻扎。"

刘士毅回汀州之后,与赖世璜同作部署,率部入赣。

是年冬,方本仁与林虎、谭延闿、赖世璜成立联军,以刘士毅为前敌指挥,北上逐蔡。12月5日,联军攻入南昌,蔡成勋化装潜逃。不久,北京段祺瑞政府任命方本仁为江西督办,方遂将赖世璜的第二旅改编为第四师,赖任师长,刘士毅任参谋长。

北伐战争开始后,谭延闿向蒋介石建议动员赖世璜和刘士毅起义,让他们为北伐军攻打江西做内应。蒋遂派总司令部参议杨赓笙前往赣南活动。当时,江西督办方本仁已被直系军阀邓如琢撵走,刘士毅与赖世璜一时无所适从。杨赓笙一传达广州革命政府的意图,他和赖就立即响应,联名致电广州总司令部请求收编。蒋介石随即下令,将赖部改编为国民革命军第十四军,以赖世璜为军长,以刘士毅为参谋长,另派熊式辉为党代表。

其时,革命军已占长沙。军阀孙传芳率重兵驻于南昌,欲反击长沙以牵制革命军。刘士毅即协助赖世璜率领第十四军从雩都(今于都)出发攻赣州,并分兵一部攻闽,牵制孙传芳的部队,使革命军得以由湘入赣。这时,军阀邓如琢困守南昌,刘士毅又建议赖世璜率部由吉安攻打抚州,然后兵下高安,配合国民革命军程潜、朱培德的部队长驱直入,进攻南昌。

第十四军进入南昌后,刘士毅又由第二师师长回任军参谋长。不久,因熊式辉挑拨,赖世璜被白崇禧杀害,第十四军为桂系所控制。刘士毅被白崇禧调到南京任军事委员会教育处处长。但他见到赖被杀害,唯恐自己也遭暗算,就蓄须便服,杜门不出。后来,白崇禧又考虑第十四军是赖世璜、刘士毅所经营创建的,为安定军心,任命刘士毅继任第十四军军长。

1927年,蒋介石下野,白崇禧接替中央陆军军官学校校长职务,欲让刘士毅任教育长。刘士毅任军长后,虑及树大招风,亦不安于位,现在正好借此脱身,明哲保身,因此欣然受命,担任中央军校的教育长。

1928年,蒋介石重新兼任中央军校校长,刘士毅被免去教育长职务。刘士毅从而对蒋不满,靠拢桂系。白崇禧为罗致亲信,又向蒋介石保荐,刘士毅才被委任为独立第七师师长,驻扎在赣南的宁都一带。他乘此时机,招兵买马,培植自己的势力。

1930年,国民党元老居正亲自到松江,策动刘士毅率部倒蒋。刘士毅很快接受了居正的谋划,并秘密地进行准备。岂料事机不测,被团长肖致平发觉。肖之前因本团在瑞金大柏地被红军歼灭而受到刘士毅斥责,早怀报复之心。肖与熊式辉是保定军校毕业的同学,便将刘士毅与居正联合倒蒋的情况向熊告密。熊立即调集两个旅将第十五旅包围缴械。刘士毅事先毫无防备,仓促无计,乃由营长张勋死力相保,杀出重围。之后,刘士毅化装潜逃到上海租界,搭轮船前往日本。在日本,他穷困潦倒,靠一些旧友接济勉强为生。后来,他找到了一位日本的老同学田支爱一郎,诉说苦衷。田支爱一郎与何应钦关系很好,便给何写了一封信,为刘士毅疏通关系。

当时在江西充任行营主任的何应钦接到田支爱一郎的来信后,觉得刘士毅颇有才能,便允诺让他来南昌行营供职。当刘士毅回国到达九江时,突然有一位军官来见,并向他递交了一封白崇禧的亲笔信。他展书一看,不禁大喜:原来白要请其到广西担任要职。刘连夜乘轮船到武汉,悄悄转赴南宁。白崇禧一见刘士毅,马上盛情款待。白对刘说:"目前广西整军经武,励精图治。为了实行地方自治,广西已设立了军事政治学校,我兼任校长,敦请任夫兄出任副校长兼教育长,专负其责。"刘士毅劫后逢生,深感白崇禧之知遇,当即对白表示:"健公知我,我决不负健公。"

刘士毅到任后,悉心出谋献策,想要办好军政学校。在教学中,他大都推行日本士官军校的方法。其时,正值广西紧缩财政、裁减军队,他即向白崇禧提出了"三寓政策",即"寓兵于农,寓募于征,寓将于学"。这一政策被桂系视为奇珍而推行全省。军政学校则根据"寓将于学"的原则,将培养的军政干部一律派往各县主持农民训练,实行"一手拿锄头,一手拿枪支"的政策。因此,抗日战争初期,广西扩军复编甚为迅速。刘士毅在广西担任教育长五年,为桂系培养了大批军政骨干,在广西享有一定的声誉。他五十岁生辰时,桂系为他举行了祝寿仪式,白崇禧还为刘编撰的言行录题写了书名。

"七七"卢沟桥事变发生后,南宁的军事政治学校改由南京中央军校统一管理。刘士毅被任命为第三十一军军长,奉命率部北上,驻守苏北海州,以防敌人登陆。

1937年冬,第五战区司令长官李宗仁组织、指挥津浦路防御战。刘士毅奉命率领第三十一军从海州进驻津浦路南段徐州、明光一带做纵深配备,据险防守。这时,日军八个师团先后从津浦路南段的镇江、南京、芜湖渡江北进,其中三个师团沿铁路正面直趋蚌埠,进逼第三十一军防区的明光。刘士毅指挥部队奋勇堵击,血战逾月,双方打成平手,大出日军指挥官的意料。后来敌军增援,他深知难以与敌军火拼,便采取了避实就虚、以退为进的战术,在明光设了一个"空城计",将部队连夜西撤,迂回于淮河两岸。待日军扑入明光空城后,他即率部突然在敌军的左侧背出现,向东出击,将敌军截成数段,进而围歼孤立之敌。就这样,第三十一军与日军在津浦部进行拉锯战,始终给敌军以威胁。李宗仁在总结这次作战经验时说:"这一战役的关键是三十一军彻底执行了命令,始终盯住津浦线,使敌军不能北进。"

1938年春,刘士毅率第三十一军驻防山东台儿庄,抗击日本关东军的板垣师团。板垣自恃"皇军无敌",长驱直入。刘士毅指挥部队据险埋伏,沉着应战。紧接着,日军矶谷师团南下的增援集中炮兵、坦克火力,猛烈攻击第三十一军阵地。刘的指挥部也被敌炮击中。他带领部队顽强地与日军激战了四天四夜。随即,李宗仁急调汤恩伯的第二十军团和孙连仲的第二集团军全力增援,从而取得了台儿庄大捷。台儿庄战役结束后,第三十一军伤亡很大,奉命撤往蚌埠休整。

1939年,白崇禧任国民政府军训部部长,刘士毅被任命为军训部政务次长。他协助白崇禧制定军训方案,开办了步兵、骑兵、炮兵、工兵、辎重兵、通信兵等的专业军校,还在军训部设置了"军事科学编译处",延聘专门人才,将日本、德国、美国、英国的军事科学论著翻译成册,既作为各军事学校的教材,又发给部队连长以上军官学习。白崇禧对他的工作大为赞赏。

抗日战争胜利后,随着白崇禧升任国防部长,刘士毅被委任为国防部次长。因白崇禧兼任"华中剿总"总司令常驻于武汉,他代行国防部的日常事务近两年,参与了策划内战的活动。

1947年,李宗仁宣布竞选副总统。刘士毅作为桂系在江西的头面人物,专程从南京赶回南昌进行"拉票"活动。除要在原籍都昌竞选"国民代表",他还要拉拢在江西的好友,从各个方面竞选"国民代表",为李宗仁竞选副总统创造有利条件。

　　李宗仁当选副总统不到一年就代理总统职务。刘士毅被委任为总统府上将参军长,为李宗仁的首席幕僚。1949年4月23日,中国人民解放军横渡长江。就在这天凌晨,刘士毅随同李宗仁乘飞机离开南京,先到桂林,再转广州。7月,他飞往台北。1982年10月,刘士毅病故于台北。

赣东北护法军总司令黄淦

邵天柱

黄淦,生于1887年,派名嗣智,字金水,号铭渊,都昌汪墩乡黄浩村人。他入私塾数年后转江西准察学堂毕业,受聘任浮梁、鄱阳等县警分署署长及砚田街税官。1917年7月,孙中山反对北洋军阀解散国会,提出拥护约法、恢复国会的主张,黄淦极力赞成,于砚田街同四五十志同道合者密谋武装配合孙中山领导的护法运动。1918年5月15日,黄淦于砚田街正式发布文告,号召举行起义,并派人去广东与李明杨部取得联系。其称所部为"赣东北护法军",自任总司令,率部来都昌攻打县城,沿途有响应者。部队至其家乡黄浩村时,入伍者益众;攻县城时,所部已达五百余人。克城后,他放囚犯,开粮仓,济贫困,随即乘船攻打鄱阳县城,不克,又逆江而上攻打浮梁。他潜入景德镇新立县(无城郭),因内部不纯,有随其起义的刘书智私通浮梁县知事陈安,以致遭偷袭。黄淦不幸被俘。6月20日,黄淦在景德镇滴水港被陈安以四马分尸之酷刑处死。其部属知黄淦就义,迅速撤出浮梁,至昌江上游图报复。陈安设伏于建师港。适山洪暴发,部下放舟直下,到隘口遇陈安兵伏击,全军被歼。是年秋,黄浩、黄鲁庵等村从黄淦起义者的房屋全被北洋军阀县当局焚毁。

中共都湖鄱彭中心县委书记刘肩三

邵天柱

刘肩三,又名贤招,号汉才,参加革命后曾化名舒玉丰、谢宝东等,江西都昌汪墩乡后垅村人,清光绪十八年(1892年)十二月五日出生于一个乡间知识分子家庭。刘肩三1912年考入星子(今庐山市)白鹿洞南康府中学,1914年毕业后回乡,在汪墩蒲塘庙小学教书一年多。1916年秋,他怀着"实业救国""科学救国"的理想报考了江西省立农业专门学校,希望学得一些改造农村的真才实学。此间发生江西省议会受贿出卖选票之事,刘肩三闻讯,又首倡发起"打猪仔运动"。这些事使刘肩三的名字在省城学生中传开了,大家都钦佩其过人的胆识和辩论的才干。

刘肩三

1919年5月7日,五四运动的消息从北京传到南昌。首先起来响应的就是刘肩三所在的省立农专。当时,农专的学生发起并联合省立一师等学校的师生于百花洲沈文肃祠召开了全市中等以上学校的学生大会,决定了在南昌开展运动的有关事项。会上,刘肩三作为农专代表被推选参加南昌学生联合会,成为江西的学生领袖之一。

1919年5月9日是"二十一条"签订四周年的国耻日,南昌全市学生举行了总罢课。是日,刘肩三登台悲愤陈词。言毕,他当众咬破中指,在一白布上写了"时日曷丧,余及汝皆亡",以表示自己的誓愿和决心。人们从刘肩三等青年身上看到了民族的希望。学生的爱国行动吓坏了北洋军阀江西督军陈光远。陈看到南昌学生运动自农专始,竟指令农专于5月20日开始放暑假,使刘肩三等人提前毕业。

刘肩三毕业后,立即返回都昌,把这场伟大的运动引到了这个偏僻的小县。回到都昌的次日,刘肩三即率县立高小百余名师生在县城举行了示威和街头演说。在学生爱国热情的感召下,工商界爱国人士也加入了爱国运动的行列,自动不卖日货,并宣布罢市三天。5月底,在刘肩三的倡导下,县城组织了日货检查组,检查组由学生两人、工商界两人、教师两人组成,检查并焚毁日货。

五四运动之后,刘肩三因其在青年中的崇高声誉被留在县立高级小学任教。1922年1月,北洋军阀蔡成勋任江西督军,一上任就提出要"追缴旧欠"。县知事刘燮臣秉承蔡的旨意,除增加本年度的征缴,还借口清理旧欠,将以往军阀已征之赋重新派征。刘肩三闻讯十分气恼,遂发动群众和开明绅士掀起了一场抵制重征、驱逐刘燮臣的风潮。

一天上午,刘肩三率领十名开明绅士代表前往县公署为民请愿。刘燮臣不仅不肯答应,反而把刘肩三扣押起来。消息传出,广大群众无不感到愤怒。次日晨,县立高级小学和师范讲习班的两百余名学生前往县公署提出抗议,并派代表同工商界联系。同日,商人罢市,距近郊二三十里路的农民亦提着扁担、锄头陆续涌进县城,自动加入了斗争的行列。他们强烈要求立即释放刘肩三,缓办当年田赋,坚决反对追缴"旧欠",并声明一日不答复要求一日不撤。县公署被围得里三层外三层,斗争持续了三天。刘燮臣知道事态再发展下去,自己性命也难保全,只得把刘肩三放了。

听说刘燮臣偷偷溜了,刘肩三告诫大家,刘燮臣是不会罢休的,我们不能让恶人先告状,要迅速派人去南昌,唤起舆论支持,发动旅省同乡,驱逐刘燮臣这个狗官。于是,他主持起草了一份《告旅省都昌同乡书》,派代表连夜乘船送往省城。随即刘肩三又写了一副对联:"此去莫饶三寸舌,再来不值半文钱。"他把对联贴到了县公署的大门上。

由于获得了各方面的支持,这次斗争取得了胜利,田赋没有缴,刘燮臣也被驱逐了。1923年春,刘肩三又一次发动群众打了县公署,赶走了两名催办粮赋的委员。

刘肩三连续赶走几名"命官",全县人民十分钦佩他的胆识。为了安抚人心,1924年,新任县知事竟请刘肩三担任县实业局局长兼县农事实验场场长,企图用软办法笼络刘肩三。但是,这时的刘肩三已经认识到仅为民请命、驱逐贪官是不可能从根本上改革政治的,他决心寻求一条新的救国救民的道路。

1926年1月,共产党员刘越受中共江西支部派遣来到都昌发展组织。刘越到都昌后,回到家乡汪墩老屋刘村,在本村办起了平民夜校,进行马克思主义的启蒙教育。刘肩三闻讯,便来找刘越。刘越素知刘肩三在社会上有一定声望,又有改造旧社会和追求新思想的强烈愿望,便介绍他读马克思主义著作。马克思主义开阔了刘肩三的视野,他的思想产生了根本转变。1926年2月上旬,刘肩三便成为刘越到都昌后发展的第一名党员。

随着农民运动的兴起和发展,都昌的党组织也在发展。除了县城,汪墩、徐埠、左里、湖洲山等地亦建立了党小组。1926年5月底,在县城东门外的农事实验场内,党组织召开了全体党员大会,正式成立了中共都昌支部,刘肩三当选为支部委员。

11月中旬,北线军攻克九江。12月初,刘肩三率县城人民扣押了都昌县知事陈伟迹,结束了北洋军阀在都昌的统治。

北伐军进入都昌以后,国共合作的国民党都昌县党部在县城余氏宗祠成立,刘肩三当选为农民部长。同时,都昌县人民自卫队成立,刘肩三任大队长兼

指导员,并在汪墩成立了农民自卫军。1927年1月,根据中共江西区委的指示,中共都昌县委成立,刘肩三当选为县委委员、组织部部长。

随着北伐战争的胜利和革命高潮的到来,都昌农民运动又有了很大发展。1927年2月8日,都昌县农民代表大会于县城陶公庙召开,大会选举了刘肩三等三人为常委,正式成立了都昌县农民协会。此时,全县区农民协会已有二十六个,乡农民协会有一百四十九个,会员达一万零九百余人,成为全省农运开展得最好的县之一,受到了江西省第一次农民代表大会的表彰。

4月26日,都昌发生了土豪劣绅杀害区农民协会领导人的"左里惨案",左里区农民协会常委王宗堂等七人牺牲。6月5日,朱培德在南昌公开向右转。6月9日,都昌县自卫大队副队长刘天成叛变。革命形势急转直下,刘肩三受通缉,被迫离开都昌。

刘肩三离开都昌后不久就找到了中共江西省委。8月,他去鄱阳参加了赣东北特委召开的风雨山会议,听取了党的"八七"会议精神的传达。会后,刘肩三被分配到余干县任县委书记。

刘肩三化名"老张"来到余干县,以米商的身份到各地联络党员,整顿基层党组织。经过一段时间的努力,他清除了一批不稳定分子。1928年4月,他正式恢复了中共余干县委。

1928年底,刘肩三被调到信江特委任特委委员,不久被派赴上海学习工运经验。1929年7月,他从上海返回,在景德镇从事工人运动。

刘肩三此时化名"张定东",以同乡关系经常深入窑场、坯房、匣钵厂和工人交朋友,秘密发展党团和工会组织。到1930年7月赣东北红军独立团攻入景德镇时,参加到各种革命组织中的工人已达数千人。

1930年7月6日,由于地下党和工人们里应外合,赣东北红军未发一枪一弹便轻而易举地拿下了景德镇。赣东北红军进入景德镇后,一下猛扩至两千余人,其中有整营、整连都昌籍战士。赣东北红军扩大后,遂改称"红十军",下设红一团、红十团、红十九团。刘肩三被调入部队,任红十军第十九团政治委员。

红十军于1930年8月31日进入都昌境地,9月3日在马涧桥歼灭都昌保安队孙光林部。是日晚,趁主力在都、湖边界驻扎之机,刘肩三率红十九团回故乡汪墩,烧了军阀刘士毅的房屋,处决了刘书会等罪大恶极的反革命分子,筹集了大笔军款。他路经家门而不入,只是托人带了一块银圆给病中的老母亲。4日晨,刘肩三率十九团赶至湖口江桥,配合红一团、红十团与敌激战一日,歼敌缉私队全部和警备二团大部,生擒敌团长张超。

9月中旬,红十军在乐平众埠街实行整编,改设一、四、七三个旅和一个特务团、一个机枪营。刘肩三改任军政治部地方工作部部长兼七旅政治委员。

1930年10月,红十军再次经景德镇来到都湖鄱彭地区。周建屏、刘肩三等由于坚持了方志敏的正确意见,没有贸然渡湖攻打九江,而在都湖鄱彭相机行动,变被动为主动,创建了都湖鄱彭根据地。为了广泛发动群众、开辟新区,地方工作部在刘肩三的领导下迅速恢复了四县的县委组织。刘肩三化名"谢宝东",亲自兼任都昌县委书记,并在短期内建立了三个区委。县苏维埃政府亦相继成立。

红军离开老苏区远征,以致后方空虚,方志敏坚决主张红十军放弃强取九江的冒险计划。1930年11月上旬,军部在肖家岭召开紧急会议,决定红十军立即撤回老苏区。同时,考虑到都湖鄱彭地区的群众基础很好,为继续发动和组织这个地区的斗争,军部决定成立都湖鄱彭四县总指挥部,由刘肩三任总指挥,并留下二三十个地方干部带领赤卫队坚持斗争。

红十军刚撤,敌五师即开到鄱阳,纠集四县地主武装,对都湖鄱彭根据地疯狂地进行"围剿"。在敌众我寡的情况下,总指挥部不得不决定暂时撤退上山。11月13日,刘肩三布置好上山事宜后,率指挥部向鄱阳肖家岭方向撤退。14日,刘肩三不幸被敌五师二十八团围困,当即率领干部、战士与敌激战约两小时,我方伤亡惨重。刘肩三不顾个人安危,令战士们登山分散突围。11月16

日,刘肩三终因弹绝,于彭泽县黄板桥上垄水桶港垄头路上被敌捉住。

刘肩三不幸被俘后,被押入彭泽县老屋湾陈村敌五师二十八团团部驻地屋后的马圈内。在那里,他不幸被敌连长刘书炉认出。

刘书炉系刘士毅堂弟、土豪刘书会的亲弟,对刘肩三早怀有杀兄之仇、烧屋之恨。刘书炉向团长姚纯指出刘肩三为红军旅政委,要求速杀刘肩三为其兄报仇。敌团长欣喜若狂,马上提审刘肩三。姚来到刘肩三关押处问:"哪个是刘肩三?"刘肩三见自己已被敌人认出,毫无惧色,当即泰然回答:"是我!"敌人问其为什么要烧刘士毅的房屋。刘肩三义正词严地说:"他(刘士毅)在赣州杀害我多少同志,不是我要烧,是江西三千万人民要烧!"此时,刘书炉插嘴道:"你现在被我们抓到这里,总算是失败了吧?"刘肩三从容回答道:"从我个人来说,是暂时地失败了,但是我们的事业是永远不会失败的!"

1930年11月17日,刘肩三等二十三人被敌人枪杀于彭泽老屋湾陈村不远的李家山口六升田里。刘肩三英雄地牺牲了,他所创建的根据地也遭到了敌人的疯狂洗劫。

中共湖北省委代理书记冯任

邵天柱

冯任,派名世法,别号任之,曾用名红刃、鸿任、鸿仁、冯凌、王警吾、洪任、王亦吾等,1905年11月2日(农历十月初六)出生于江西都昌土塘夏下冯村。

1918年夏,冯任入都昌源头港广智高等小学。1921年夏,冯任考入江西省立第一师范。他与同班的陈逸群和晚一届的邹努等同学一起组织了该校的进步学生团体"读书会",共同研读传播新思潮的书刊。

冯任

1923年元旦,社会主义青年团南昌地方组织秘密成立。3月,赵醒农等人发起成立了马克思学说研究会。冯任和"读书会"成员积极参加了这个团体的活动。

1924年4月,在中国共产党的领导下,江西各种工会组织相继成立。鄱阳湖水域中都昌船员较多,冯任又常与他们接触,宣传马克思主义,在船员中享有一定威信,于是他发动、组织了江西海员工会,并被推举为江西海员工会主席。

1924年5月,冯任加入中国社会主义青年团。6月,中国共产党在南昌创办了明星书社,冯任被选派到书社工作,与经理曾天宇等同志轮流值班。书社引进和出售大量进步书刊,吸引了大批青年。冯任常与汇集到这里的进步青年一起探讨马克思主义学说。赵醒农、曾天宇等也经常鼓励和指导他们学习。随后,冯任由社会主义青年团团员转为中国共产党党员。

1925年12月,赵醒农等三人在牛行车站被捕。同月底,明星书社等被封,南昌团地委领导或被捕或出走,党遂指定冯任代理南昌团地委书记职务。1926年1月19日,冯任主持召开了在昌全体团员大会,组织大家讨论如何于逆境下开展工作和巩固发展团的组织。大会还安排刚从广州农民运动讲习所回来的刘越"报告广地政治、社会党务、团务及其各团队的大概情形"。冯任号召回乡度寒假的团员"趁此深入民间的机会,正好从事农村的工作,于短期内,建立我们的基础",同时组织留南昌的团员"往近城各农村调查农民生活状况,并于可能的范围内组织农民团体"。此间,他还主持召开了三次地委会议,派遣刘越、向义等同志分赴都昌、景德镇等地建立党团组织,开展工农运动。1926年2月,团中央巡视员君实来江西巡视,根据江西团工作的实际情况,令冯任正式担任南昌团地委书记。

在冯任和地委的努力工作下,到1926年5月底,江西南昌团支部已由1925年底的九个发展到十二个,并发展到景德镇、清江、都昌等地;团员由五十五人发展到一百四十七人。

1926年上半年,冯任于省立一师毕业,从此走上了职业革命者的道路。

1926年10月中旬,冯任获悉招商局的一艘五千吨型货轮——江永轮载有大批军需物资和1500余名士兵将从南京浦口抵浔。冯任遂会同九江团地委丁潜深入港口码头,发动海员工人和码头工作人员侦察敌军动向,破坏敌军部署,千方百计帮助江汉宣抚使田桐所募派的人员化装为茶役,带火油等燃烧品混入江永轮,终于将该轮于其抵达九江港的16日清晨6时许引爆在入港抛锚之地。

12月,在大好形势下,中共南昌地委正式扩为江西区委,冯任受命回到南昌,担任中共江西区委的区委秘书。

1927年5月,根据中共五大的精神,中共江西区委改为中共江西省委,并由中央调江浙区委的罗亦农任省委书记,冯任亦随着省委的建立改任省委秘书。1927年6月5日,江西新军阀朱培德步蒋介石后尘,公开宣布"礼送"共产党人出境。

　　在白色恐怖的环境中,冯任一直坚持在南昌战斗,随着机关的频繁转移,在三益巷、松柏巷那些阴暗简陋的房子里接待、安置各地来南昌寻找组织的同志,并机智地采取对调等形式将他们安排到外地继续战斗。如在大革命失败后流亡到南昌的都昌同志就分别经冯任介绍去了上海、汉口或是景德镇、湖口、鄱阳、余干、乐平等地。

　　1927年7月21日,中共江西省第一次全省党员代表大会在南昌松柏巷女师召开,正式选举产生了中共江西省第一届委员会,冯任当选为省委委员,并继续担任省委秘书。

　　"八一"南昌起义时,冯任一直在南昌。他以严格的党性坚守党的纪律,默默地战斗在党所指定的位置上。

　　起义部队撤出南昌后,冯任协助省委联络失散各地的同志,整顿、恢复党的组织。经冯任和省委的艰苦努力,九江、德安、鄱阳、吉安、临川和南昌近郊的党组织在1927年9月底便得以恢复。1927年10月底,"江西省委奉长江局命改组",汪泽楷被调走,原省委常委、组织部部长陈潭秋任书记,常委也由原来的三人增为五人,冯任被补入常委。省委只有陈潭秋、冯任两人在机关坚持日常工作。尽管力量不足,工作极忙,但冯任却满怀信心地协助陈潭秋同志,把省委的各项工作组织得有条不紊。

　　经过近半年的努力,至1928年1月,江西省委的党组织就有了较大发展,党员达到4000人左右。特别是由于省委认真贯彻了党的"八七"会议精神,全省武装暴动风起云涌,并初步形成了以东固为中心的赣西南、以弋阳和横峰为中心的赣东北两块武装割据区域。

1928年10月,出席中共六大的省委常委王凤飞、巡视员张世熙返赣,省委即着手筹备召开第二次全省党员代表大会。由于种种原因,江西省第二次党代会延至1928年12月5日,转到湖口舜德王燧村召开。大会选举冯任为大会执行委员,并由冯任代表省委做了工作报告。这次会议选举产生了新的江西省委。由于中共六大强调工人成分,冯任当选为省委委员和候补常委(在中央派来常委之前,乃由冯任补上为常委),并继续担任省委宣传部部长。

　　1929年1月底,中央调阮啸仙来江西省委任常委,阮啸仙还接替了冯任宣传部部长的职务。但省委根据江西工作的实际需要,向中央做专题报告,要求"增加常委一人,以候补常委冯任同志补上"。2月,冯任同省工委主任胡子寿赴上海,代表江西省委向中央汇报工作。到上海后,他见到中央关于对当时时局分析的一份通告,认为其与实际情形相违,遂怀着一个共产党员的坦荡胸怀给党中央写了《关于目前政治形势和中央工作致中央的意见书》,以个人名义对中央关于时局的看法坦率地提出了自己的不同意见,并指名批评了李立三对地方形势不切实际的分析,认为"中央要正确地具体地指导地方党部工作,必须彻底了解各省的一般现象和特殊情形",要求中央多加强与地方的联系,多接触工农斗争的实际。3月1日,他代表江西省委向中央汇报工作并与中组部负责人讨论了有关白区工作的具体问题。3月3日,他又撰写了《三个时代的江西省委》,抨击了机会主义和盲动主义,反驳了中央一些人对江西省委的无端指责。

　　1929年3月下旬,冯任返回江西。月底,省委根据中央来信,"一连开会两天",重新安排了有关工作,遵照中央关于"一定要进一步改造和健全东北、赣西重要特委及九江、乐平等中心县委"的指示,为加强吉安等城市中心区的工作,将冯任从常委中裁减下来,乃"退为候补常委",调任赣西特委书记。

　　在赣西工作的半年中,他深入实际,调查研究,并指示下去巡视工作的同志"即使在白色恐怖中,在县委残三缺四下,也要努力艰苦地抓住中心工作,脚踏实地地一步一步地去做,不要对工作存幻想,结果失望而走向灰心的道路"。

冯任遵照中央关于"深入群众中去建立群众的组织,扩大党的政治影响"的批示,加强特委对赣西地区工运、农运、兵运的领导,并亲自领导了吉安码头工人反对国民党公安局的登记和卖牌子的斗争。他在吉安城区组织赤色工会,在郊区和各县发展农民协会,在国民党驻军中建立"工农兄弟团"。当时,吉安靖卫大队队长罗炳辉奉命进攻我东固根据地。冯任获知罗对蒋介石的反共反人民政策不满,遂派遣特委组织部部长刘士奇去做罗炳辉的工作,并于1929年7月9日将罗发展入党,随后又通过罗在县靖卫团内安插自己的同志,开展了积极有效的兵运工作,为后来罗炳辉于同年10月率部起义、参加中国工农红军打下了基础。

由于冯任的正确领导,赣西的各项工作都有很好的发展。对此,省委给中央的多次报告都一再予以了表彰。

半年后,省委为贯彻执行中央关于"推动全国总暴动"的指示,决定加强对各中心区域工作的布置和指导,将冯任从赣西调回南昌担任省委巡视员。10月底,冯任被派往赣南指导工作。

就在冯任奔赴赣南巡视期间,江西地方党组织受到了极为严重的破坏。

1929年11月上旬,冯任到达赣州。无法找到同志,街上盘查又严,他觉察到情况异常,当机立断,沿江而下奔往吉安。船还没有靠岸,他就远远看到码头上站了不少荷枪实弹的兵警。为了弄清情况,他还是不顾一切地下了船。冯任夫妇刚上大街便迎头碰到他曾经的房东,并被这家伙一把拉住。关于这段危险的经历,冯任在他12月26日写给中央的报告中曾风趣地做过描述:"我前因去赣南巡视,找不着特委,而自赣州折回,道经吉安,适值西特大破获之际。我曾在西特工作过半年,西特破获的总机关是我经手组建的,哪知那个狗房东竟带着稽查在街上捉人,一把将我拉住,幸好房东忘记了我的姓名,被我扯七拉八骗脱了,并且用碘酒来涂信纸、草纸等东西。还好,中央给朱毛指示的长信放在我不满两岁的小孩子身上,而侥幸骗过。这也是用自己的群众掩护自己的教

训——笑话！"

从稽查处出来，冯任囊空如洗，他冒着随时可能被捕的危险，找着了码头支部和厨业支部的书记。冯任从他们那里得知，赣西特委于11月5日即"十月革命"纪念日的前两天被敌人破坏，被抓了三百四十余人。其中有特委常委黄宜等五十余名共产党员，而十二名同志已经遇难。

于是，他将赣西特委的工作做了一番安排后，便搭船直奔南昌。

冯任赶到南昌，找到了省委书记沈剑华，方知省委已被敌人破坏。省委总交通李兴国叛变了，"凡他所知道的人，均次第发生问题"。接着，团省委秘书长彭云飞也叛变投敌。他的叛变给党造成了极大的威胁。冯任凭着对省城情况比较熟悉，决心协助沈剑华恢复省委部分工作。经过努力，冯任联系了一些同志，分别委派他们去赣东北、信江、赣西特委和九江县委、南城区委巡视和恢复工作，"告诉省委大破获的情形"。在这期间，由于"接二连三逢着过去自首的余永年及团已经开除的刘继培，于是在南昌没有站脚的余地"，沈剑华决定派冯任赴九江、德安巡视。12月1日，冯任离南昌赴九江。3日，沈剑华亦来九江与冯任见面。冯任考虑沈剑华曾在九江工作过较长时间，认识他的人多，难以活动，劝他先到中央汇报，沈剑华没有同意。三天后，省委书记沈剑华果然被捕。最后，在获悉各地组织均次第遭受破坏、许多同志被捕牺牲和一批人自首叛变的情况下，冯任"认为此时非去中央报告不可"，遂于12月20日从九江赶到上海。

在上海，冯任找到中央，口头反映了江西的情况，并在短短的六天内向中央写出了近万字的书面报告。

报告中，他详尽地介绍了江西省委，赣西、赣东北特委，九江中心县委，樟树、德安县委、特支组织被破坏的情况并严肃地剖析了江西党组织被破坏的惨痛教训，提出了一系列重新恢复江西白区党的工作的有益建议。

1930年1月，冯任与先期来上海的江西省委组织部部长阮啸仙、农委主任王凤飞和将调江西任省委书记的张国庶等出席了由中央召开的江西工作会议。

恰在这时，中共湖北省委屡遭破坏，紧缺干部。中央征求冯任意见时，冯任表示一切听从组织的安排。1930年2月，中央调整湖北省委，决定由毛春芳同志任书记并负责组织工作，由冯任同志负责宣传工作，由玉林同志任秘书长，由金鳌同志负责工委工作。

接受新的任务之后，冯任即通过一位在上海太平洋通讯社工作的都昌同志弄到一张该社的记者证，化名"王亦吾"，以该社驻汉记者的身份来到了汉口，协助省委书记毛春芳于短期内恢复了湖北的党组织。

1930年4月初，湖北省委再次遭到严重破坏，毛春芳于洪山主持会议时不幸因叛徒告密而被捕牺牲。毛春芳被捕后，冯任被中央指定代理省委书记职务。4月中旬，中共湖北省第四次代表大会在上海召开，大会产生了由任弼时任书记的新省委。在新省委中，冯任担任常委兼秘书长。

1930年6月，湖北省总工会纠察部部长在参加飞行集会时被捕，随后可耻地成为叛徒，将省总工会接头机关供出，"省委冯任同志适前去接头……亦即被捕"。冯任被捕后，任凭敌人刑讯逼供，始终咬定自己是一名记者，姓王名亦吾，坚不吐实。敌人虽从叛徒口中知道冯任是中共湖北省委里的人，但在《武汉警备司令部十九年度应办理共案分类一览表》的"省委类"一栏内，冯任留给敌人的只有"王亦吾，二十五岁，江西，职业报"寥寥十二字。敌人无法从这个坚强的共产党人口中获得半点有用的东西，遂于1930年7月的一天将年方二十五岁的冯任枪杀于汉阳。

中共湖口县委书记谭和

邵天柱

谭和,派名昌宽,又名介泉,1898年出生于汪墩乡前坊谭村。1921年,谭和考取江西省立第一师范。1923年党团组织在南昌建立后,谭和与同班同学刘越及十一班同学冯任等积极投入党团组织领导的进步学生运动,并于1925年毕业前夕在校加入中国共产党。毕业后,谭和回都昌秘密进行革命活动,而其公开身份为源头港小学教员。

1926年1月,谭和的同学刘越受中共南昌特支派遣,到都昌创建党的组织和领导农民运动。谭和即与之配合,在汪墩开办平民夜校,宣传马克思主义。同年11月,北伐军进占都昌,全县农民运动掀起高潮,谭和受命为国民党都昌县党部农民运动特派员,被派至苏山、左里一带开展农民运动,建立了第八区及庚区农民协会。1927年2月8日,全县农民代表大会在县城陶公庙召开,谭和又当选为县农民协会执委。

大革命失败后,1927年8月,中共都昌县委于老屋刘村召开紧急会议,谭和出席了会议。会议决定让大部分同志撤出都昌,只留下少数人员转入地下。谭和遂根据组织的安排,暂留县坚持斗争。但由于白色恐怖越来越严重,都昌与上级党组织失去了联系。因此,11月,谭和专程去上海寻找组织。接上关系后,谭和被分配到中共赣北特委工作,任交通员,负责景德镇至都昌一线的交通联络。同年12月,赣北特委遭到严重破坏,特委书记兼鄱阳县委书记林修杰被捕牺牲。至1928年初,省委又于鄱阳重设东北特委,以鄱阳湖为界,管辖湖口至上饶等赣东北地区,谭和随之转入赣东北特委工作。不久,他受命在都昌徐家埠设立了都湖鄱三县交通站,任站长兼特委特派员,重点负责整顿与恢复湖口、都昌两县的党组织。他往来奔波于两县,指导开展党员重新登记工作。

1929年2月,受赣东北特委的派遣,谭和化名"陈又新",去湖口接替李新汉任特支书记,在湖口、都昌边境区域开始创建革命武装和根据地的活动。湖口毗邻九江,是一军事要塞。省委非常重视谭和的工作,并根据湖口特支和谭和的要求,从都昌、景德镇及信江地区调来部分军事工作人员。

1929年9月,周建屏被中央军委派往信江指导军事工作,途经湖口与谭和见面,谈及在都湖边界创建游击根据地的事宜。周又至都昌,与中共都昌临时县委书记刘梦松商谈。由周建屏主持,都湖两县党的联席会议在都昌汪墩王滚垅村谭洪进家召开。谭和带着团特支书记陈远绍、军事人员周庚年出席了会议。都昌出席会议的是刘梦松及团县委书记吴士衡、县委组织部部长刘述尧。会议决定,由湖口出面,都昌配合,夺取汪墩靖卫团枪支,创建中国工农红军赣东北第一游击大队。

9月24日,谭和同周建屏一起率领武装人员周庚年、刘皋等四十八人,从都湖边界的春桥墩上游家出发,晚9时赶到汪墩。全队人马除周庚年有一支手枪,其余拿的都是匕首。由于都昌地下党员的紧密配合,武装人员未放一枪一弹即夺得靖卫团十一支枪。25日,谭和与周建屏率领这支队伍转程回湖口,第一次公开亮出了中国工农红军赣东北第一游击大队的旗帜。同年秋,谭和派陈远绍去景德镇参加赣东北特委主持召开的都湖鄱浮乐五县联席会议,研究了开展秋收斗争及年关斗争的计划。会后,谭和带领特支一班人积极贯彻实施这一计划,在都湖边界地区首先开展了分配土地、分谷废债的斗争,为后来赣东北特委与信江特委合并、建立赣东北和闽浙赣革命根据地做出了不可磨灭的贡献。

谭和专程到徐埠附近了解情况,确定行动路线。谭和潜至徐埠黄庄仁村活动20余天,分别探明驻徐埠陆士郊靖卫团及驻左里刘逊桥县警察两分队董政

部的人员、枪支、驻防、警戒等情况。回去后，谭和提出先进攻力量较弱、警戒松懈的刘逊桥，而后再相机进攻徐埠。但急于夺取更多枪支的徐德听不进谭和的正确意见，坚持要先打徐埠，结果造成周庚年、刘皋等游击大队主要领导人和20余名游击队员牺牲。4月29日，徐德又不顾赣东北第一游击大队刚遭受重大损失、士气低落的情况，强令谭和在赣北游击队、湖口游击预备中队的配合下举行湖口暴动，攻打湖口县城。虽然行动取得较大政治影响，但游击大队在占领湖口县城仅数小时后就被迫撤出，并牺牲暴动队员五十余人。为此，谭和认为，在这种情况下，游击队应"避免打硬仗，设法扩大武装打胜仗"，并要设法在强敌的围攻之下跳出包围圈，转移到都湖鄱彭交界的武山山区。1930年，赣东北第一游击大队离开湖口。根据地因失去了武装支撑，于同年7月24日沦陷。是日，谭和率陈远绍、钱成九、王乱生、张翼等于王景村乘船出境，经安庆去上海，通过在太平洋通讯社工作的地下党员向义与组织接上关系。

1930年8月，谭和及后期离湖去沪的湖口游击预备中队负责人沈春生根据中央的指示，重回湖口恢复组织，以配合红十军进攻九江，但由于组织遭受严重破坏，干部损失惨重，工作成效不大。10月，红十军在"立三路线""会师武汉，饮马长江"的冒险主义口号的号召下，第二次来到都湖鄱彭地区，在此驻扎四十余天，使都湖鄱彭地区的土地革命重新掀起高潮。10月7日，红十军进入湖口。在红军的帮助下，都昌恢复了中共湖口县委，谭和任县委书记，并建立了县、区、乡苏维埃政权。湖口人民得以在县委、县苏维埃政府的领导下，再次掀起打土豪分田地运动。

1930年11月上旬，红十军撤回弋横苏区，另成立以刘肩三为首的都湖鄱彭四县指挥部，以领导这一地区的军民坚持斗争。红十军撤退后，敌五师即纠集四县地主武装疯狂"围剿"刚刚恢复的湖口苏区。在敌强我弱的态势下，11月13日，谭和率领湖口县委、县苏工作人员和赤卫队赶往肖家岭与刘肩三汇合，当晚即于彭泽县黄板桥追上大队伍。14日晨，部队与国民党军五师二十八团遭遇。谭和率部队迎击，激战约两小时后不幸中弹阵亡，时年三十二岁。

中共赣东北特委秘书长刘乙照

邵天柱

刘乙照,派名杨彩,小名水林,别号晓如,参加革命后先后化名为"刘勉吾""刘惠民""柳伟民""刘伟民""刘文明"等。他1900年出生于鸣山乡中舍刘村,在家乡念完私塾和小学后,考入九江省立第六师范学校。

1923年1月,中国社会主义青年团江西地方团在南昌成立;2月,团组织便发展到九江。1924年3月,刘乙照在九江加入社会主义青年团。同年4月,九江团员发展到二十一人。经社会主义青年团南昌地方委员会转报团中央同意,九江于4月27日另设一直属中央领导的地委,共辖三个支部六个小组,刘乙照当选为第二支部第一小组组长。5月18日,按照团中央扩大执委会所通过的《关于地方委员会组织法》,九江团地委进行了改组,刘乙照又当选为中国社会主义青年团第二届九江地方委员会委员兼学生部部长。这期间,刘乙照与团地委其他负责人一起领导了九江日清码头工人为抗议日清轮船公司大班佐藤诬陷码头工人刘财明"偷米",唆使公司职员将刘推入江中致其溺亡而举行的罢工。在罢工斗争中,刘乙照率领团员和进步学生深入社会各界,发动群众,组织声援,并为罢工工人代拟代印罢工宣言数千份。1925年7月底,中共九江小组成立后不久,刘乙照便由共产主义青年团团员转为中国共产党党员,成为都昌县最早的共产党员之一。入党后,他更加热衷于革命事业,成为九江著名的学生运动领袖。

1926年7月,刘乙照根据党组织的决定回到了都昌,参加都昌县秘密农民协会的组建。同年11月,受党的委派,刘乙照担任了中国国民党都昌县党部农民运动特派员。1927年2月,都昌县第一次农民代表大会于县城陶公庙胜利召开,决定正式成立县农民协会。会上,刘乙照当选为县农民协会执行委员。

1927年6月9日,都昌县人民自卫大队副大队长刘天成在刘士毅的策动下公开叛变,刘乙照在县城因躲避不及而不幸被捕。在敌人的"公堂"上,刘乙照大义凛然,愤怒谴责刘天成之流背叛革命的可耻行径,任凭敌人严刑拷打也毫不屈服。刘天成等反革命分子由于一时摸不准全国的政治大气候,便效法朱培德,将刘乙照等二十余名共产党人关押数天后,就"礼送"出境了。刘乙照被"礼送"到九江后不久,"七一五"反革命政变发生。消息传到都昌,反革命分子的气焰更加嚣张,匆匆发出所谓"通缉令",点名要通缉刘乙照等。白色恐怖日益严重,九江已不宜立足。根据组织上的安排,刘乙照转移到鄱阳县,投入新的战斗。

同年8月,中共江西省委决定以鄱阳为中心,整顿赣东北各县的党团组织、贯彻党的"八七"会议关于土地革命和武装反抗国民党反动派屠杀政策的精神,并委派特派员刘士奇前去主持。刘士奇到鄱阳后,即于是月中旬在风雨山召开了为期两天的党员大会,参加大会的有鄱阳以及赣东北各县的党员一百余人,刘乙照出席了这次会议,听取了"八七"会议的精神。会后,刘乙照受命担任中共鄱阳县船湾区委书记。他接受任务后,即化名"刘勉吾",假称为星子县(今庐山市)人氏,打入船湾的一所小学担任教员,以此为掩护,秘密整顿该地的党团组织,发动农民建立革命武装,开展土地革命。同年11年下旬,党在鄱阳发动了三千余农民参加的珠湖暴动。因敌我力量对比悬殊,珠湖暴动很快就失败了。珠湖暴动失败后,鄱阳的形势恶化。为保存力量,组织决定将刘乙照暂时转移到余干。

1928年,方志敏领导的以弋横为中心的武装斗争有了较大的发展,并形成了初具规模的赣东北革命根据地。为了更好地组织这一地区的土地革命,党决定将弋阳、横峰、贵溪等信江流域各县从东北特委划出,另成立信江特委。是年底,刘乙照便奉调到新组建的信江特委机关工作。1928年下半年,为了加强苏维埃区域党的建设,刘乙照被任命为中共横峰县委书记。他改名"刘惠明",于横峰铺前街设立县委机关后,便带领全县军民投入保卫苏区、巩固苏区、建设苏区的火热斗争中。1930年7月中旬,鉴于原赣东北特委机关于1929年在景德镇(浮梁)遭受严重破坏后,中共信江特委已实际担负了原赣东北特委所辖范围的领导责任,中共中央决定改组信江特委为新的赣东北特委,于是刘乙照又被调入中共赣东北特委任秘书长。同年9月8日,赣东北红军第二次胜利攻占景德镇后,在里村建立了中共浮梁县委和县苏维埃政府。刘乙照随军来到景德镇,参加景德镇及浮梁县各级苏维埃政权的建设,并奉命留在景德镇任中共浮梁县委书记。接受新任务后,刘乙照(时用名"刘惠明")和县苏维埃政府主席陈元调积极领导全县人民开展轰轰烈烈的打土豪分田地的土地革命斗争,其声势较大,波及新老厂、黄泥头、湘湖街、寿安、鲤鱼桥甚至婺源边境。

1930年11月,国民党军五十五师胡祖玉部由乐平向景德镇、都昌、湖口、鄱阳、彭泽方向寻找红十军主力决战。为了保卫苏区和避开敌军主力,红十军迅速撤出都湖鄱彭及景德镇,向弋横老苏区集结。于是,刘乙照遂率浮梁县委、县苏机关及避难群众随军返回老根据地。

1930年底,刘乙照又奉命改任中共德兴县委书记。这时,胡祖玉师的一六三、一六五两个旅正由乐平向苏区进犯,刘乙照将县委机关先后设于塘湾、重溪后,便带领全县人民在中共赣东北行动委员会(12月14日又改称特委)的统一指挥下粉碎了国民党反动派对赣东北苏区的第一次"围剿"。自1931年初到1932年6月,国民党反动派凶残地向赣东北苏区展开了三次"围剿"。为率领人民战胜敌人,刘乙照深入基层,组织群众,"坚壁清野",使进犯之敌一无所获;他还亲临前线,带领赤卫队配合红军英勇杀敌。

1931年7月,"王明路线"所把持的党中央认为赣东北特委(同年9月扩大为省委)贯彻执行六届四中全会精神"很不彻底",派曾洪易带领一批干部来到赣东北苏区,加紧推行王明的"左"倾机会主义路线。尤其是从1932年3月始,曾洪易不顾大敌当前的局势,大搞肃反扩大化,把一切同他持不同意见的党和苏区领导人甚至一般干部、战士打成所谓的"AB团""改组派""第三党""兄弟会"分子等,进行惨无人道的刑讯逼供和残酷屠杀。1933年6月,正在前线组织群众反击敌人对苏区更大规模"围剿"的刘乙照突然得到省委调令,刘乙照于是怀着对党的一片赤诚,启程去省委驻地——横峰葛源。谁知一到省委,他即被扣以"AB团"分子的莫须有罪名而惨遭杀害。

中共赣东北省委常委、省苏维埃副主席詹锦坤

邵天柱

詹锦坤,小名法头,1901年12月11日出生于今和合乡方家边老屋村。其年幼时家中贫困如洗。父亲詹元房长年累月走村串户做桶匠,仍无法养活一家三口。父母被逼无奈,打发七岁的詹锦坤投师学裁缝。十三岁的詹锦坤如期出师,自立门户。因他年纪尚小,母亲不放心,便打发他与父亲做伴,到景德镇及安徽屯溪一带做户工。

1927年1月底,詹锦坤从景德镇回家过春节,以极大的热情投入伟大的革命运动中,在家乡带头组织了区、乡农民协会,并被选为区农民协会常委。经过革命斗争的锤炼,不久,他便光荣地加入了中国共产党。

1927年7月,都昌全县被一片白色恐怖所笼罩。詹锦坤作为区农民协会常委,遭到了反动当局的"通缉"。在家无法立足,他便逃往景德镇、屯溪一带,边做裁缝,边寻找组织。1928年下半年,他终于在景德镇与党组织取得了联系。于是,他根据组织的安排,先后在景德镇的裤裆弄、财神弄等地,以开裁缝店为掩护,设立党的地下联络站,负责省委与赣东北特委以及稍后成立的信江特委间的文件传递、人员接待等工作。中共景德镇地下党的工作会议也常在他的小店中召开。

当时正是中共景德镇党组织的恢复时期,由于詹锦坤在景德镇做过多年户工,加上该地又是一个都昌人聚居的码头,有很好的工作条件,于是他在努力完

成交通任务的同时,还利用做工之便,在工人中秘密串联,创建赤色工会,配合吕松林、余金德等工人党员组织各种形式的罢工斗争。在1929年初春至9月间,他便具体参与、组织了大小罢工斗争(俗称"打派头")二十多起,被发动参加罢工的工人计十万之众。斗争中,詹锦坤充分表现了他超群的组织能力,成了景德镇八大工人领袖之一。随后,景德镇赤色总工会也在斗争中成立了,詹锦坤当选为总工会负责人之一。同年11月,江西省委决定将设在詹锦坤家中的联络站升为交通局。交通局后来成为中国共产党在景德镇的重要活动机关。

1929年12月,由于叛徒出卖,中共景德镇地下组织遭到严重破坏。詹锦坤因多次参与领导工人运动,成为敌人注意的重要对象,于是组织决定把他转移到都昌潜伏。但不久后,因党在江西的白区组织次第遭受破坏,詹锦坤与党组织失去了联系。

1930年10月初,红十军来到都昌,在张岭、蔡岭一带创建县、区、乡苏维埃政权。詹锦坤闻讯后立即赶到蔡岭向组织报到,于是被分配到红十军地方工作部工作,任交通委员。这时,景德镇在第二次被红军占领后成立了市、县苏维埃政府,百业待兴,急需干部。组织考虑詹锦坤熟悉景德镇工作,便将他调回景德镇任市苏维埃政府非常委员会常委。不久后,他又接替洪泉水(都昌万户大屋洪家人,曾任景德镇总工会委员长,1930年牺牲)兼任市总工会委员长。

1930年11月,随着中原军阀混战的结束,蒋介石加强了对各革命根据地的进攻。为巩固老苏区,红十军被迫放弃新区而迅速回撤,于是景德镇市、县苏维埃政府及工会、农民协会等机关随之撤到了弋阳、横峰。到老区后,景德镇市、县苏维埃政府改称"浮梁难民招待所",负责安置随红军撤退的景德镇革命群众。随着市苏维埃机关的撤销,詹锦坤由组织改调至赣东北特区革命委员会机关工作,并被增补为中共赣东北特委执行委员、赣东北特区革命委员会常委。1931年3月,赣东北特区工农兵代表大会在葛源召开,大会决定成立赣东北特区苏维埃政府,并选举产生特区苏维埃政府执委五十一人、常委十一人。詹锦坤当选为常委兼交通委员会主席。同年9月,经中央同意,中共赣东北省委成立。在赣东北省第一次党员代表大会上,詹锦坤当选为省委常委兼肃反委员会主席。11月,赣东北省工农兵代表大会召开,宣告赣东北省苏维埃政府成立。詹锦坤与余金德一起当选为省苏维埃政府副主席。1932年春,肃反委员会易名"保卫局",仍由他兼任局长。1932年冬,随着根据地的迅速扩大,赣东北省改为闽浙赣省,詹锦坤继续担任中共闽浙赣省委常委、闽浙赣省苏维埃政府副主席兼省保卫局局长。

1933年4月初,詹锦坤从怀玉山前线检查工作返回,突然感染急病,初诊为感冒,后期为腹泻,两日后不省人事。虽经努力抢救,无奈敌军封锁,根据地内药品奇缺,詹锦坤因而不治,以身殉职,年方三十二岁。詹锦坤出身贫寒,献身革命后刻苦自学,以至由一普通工人成长为闽浙赣革命根据地主要领导人之一,为中国工农红军和革命根据地的建设做出了卓越的贡献。他的不幸殉职是党和闽浙赣革命根据地的重大损失。中共闽浙赣省委、省苏维埃政府于1933年4月5日在葛源召开了隆重的追悼大会表示沉痛哀悼。

中共都昌县委书记、茅垅暴动的领导者向先鹏

邵天柱

向先鹏,派名源涛,小名幼朋,1907年1月22日(农历丙午年腊月初九)出生于都昌县城。其老家原是北山乡湖下向家,其父向本源开茶馆发家,成为城内一富户。向先鹏为长子,父母最疼爱他,在他很小的时候就把他送进了学堂。

1919年,五四运动爆发,向先鹏在县立高等小学念书。5月20日,省立农专学生刘肩三毕业返乡,把外地运动的消息带到了都昌这个僻静的小县,唤起无数青少年学生的爱国热忱。年仅十二岁的向先鹏最为激动,当即就号召同学们罢课,举行声讨帝国主义和卖国政府的游行和街头演说。他还带领同学组织日货检查组,上街宣传抵制日货。

1922年,向先鹏又追随刘肩三领导全县人民驱逐肆意横征暴敛的赃官刘燮臣。

1923年,在刘肩三的鼓励下,向先鹏去九江报考了省立第三中学。这时,马克思主义学说已经传到九江,向先鹏经常与进步同学一道阅读进步书刊,参加爱国学潮。

1926年8月,在县里度暑假的向先鹏经刘肩三介绍,结识了正在都昌创建党团组织的共产党员刘越。不久,他被吸收进了中国共产主义青年团,同年10月又由团转党。同时,根据组织的安排,他还以个人名义加入了中国国民党。同年11月10日,北伐军胜利进占都昌,国民党都昌县党部公开成立,向先鹏当

选为县党部执委兼宣传部部长。向先鹏为了更实际地进行宣传活动，先从自己家做起，带头减租、退租，之后，又将家中百来担存谷亲手开仓分给了贫困佃户。

1927年1月中旬，经中共江西区委批准，中共都昌县地方委员会成立（同年6月根据新党章规定改称县委），向先鹏当选中共都昌地（县）委委员兼共青团都昌地（县）委书记。6月8日，土豪陈范五、江焰科收买地痞流氓攻打设在多宝寺的庚区农民协会，杀害区农民协会常委赵敬隧、马宗锦等七人，酿成骇人听闻的"左里惨案"。6月9日上午10时许，早已与土豪劣绅暗中勾结的县人民自卫大队副大队长刘天成又公开叛变，紧闭城门，查封县党部及农民协会、总工会，捕捉共产党人。向先鹏两日前因公事下乡而侥幸逃脱，闻讯后即搭船去南昌。7月11日，向先鹏与刚借故到南昌的国民党左派、县长谢宝树会面。不久，县委书记刘越及县委委员、总工会委员长刘聘三，县委委员、县农民协会常委刘肩三也先后到了南昌。他们共同商议决定通过谢恳求他的老师、国民党左派、省民政厅厅长姜济寰，调驻吴城的水上公安游击第三支队谢式南部到都昌，帮助镇压反革命政变。拿到姜的批示后，向先鹏又与谢宝树结伴赶到吴城，与谢式南详细讨论了都昌扑城斗争的方案。

7月22日，谢式南派了两个中队驾舟登程，一路顺风，午后就到达都昌城郊五谷咀。扑城队伍兵分两路，一路由向先鹏、谢宝树带队，直取北门；一路由谢式南率领，进攻大东门。向先鹏一路轻车熟路，先期赶到，与守城门的卫兵交了火，交火时谢式南一路则尚在途中。刘天成部听到北门响枪，"知不敌，遂劫掠放火，各自溃走"。待谢式南队伍赶到大东门时，城内反动分子早已逃之夭夭。刘天成等为了逃命及拖住扑城队伍，不惜浇煤油点燃东街永昌布号。扑城队伍进城后，城内已是烈焰腾空，哭声震地，四十余家店铺尽在火海之中。向先鹏等只得放弃追歼，组织救火和开监狱救人的工作。

数天之后，随着南昌起义部队南下，向先鹏等共产党人被迫再次离开都昌。反革命分子栽赃陷害，将烧城之责推到向先鹏等人的身上，一直上告到南京，以致向先鹏遭到全国通缉。抓不到向先鹏,他们又去向家敲诈勒索,逼着他母亲卖掉了乡间大部分田地,将卖田款一千两百块银圆尽数劫去。

离开都昌之后,向先鹏辗转寻找组织,在南昌接上关系,被省委分到赣东北特委。1928年7月,向先鹏受命任中共鄱阳县委委员兼共青团鄱阳县委书记,负责学生运动。

1929年7月12日,向先鹏与中共鄱阳县委书记刘聘三一道去鄱彭边区参加一次党的联席会议,结束会议返回时,不幸在响水滩分水岭与当地反动靖卫队相遇,二人被作为"共党嫌疑"逮捕。虽遭吊打踩杠等酷刑拷讯,但二人死死咬住牙关,不吐真情。敌人无奈,便将他们送到县城,在县监狱又审讯了两个多月,仍然问不到名堂,遂给他们戴上脚镣手铐,把他们递解到省城,将他们关进了南昌卫戍司令部茅家桥监狱。听到儿子出事,向母心急如焚,将家产变卖殆尽,托人去南昌营救。幸得向先鹏父亲的朋友余球出面保释,同年12月,向、刘二人被营救出狱。1930年2月初,向先鹏去了上海。这时,刘越正在上海法南区任中共区委宣传部部长,向先鹏通过他与中央接上了关系。中央考虑到江西各级组织被严重破坏,亟待恢复,要他仍返江西工作。向先鹏接受任务后,于3月下旬赶到代省委的九江中心县委报到,在那里,又受命回都昌重建组织,并任中共都昌县委书记。

不久,中共都昌县委重新建立起来,书记为向先鹏,委员有刘书钟、谭绪腾、吴先钊、谭绪疆、刘书富、向尧。县委决定,以武装斗争为工作中心,尽快建立一支由县委直接领导的武装队伍;尔后以老屋为中心,逐步建立巩固的根据地和开展苏维埃运动。新县委建立后,向先鹏挑选了刘龙嗣等十来名年轻力壮的小伙子组织了一个精干的特务队(又称"敢死队")。到4月间,队伍就发展到三十余人了,特务队也改称"中国工农红军都昌游击队"。

在县委的号召下,以老屋为中心的方圆三四十里范围内的农民很快行动起来,秘密组织了赤卫队。4月底,赤卫队就发展到四百多人。5月4日晚,县委于老屋村后山上的回声洞窑里召开会议,决定于次日拉开春荒斗争的序幕。到会同志摩拳擦掌,提出首先从茅垅开刀。

当晚,县委决定通过秘密赤卫队员四下传递消息。次日清晨,汪墩、新妙、徐埠等乡的农民挑箩推车从四面八方涌向茅垅。灾民在游击队的带领下冲进"五老虎"家里开仓挖谷,"五老虎"破口大骂。负责指挥"借粮"的刘书富气愤不过,就叫几个游击队员将"五老虎"中的谭洪环、谭洪干、谭绪鑫、黄爱兰(谭洪楼老婆,谭洪楼自己见势不妙,逃走告状去了)绑了起来,往老屋村送去。

在群众斗争热情高涨的情况下,向先鹏临时找县委成员开了个会,然后立即打起红旗,又涌向茅垅、汉先、排门等村打大户。

茅垅暴动震惊了敌人。驻在左里的刘逊桥的县警察大队二分队长董政闻报,立即于次日率队赶来镇压。向先鹏根据敌人有三十多支枪而我方只有六支可打响的枪的实情,连夜指挥游击队和赤卫队制作了一门松树炮,搜集了几把土铳,找来了不少洋铁桶、爆竹、铜锣、红布手巾,悄悄布置在向道山村后的糊泥岭上,发动上千名农民群众助威。7日上午,董政率队从糊泥岭下的怡公塘垅里过,只听山上一声"炮"响,锅铁、瓷片遮天盖地,顿时不要命地转身就跑。这时,向先鹏身先士卒,率领游击队、赤卫队和上千名助战群众,提着土铳,扛着松树炮,拿着锄头扁担,随后就追。董政夺路逃命,跑到汪墩渡口,抢了条船过了河。由于惊慌失措,董政还将两个警察挤下,导致他们淹死在了汪墩港里。董政一直逃到了县城,国民党县政府慌成一团,一连三天不敢打开城门。

斗争的胜利极大地振奋了群众的情绪,新妙、徐埠等与汪墩相邻的地区也相继掀起了"打土豪分田地""平债废契""建立苏维埃"的暴动。江西省委对都昌迅速发展的形势非常满意,于同年5月20日向中央报告了都昌的情况:"都昌……发动了成千上万的群众分粮和没收土地的斗争,而且开始了游击战争。"面对这一切,向先鹏心潮澎湃,他深切感到,农民们反抗之激烈在于他们受压迫程度之剧烈。他在给一个同志的诗中写道:"万恶劣绅合土豪,民脂吸尽吸民膏,愤情诉与溪流水,汇入江湖掀怒涛。"

茅坜暴动以后,他集中力量抓了两方面工作,一是派遣有丰富斗争经验的同志迅速到大革命时期有良好基础的地区如大沙、左里去发动群众,伺机发动暴动;二是调整作战方式,不固守一地,灵活运用游击战的战略战术,和敌人兜圈子、捉迷藏,并加强与湖口游击队的配合和相互支援。5月14日,向先鹏亲自带领游击队和部分赤卫队员与湖口游击队协同作战,一举攻克距九江仅五六里的沽塘海关。6月3日,向先鹏又突然出现在苏山李家排,并根据群众要求,处决了罪大恶极的反动地主李孟芳和李咸舜。6月4日,向先鹏率部在茅坜村北的千公塘同九区靖卫团陆士郊部打了一个遭遇战,打得陆士郊匆忙下马逃窜。待陆士郊缓过气来寻找游击队时,游击队已不知去向。数日后,向先鹏又带着游击队活捉了前寻邬县县长程璜,并罚了他家的款。

红军游击队神出鬼没,土豪劣绅惊恐万状。国民党都昌县政府为对付这支队伍,不仅调动了警察队、靖卫团,而且在各区乡建立了守望队,在各村庄收买地痞流氓做暗哨,组织了严密的情报网络。

1930年6月23日凌晨,茅坜方向突然传来枪声。原来,22日,国民党县政府已密令警察一、二分队及九区靖卫团、各区守望队由水陆分五路向老屋村一带进发,攻打游击队。向先鹏率游击队边打边由前头铺村后上山钻林子。从枪声判断,敌军有数百人,向先鹏严厉命令刘龙嗣速带部队钻林子突围,他负责断后。天快亮时,向先鹏找到一个起了坟的废坑,隐蔽了起来。

没想到天放亮后,敌人踩山搜查,向先鹏不幸落入魔掌。

靖卫团有人认出了向先鹏。陆士郊喜出望外,亲自端来一盆水,说:"你不姓杨,你姓向,我认得你,请先洗把脸。"接着,陆士郊问:"向先生,你有几多人?几多枪?"向先鹏不冷不热地回答道:"我们的枪除了你的就是我们的。我们的人打开眼睛一个都没有,闭上眼睛到处都是。"说完,他指了指屋外被绑的七个赤卫队员,问陆士郊:"你捉这些农民做什么?你的兵就只能捉老百姓?"陆士郊半信半疑,但为了讨好向先鹏,就命令士兵把抓去的那七个人放了。两人舌战了半天,陆士郊看问不出名堂,就带着向先鹏去了徐埠团部。在徐埠,陆士郊又专门设宴为向先鹏"接风",想再劝降,终无法让这个年轻人屈服。

向先鹏被捕的消息很快就传开了,革命群众无不焦虑万分。汪墩、徐埠、左里、新妙等地的群众纷纷秘密串联,计划武装攻打徐埠,救出向先鹏。

听到风声,陆士郊慌忙将向先鹏于7月4日傍晚从小路秘密解送到县。

当晚,县长石铭勋又将向先鹏"请"到他的办公室,劝降一夜,可向先鹏抱着宁死不屈的决心,对石铭勋的废话干脆不予理睬。石铭勋自知无趣,又担心留下向先鹏夜长梦多,便决定清晨就将向先鹏处决。

7月5日清晨,敌人趁黑将向先鹏押往大东门刑场。至城门口时,石铭勋又派他的秘书拿着纸笔专程赶来。秘书对向先鹏说:"向先生,只请你写上一句'今后不再为共产党做事',我们还可放你。"

向先鹏一把将那纸撕得粉碎,厉声说道:"你告诉石铭勋,共产党不只向先鹏一个。"说完,向先鹏喝令卫兵打开城门,转身朝刑场昂首走去。牺牲时,向先鹏年仅二十三岁。

中共乐平县委书记黄徽基

邵天柱

黄徽基,又名飞车,小名水生,1906年出生于都昌县城金街岭黄家。1921年,母亲送他到县立高等小学读书。入学后,他成绩优异,深得他的老师刘肩三喜爱。在刘肩三的教育之下,黄徽基热心社会变革。通过多次下乡对社会进行考察,他看到工农劳苦大众痛苦不堪的生活,立志同老师一道为铲除社会不平等现象而做毕生努力。1924年,黄徽基在县立高等小学毕业后,即被留校做教员。

1926年初,共产党员刘越被中共江西特支委派来都昌创建中共党团组织。黄徽基经刘肩三介绍,结识了刘越,并被发展为中国共产主义青年团团员。

1927年,黄徽基由共产主义青年团团员转为中国共产党党员。1月,中共都昌县地方委员会成立,他当选为中共都昌地委委员。5月,根据党章,地委改为县委,黄徽基任县委委员。5月,黄徽基作为都昌代表之一,出席了在南昌重新召开的国民党江西省第三次代表大会。会上,他愤怒谴责了蒋介石及国民党右派背叛革命的行径,表示要坚决与之斗争到底。会后,黄徽基仍继续留在南昌学习。6月5日,朱培德在南昌"分共",黄徽基方被迫结束学习返县。

为了尽快赶回县参加新的战斗,他特地搭车到马回岭,尔后步行经九江、湖口至都昌,谁知刚赶到湖口流芳,即被都昌的反革命分子截住。爱子被捕,与黄徽基相依为命的母亲万分焦虑。她不惜变卖家产进行营救,以致被反动派勒索去一百多大洋。黄徽基被"取保"释放后,为安慰慈母,遵老人家之命到乡下姐姐家及黄家四十八屋暂避了二十余天。他为了革命,恳求母亲允许他出去寻找组织,深明大义的母亲只得挥泪放行。

得到母亲允许后,黄徽基立即启程。他在南昌寻找组织无果后,又风尘仆仆赶赴上海。途中过南京,他想到慈母的一片爱心,特地拍了一张照片,并题诗一首于照片后,向母亲表白自己"忠孝不能两全"之心:

懒作返家梦,分成身外身,

愿随征雁去,朝夕待慈亲。

同时,他还寄信一封,要求母亲以爱子之心爱天下劳苦大众。当时,他母亲已为他定了一门亲事,女子叫王荷兰,是个端庄贤惠的姑娘,母亲和他本人都很满意。可是黄徽基想到自己已献身革命,牺牲是随时可能的事;纵不牺牲,也将萍踪不定。为不误人终身,黄徽基在信中要求母亲说服王荷兰解除婚约。深明大义的母亲和王荷兰的奶娘只好含泪照办。

到上海后,黄徽基于1927年9月被中央选派去苏联学习,但不久因国内急需干部而被召回。1928年秋,黄徽基被组织调到设在景德镇的中共江西东北特委工作。这年重九登高之日,他还在景德镇南郊沙陀山上主持召开了一次党的会议,在会上着重研究了在赣东北地区组织农民开展秋收斗争和在景德镇组织工人开展年关补贴斗争等事项。同年冬,黄徽基奉命去鄱阳康山创建党的组织。1929年1月,黄徽基又被改调乐平,任中共乐平县委书记。

到乐平后,黄徽基在街上开设了一个小杂货铺,有时还肩挑杂货担下乡叫卖,以掩护自己开展工作。当时,乐平紧邻赣东北革命根据地,敌人驻有重兵,对一切革命活动的防范也极为严密。可黄徽基早已置个人生死于度外,毫不畏惧地为党的事业而奔波。他的工作对次年根据地迅速发展到乐平并于乐平创建中国工农红军第十军打下了坚实的基础。

1929年冬，由于叛徒出卖，乐平县委机关遭到了破坏，黄徽基也被县反动当局逮捕。他起初被关押在乐平监狱一所，反动县长知道他是县里共产党的负责人后，特地请来一些与黄徽基相熟的人前来劝降，可黄徽基丝毫不为所动。敌人无奈，又把他押解到县监二所，要他指认政治犯中的共产党人和干部，黄徽基仍然无一字奉告。敌人无可奈何，就对他施以酷刑，可还是无法撬开这个年轻的共产党人的嘴。

乐平的反动派对黄徽基毫无办法，只得把他上交到南昌卫戍司令部，把他关押在卫戍司令部监狱。在那里，他也没有给敌人留下一个字的口供。红一军团于1930年7月31日打到南昌北郊牛行车站，并于8月1日隔江鸣枪举行示威。当晚，黄徽基与狱中的共产党员听到红军的枪声，不约而同放声高歌红军胜利，反动当局惊恐万状，立即下令"清狱"。8月3日凌晨，黄徽基等三百多名革命者被分别押上十几辆大车从容赴难。刽子手张辉瓒为灭迹以掩盖罪行，将烈士尸体装入麻袋，从德胜门处抛进了赣江。赴难时，黄徽基年仅二十四岁。

统计专家刘轶

刘友松

刘轶,号筱超,别号南溟,都昌汪墩乡老屋村人。其父刘书桃曾在景德镇经营瓷业,资产比较丰厚。刘轶大学毕业后,于20世纪20年代末30年代初自费赴法国巴黎留学八年,获巴黎大学统计和哲学博士学位。其夫人程琇同时留学法国,亦获法学博士学位。法国留学期满后,1934年,刘轶偕夫人回国,到景德镇省亲,受到刘姓籍人的隆重欢迎,曾轰动昌南,被称为"'洋状元'游街"。刘轶后受聘担任国民党中央政治大学、中央大学教授。

1919年,在南昌读书的刘轶和都昌的同学石廷瑜、熊国华等发起、组织了江西最早的革命团体——鄱阳湖社(后改为"改造社")。他们接受并传播民主革命思想,是都昌最早涌现出的一批敢想、敢说、敢为的先进知识分子。

1939年,江西省政府成立了统计处。刘轶用其所学,服务于当时学术界建议的振兴国家的财经、防止贪污的超然主计制度,即国家的岁计、会计、统计工作超然于政府之外,自中央到地方自成一个独立系统,各级行政官吏不能干预。江西主计制度中的岁计(即政府预算)、会计两项工作于1937年开始创建,由江西省会计长主持,而政府的统计工作还是缺门。刘轶首先延揽他在大学时熟识的受过统计专业训练的有志于统计事业的学生,充实省统计处,继而设立统计人员训练班,培训中层人才,建立省、县、特各级统计室,主持设计公务统计方案,使政府各部门一切公务和会计账表一样,有原始记录,有簿籍可查,有统计表上报。他在江西主管统计工作整整十年，直到1949年上半年以统计专家身份调任中央主任部主任官为止（国民党时代最高主计机构为中国政府主计处，抗战胜利后不久改为主计部，隶属于行政院，主计官相当于部的次长）。他的统计工作使江西省有了一套较完整的社会经济统计资料。这些资料被存放于各级政府部门，在中华人民共和国成立之初的生产建设时期也发挥了重要作用。抗日战争胜利后，刘轶及时发起了一项规模很大的江西省抗战损失调查，并将调查结果集印成册，以备向日本索赔之用。他又派史家麟、刘友松、萧承宪到景德镇搞瓷业调查，为时两月，写成了详尽的瓷业调查报告，供政府振兴景德镇瓷业之用。

1947年9月6日，联合国统计会议在华盛顿举行，第二十五届万国统计会议同时举行。刘轶是接到美国总统府办公室及万国统计协会主席司徒莱士的专函邀请出席的。参加这次世界统计会议的是六十二国政府代表和各国统计专家。8月下旬，刘轶赴南京，后因出国手续赶办不及而留在南京撰写论文，写好后寄往华盛顿世界统计会议以供宣读。

刘轶最尊敬老师，尤其是启蒙老师。他从法国留学回来以后回到都昌家乡，首先就到他的启蒙老师刘北垣老先生家，拜奠于先生灵前，并亲自做了一副很长的挽联："五大洲战祸方张，先生道德文章，典范犹存民所赖；二十年师恩永念，此日服公驻役，浣尘问政我何从。"

1934年，刘轶曾被派为江西省政府行政检查团团长，来浮梁专署和所属各县检查工作。到景德镇时，他把父亲所经营的瓷业生意托付给刘北垣先生之子刘经诒经营。他对刘经诒说："你出人力做经理，我出窑屋、坯房，我们合伙经营刘和丰瓷号，赚了钱三一分红。你得三分之一，我得三分之二。"他这样做，一是能继续维持他父亲的生意，二是出于对刘北垣先生的尊敬，三是刘经诒为人忠实可靠，所以"刘和丰"这块招牌一直做到中华人民共和国成立后公私合营对资改造为止。

1949年初,江西省统计处与会计处合并成立主计处,主计长由省会计长担任,刘轶则从南京到香港九龙,在大学里教书,不久又去了台湾的大学教书。之后他著了一本关于统计方面的专著在国外出版。1976年,刘轶病逝于台湾,终年七十五岁。据悉,他在遗嘱中留言:遗著版权及一部分抚恤金捐赠给某大学作为奖学金,其墓碑要刻"都昌刘南溟之墓"。他夫人程琇现在美国他儿子刘云韶处居住。刘云韶曾于1985年随美国代表团一行十三人来景市,并会见了其叔叔刘南浦和表姑等亲属。

中共都昌党组织的创建人之一刘一燕

向法宜

刘一燕原名越,字肖石,号异生,幼聪慧,有辩才,人惊其异,故号异生。1927年"八一"起义之后,刘越遭国民党通缉,改名"晓白",流亡上海后改名"刘一燕"。

刘一燕生于1905年,是都昌县汪墩乡老屋村人。他尚在襁褓中时即丧父,靠母胡菊秋抚养长大。其母系同邑清内阁中书胡廷玉之长女,通经史,擅诗文。刘考入江西省立第一师范后,与冯任、邹鲁、曾天宇相友善,深受其思想影响,后于1923年加入中国社会主义青年团(后改为"中国共产主义青年团")。他于1925年秋毕业。8月17日,他由赵醒侬介绍赴广东农民运动讲习所第五期学习,亲聆毛泽东教诲,并加入共产党。学习期满后,他被派回江西开展党的地下工作,组织农民运动。

1926年1月上旬,江西地方执委会派刘一燕到景德镇协助建党工作。是月中旬,中国共产党景德小组成立会议在景德镇南山沙陀庙召开,参加会议的有周翰、向法宜、姚甘霖、何燮、刘一燕五人。会议由刘一燕主持,讨论了党的任务、组织原则、组织纪律等问题。会议强调铁的纪律:个人服从组织,少数服从多数,下级服从上级,全党服从中央。会议还研究了当时的形势,党的组织建设以及开展工人、农民运动等问题。会议决定由向法宜担任党小组组长,由何燮负责团的工作。

当时,刘一燕还参观了平民夜校,并讲授了一节课,内容为劳动人民为什么会穷。他盛赞平民夜校办得好,应向各地推广,嘱多办几所。

是年暮春,刘一燕奉命赴都昌创建党组织。到达老屋村后,他认为向家山地形险要,是革命最好的根据地。这时,乡间许多知识分子听说刘一燕从广东革命策源地归来,竞相前来问讯。老友刘肩三、王叔平更迫切地找他交谈。他们见面,无比高兴,通宵达旦,谈个不休。刘把毛泽东教导的中国革命的大道理以及他在农运讲习所学习的心得体会全都告诉了他们,并介绍他们参加共产党。随后,他们建立了共产党小组,刘一燕为组长。这是都昌第一个共产党小组,成立时间是1926年4月间。该党小组直属江西地方委员会。

党小组成立后,刘一燕等人立即活动起来。他们的工作是从各人的出生地开始的。刘一燕在老屋刘村、向家山、茅垄谭家、园岭郭家、庄田黄家、桥头向家、新屋里、上下柴舍、向道山、向家畈、刘黄舍一带活动;刘肩三在后垄、镜港、端甫、刘朱畈、益溪舍、戴家一带活动。工作从探亲访友开始。他们在乡村开办了平民夜校,在讲课中宣传思想、组织群众。不久,平民夜校由乡村发展到县城,党的工作又向县城扩展开来。

刘一燕通过社会上的一些关系,吸引了黄梦华、徐伯璋、刘英甫等一批有社会声望的青壮年知识分子,后来他们三人都成了都昌国民党的中坚。刘梦松(即刘适中)、向葵、谭莺初、刘鑫等成为共产党、青年团的骨干。扩展到县城后,党组织有了发展。1926年5月,党小组扩大成立支部。刘一燕任支部书记,刘聘三负责组织工作,刘肩三负责宣传工作。1926年11月中旬,北伐军光复南昌,革命在全省范围内取得了胜利,结束了军阀在江西十三年的残酷统治。消息传来,人民欢天喜地,结队游行,高呼"打倒军阀!打倒帝国主义!国民革命胜利万岁!"随后,中国国民党都昌县党部成立。经党支部决定,刘一燕等七人组成执行委员会,其中,刘一燕为常务委员,其余六人分兼部长,即刘聘三兼组织部部长,刘肩三兼宣传部部长,陆锡我兼农民部部长,周宇宁兼商民部部长,王叔平兼工人部部长,向先鹏兼青年部部长。陈壁为妇女部部长,刘英甫为秘书,他们二人均未兼执委。

1927年1月,党代会秘密召开,决定成立中共都昌县委。刘一燕、刘聘三负责组织工作,刘肩三负责宣传工作,他们与陆锡我、王叔平、向先鹏及技术书记刘梦松组成县委领导班子。会议同时决定成立团委会,属县委领导,由向先鹏、余激负责团的工作。党和团的会议是在向先鹏家秘密举行的。

刘一燕为了武装干部的头脑,使大家更好地完成任务,秘密主办了一期干部短期训练班,选定县城东门外苗圃做班部。他结合本县实际情况,将在农运讲习所学习的内容深入浅出地介绍给学员们,同时反复指出农民革命必须反帝、反封建和打倒贪官污吏、土豪劣绅,并说明农民和工人必须结成同盟,革命才能彻底胜利。训练班还印发了革命理论宣传文件和《国际歌》《国民革命歌》,并教大家唱革命歌曲。参加学习的个个精神振奋、斗志昂扬。有一位老秀才叫刘世艺,是刘一燕的老师。他倾向革命,不以老迈自恃,步行数十里赶来听课。参加这次训练班的有五十余人。学员结业后,刘一燕根据不同的对象和表现,将他们分别发展为国民党员、共产党员、共青团员或是跨党人员。

接着,农民协会、总工会、商民协会、妇女协会、学生联合会等群众组织也在县城相继成立。在县城群众组织发展的高潮中,广大农村的群众组织也蓬勃发展起来,特别是农民协会,分区分乡如雨后春笋般发展起来。有组织的群众势如燎原,向封建土豪劣绅开展猛烈的斗争,豪绅被打得狼狈不堪,到处逃跑。农民协会成了乡村的权力机关,"一切归农民协会"。例如,县城劣绅余云谷有几个儿子,有的是县城教育界里的恶棍,有的在外当县官。余云谷仗势胡作非为,群众恨之入骨,给他戴上高帽子游街,沿途高呼口号:"打倒作恶多端的余云谷!"又如,在乡村有权势的刘修吾倚仗封建家族势力横行霸道,无恶不作。他在清朝得了个"孝廉方正"的称号,农民便给他编了顺口溜:"孝不孝？双脚对着爷娘跳！廉不廉？棺材里伸手死要钱！方不方？谷掺老糠！正不正？进出两把秤！"这个顺口溜将刘修吾骂得痛快淋漓,说明农民对他深恶痛绝。他听说县城闹得满城风雨,自己即将大祸临头,被吓得东逃西窜,无容身之地,后逃往大城市藏身。

1927年2月21日,江西省召开省农民代表大会。刘一燕先期召开县农代会,选举出周宇宁、刘述尧、王宗唐、戴熙广、向葵、刘书炳、刘丰出席省农代会。在省农代会选举中,戴熙广当选为省农协会委员。大会代表回县后,立即下乡传达省农代会的精神,并掀起了打倒土豪劣绅、实行减租减息政策的高潮。同时,妇女协会也趁势发动妇女剪发放脚。当时有些地方在反革命分子的煽动下出现了抵抗行动,特别是左里、维新等乡,反动派气焰嚣张,王宗唐、蔡在启、赵敬绪、马辉启等七人于金沙庵同时牺牲在敌人的屠刀下。

在这期间,上海爆发了"四一二"反革命政变,赣州爆发了枪杀共产党人陈赞贤的事件;毗邻都昌的永修爆发了反革命暴乱,反革命分子用火围攻正在开会的农民,把他们全部烧死。都昌的反革命分子亦蠢蠢欲动。县商会会长吴秋阳、县稽征处负责人江晓初、钱粮柜负责人邹炳生、小学校长周新亚、县自卫大队副队长刘天成等秘密活动,乘时局动乱,于"八一"起义前十六天引发骚乱。

当时的县长谢宝树是国民党左派,是亲共的,立即逃往吴城。刘一燕在这关键时刻紧急通知刘肩三、刘聘三等一起赶往吴城,和谢县长一起商讨对策。没有逃脱虎口的陆锡我遭鞭笞至肉绽,王叔平遍体鳞伤。随即他们也逃到吴城与刘一燕等会合。遭到毒打的县乡干部还有不少。适时,省委派向法宜到都昌工作,向法宜和他们相遇于吴城。刘一燕对向法宜交底说:"谢县长已在吴城借武装水警队队员数十名同我们去都昌捉拿叛乱分子。"他还吩咐向法宜:"你从北庙湖入境,昼伏夜起,赶往老屋村,发动向家山农民武装包围八大房驻军(刘天成部),迫其缴械,预料水警队进城时你们立即行动起来,不可早也不可迟,要与城内的刘垣联系,以便与水警队统一行动。"刘一燕这一军事部署是够精明的。向法宜依照吩咐,在老屋村会见刘书炳后立即组织农民积极分子五十余人,准备了梭镖、大刀、抬炮、鸟铳、打棍等武器,待机暴动。7月30日晨,得到刘垣传来的刘一燕等与谢县长进了城、刘天成带队逃脱的消息,大家立即行动起来,以刘书炳为队长,以刘龙嗣、向炳发、向源与为先锋,前往汪墩,包围八大房,缴获步枪十几支、梭镖百多支,并当场捕获了劣绅刘宾辉和"饭甑"。此次行动的目的是捉刘天成而非其他人,所以将他们都放了。这是都昌的第一次暴动,虽然未成功,但也收到了鼓舞群众、锻炼队伍的效果,为以后的暴动做出了榜样。

两三天后,"八一"起义的消息传来,谢宝树带着水警队逃走了。县委的同志星散,光杆子的县委书记刘一燕只好回到刘老屋村和向法宜商谈,决定让向法宜去南昌找组织请示方针。谁知向法宜去后无人可找,茫然而归。这时,乡村里的反动气焰一天比一天高,乡村已不可能再待下去。向法宜既得不到组织指示,又不敢自由行动,无可奈何,只好藏在一只小渔船上。为了能继续发挥党组织的作用,他秘密通知刘垣、吴士衡转告刘梦松,让他隐蔽在县城负责恢复党组织活动。向法宜他们乘坐的渔船的主人也是自己的同志。他放弃捕鱼,在鄱湖里东游西荡,以避免被敌人发现。向源显(向法宜的叔父)被安排做耳目,打听外面的消息。他还不时地给同志们送来米、油等食物,同志们内心无限感动。戴熙广后来也来了,住了一段时间。这里简直和外界隔绝,打听不到党的消息,大家只有向天长叹:"党啊,您何时召唤我们?"大家最后认为,唯有去上海这一条路,唯有到那里去才可以找到党中央。但他们不敢从九江上江轮,只得从湖口搭小轮到安庆再转大轮去沪。戴熙广表示:"我是庄稼汉,不去上海,还是回家去种田。如反动派注意到我,那就再做打算。"分别时,大家流泪不止,不尽依依!从此大家就再也没有见到过他了。后来邹武军说:"他在红十军当营长,十分劳累,积劳成疾,不治而逝。"同志们舍渔舟而登上湖口的小轮时与渔船主人告别,对他表示了诚挚的感谢。船主不顾自己家人的生活,放弃捕鱼达两个月之久,一心帮助同志们脱险,表现了共产党人的高尚品质。

到安庆登上大轮时,他们碰见了王秋心,相约同去上海。到沪后,他们同住在英租界里。不久,邵式平、胡德兰也来了,他们的住处相隔很近。他们经常见面,后来到赣东北和方志敏一起干革命去了。

在向法宜等去上海之前,向源显把一支驳壳枪送给了石廷瑜,石廷瑜则给了向法宜两百大洋做旅费。后来,在与邵式平分别时,向法宜告诉他,石廷瑜是他的好友,找他就可拿到枪。中华人民共和国成立后,邵式平谈起此事,甚感石廷瑜待人诚恳。

刘一燕、向法宜等在上海住了几个月,恢复了组织关系。其时他们能学习,有报告听,还有游行集会的活动,过去沉闷的空气为之一新。这时,他们的住处也从英租界迁到了法租界。

刘一燕靠写文章赚稿费维持生活,他的文章在学生杂志和《东方》杂志上发表过不少;向法宜则靠在太平洋通讯社做新闻记者的工资生活。两人同住在一个亭子间里,相依为命,收入互相补充,也还过得去。

刘一燕和徐鹤年结婚后负担加重。他一度到安庆就业,后因党组织遭破坏回沪。他和肖盟泉合资在海格路海格里开了一家小纸烟店,本小利微,勉强维持生活。这个店对革命活动起了不少作用,冯任、向先鹏、刘肩三、刘聘三、谭和、刘适中、向葵、洪都等都到过这里,有的还住了下来。尤其是在抗日战争时期,店徒郭妙根(即郭维琛)在刘一燕的帮助和培养下参加了共产党,并积极从事地下工作。他在解放战争期间立了功,中华人民共和国成立后当了上海公共汽车交通公司四厂党委书记。

1929年,刘一燕先后在上海泉漳中学、浙江湘湖师范教书,颇有声誉。

1931年,他的学生金步墀在广东惠阳平山乡村师范任校长,便介绍刘一燕任象山乡村师范的校长,后来,平山乡村师范教员肖盟泉因共产党关系被捕牺牲,刘一燕因系肖盟泉的介绍人而被判刑九年四个月。刘在狱中去函上海,要求向法宜去惠阳营救。向法宜感于情义难却,不畏案情牵涉,慨然赴惠,向校董会恳切陈词,设法营救刘一燕出狱。校董事会中不乏慷慨仗义之人,他们愿意解囊相助。向法宜遂向校董和在校教员以及社会上的同情者集款两千元用以活动。谁知无济于事,白白浪费了两千元,因而社会上对此事深表愤怒,社会舆论对刘一燕更为有利。这感动了有权势的校董叶敏予。他函请汕头绥靖公署军务处处长陈师,陈师设法平反,刘一燕终被改判无罪而被释放。当时为了寅缘人事关系,向法宜曾请在广州避难的以画瓷谋生的同志朱省吾画了三幅瓷画送给陈师。其时其地,朱省吾的如此义举实为难能可贵。

问题解决后,刘一燕还在象山乡村师范教了两年书。他采用陶行知方式教学,还办起了生产合用社,饲养鸡、鸭、兔、蜂,深得进步人士同情。后学校因无法立案而停办。

刘一燕从广东回到上海时,抗日战争已临近,无书可教。两年后,居住也成了问题,刘一燕便携妻室儿女绕道浙江回到江西。这时已是1940年了,正值蒋介石积极反共。他回来后,徘徊于革命和经商之间。正在犹豫之际,经刘九峰介绍,刘一燕到设在景德镇的第五行政专员公署第三科(教育)任科长,专员是邓子超。1944年,邓子超将浮梁县县长王伯恭拘捕,派刘一燕暂代浮梁县县长职务。一个月后,刘一燕又被邓子超调回专署继续任第三科科长。他曾表示:"我是老党员,我将怎样向党交代?我想从教育事业着手来表明心迹。"于是,刘一燕在1945年创办了静山中学,自任校长;又创办了天禄小学,并几经周折才得以让老同志刘适中当校长,他当董事长。

1947年,各民主党派纷纷在江西建立地下组织,向法宜以省民盟特派员的名义来到景德镇。1948年7月,向法宜介绍刘一燕、何燮、余立权入盟并建立民盟地下小组。地下小组直属江西省支部,刘一燕为组长,余立权任组织委员,何燮任宣传兼军事委员。

其后,景德镇民盟组织成员为配合中国共产党领导的军事行动,积极开展"三反一拥"活动,并秘密进行策反起义。刘一燕利用各种因素,首先通过老友刘适中转知刘贤伟(县府直属分队长),再分别通知唐一虎(专署一中队长)、丁爱华(专署二中队长)及在乡各队长如江浩、彭培生、余祖海、张洪泰等准备起义,以活捉专员许鹄、县长张浩若来迎接解放军。刘一燕原本得到的内部消息是解放军拟于长江水浅的秋天过江,不料4月21日百万雄师即横渡长江。同月29日,景德镇解放。由于解放军渡江神速,景德镇民盟组织兵变的计划未能实现,但由何燮负责联系的浮北区区长王同宇(曾任邵式平交通)与镇分所分队长汪怀义缴了二百几十支枪。民盟组织的地下活动至此结束。

中国人民解放军进军大西南时,刘一燕介绍了大批学生和社会知识青年参军,在工作中做出了应有的贡献。

1950年7月,江西省委统战部通知刘一燕和何燮作为省人民代表参加江西省首届各界代表会议。会后,刘一燕和何燮回景德镇召开了景德镇市第一次盟员代表大会,成立了第一届委员会。会上,刘一燕被选举为主任委员,并先后兼任市政府民政科科长、建设科(后改局)科长(局长)。刘一燕任建设局局长期间,工作不遗余力,对市区做了初步的全面规划,彻底重修了中渡口浮桥,还进行了农田水利建设,所做出的工作成绩至今口碑载道。

他还担任过江西省第三届特邀人民代表,景德镇市第一、第二、第三届政协副主席。他的工作重点在建设局,民盟的工作多由秘书主任何燮负责。

1957年,在党的整风运动中,刘一燕被错划为右派。在"文革"期间,他又受到冲击,被迫害致死。后来,幸得党中央英明决策,刘一燕得以得到彻底平反。

刘一燕同志为人外圆内方,顺时而不易其志,履险而不变其节。他革命的一生可概括为三个阶段:在大革命时期,舍身为党工作,在景德镇和都昌创立了党的地下组织,并在都昌领导工农群众开展了一系列的反帝反封建斗争,为都昌后来的土地革命奠定了基础;在蒋管区期间,投身于教育事业,并从事民盟地下活动,实行"三反一拥",迎接解放;"文革"时,献身保卫党,抗击暴戾的"四人帮",成为当时的叛逆者。刘一燕为天地存正气,为历史留功绩。

中共都湖鄱彭中心县委书记田英

罗水生

田英,原名黄万生,又名黄水泉,1909年农历正月初五出生于乐平县镇桥乡坑口黄村。黄万生童年时,其母改嫁于余家村客姓胡水仂,黄万生遂改名"胡万生"。他1927年参加革命,1928年加入中国共产党,1929年到乐平煤矿开展工人运动,先后任乐平县总工会常委、闽浙赣省雇农工会委员长、中华苏维埃共和国中央执行委员。1934年5月,田英随柳真吾同志来到都湖鄱彭地区,担任少共七县中心县委书记。1935年6月,根据闽浙赣省委书记

田英

黄道的指示,都湖鄱彭中心县委在大港望晓源成立,直属省委领导,田英担任书记。都湖鄱彭游击大队同时成立,田英兼任政委,匡龙海任司令员。这一年,游击大队接连在都昌、湖口、鄱阳、彭泽等地打了几次胜仗,扩大了根据地和游击区,引起了国民党反动派的极度恐慌。国民党为此加派重兵,在根据地构筑碉堡、"移民并村",妄图把游击大队困死、饿死。这是都湖鄱彭三年游击战争最艰苦的时期。10月,田英审时度势,果断地率领游击队主力跳出包围圈,转战婺源、乐平一带。1937年4月,田英得知国民党三十六旅被调走了,便又打回都湖

鄱彭根据地（此时匡龙海已牺牲了），摧毁敌人碉堡，动员青壮年参加游击队，接回被迫移走的群众。在敌强我弱的情况下，田英充分发挥地下党组织的作用，进行分散、隐蔽、灵活的游击战争，避实击虚、机智巧妙地消灭敌人。田英和游击队员们与根据地人民亲如一家，和他们一起参加农业劳动，用打土豪得来的钱物帮助群众解决生活困难，受到了根据地人民的热爱和拥护，游击队也获得了很大的发展。1937年12月，田英带领二百五十余人的队伍离开了都昌曹百四村，开到浮梁瑶里改编为由中国共产党领导的江西抗日义勇军第二支队第一大队，后在安徽岩寺改编为新四军一支队二团三营七连。田英同志遵照陈毅同志的指示，于1938年1月下旬带领短枪队回到都昌，在大港街设立新四军驻都昌留守处，广泛宣传党的抗日民族统一战线政策，团结爱国人士，为支援新四军抗日筹集资金。谁知4月6日晨，新四军驻都昌留守处被都昌和湖口的国民党反动派包围，留守处七位同志全部被害。在大港狮子山下，田英同志英勇就义。随后，《新华日报》发表消息和社论，对田英同志的被害表示沉痛哀悼，对国民党反动派破坏抗日统一战线、残害共产党人的暴行表示强烈抗议。

红十军代军长匡龙海

罗水生

匡龙海,贵州人,早年因家贫被抓壮丁而入国民党军队。1928年年底,他在江西德兴磨角桥率一连人起义,参加中国工农红军。1929年,他加入中国共产党,历任红军十四团二连连长、红军独立第一团团长、红十军第七旅旅长、红十军代军长、参谋长、皖赣特委委员、皖赣红军独立师师长。1935年,匡龙海率部分红军突破国民党军队重围,来到武山东部的都昌大港望晓源与柳真吾、田英会合,后任中国工农红军都湖鄱彭游击大队司令员,进行了三年艰苦卓绝的游击战争。1937年2月,他和田英一道率游击大队主力转战婺源、祁门、浮梁、东至、太平,在战斗中牺牲。

远征军少将总指挥吴击楫

吴柏初

　　吴击楫，都昌县汪墩乡石树村人，生于1908年10月。他十二岁失怙，此后便和母亲相依为命。他少时就读于汪墩小学，继而上中学，二十岁时考入黄埔军校第六期，三年后毕业，遂开始军旅生涯。1931年，他加入中国国民党，成为正式党员。他曾作七律一首，以纪念军校毕业分配工作，诗云："离别家乡作远游，抱囊负笈走江洲。中央颁令将军练，志士从戎把笔投。三载学成认马革，一朝提用试牛刀。共亡有责无旁贷，天下风云事可筹。"1933年冬，军次信阳州时，因当地办有日本补习夜校，他为求更多的知识，报名参加学习。谁知国民政府认定该夜校为共产党地下组织。同年农历腊月廿九深夜，包括吴击楫在内的夜校全体师生被国民党当局拘押。他亦作五绝一首以记之："昨夜北风紧，今朝天地寒。山河尽改色，清白雪中看。"从信阳州、开封绥靖公署军法处看守所到徐州监狱，三年的监狱生活中，吴击楫不断以诗的形式抨击国民党当局，抒发内心感受。在此列举其中二首。其一："除夕身居缧绁中，凄凉默念故乡风。桃符换来未曾见，侧耳惟闻爆竹声。"其二："公理无存乱世秋，遭逢不白又何忧。怆怀北冀歌汴水，忍戴南冠作楚囚。"

　　抗日战争期间，1938年元宵节后，吴击楫赴湘就职，先后就任汽车团副团长、上校团长。他到越南河内接车时，身先士卒，抢夺昆仑关，并目睹长沙大火之惨状，即赋诗云："镇守长沙主将张，阵营自乱太荒唐。纵军放火城烧尽，怯敌闻风兵走光。误国动摇全战局,害民流徙遍湘江。可怜后果难追问,屈杀同僚怨恨长。"1942年,吴击楫继任远征军运动指挥部少将总指挥。后来,他赴缅甸抢运援助物资,强渡澜沧江,翻越腊勐山,功勋卓著,受到上级嘉奖,升任川陕线区中将司令。

抗日战争胜利后,因不满蒋介石独裁,坚决反对内战,吴击楫毅然解甲返乡,归隐故里。他在《内战》诗中云:"内战年年不间断,操戈同室太无端。争王称霸英雄梦,竭饷穷兵黎庶冤。北战南征难一统,朝秦暮楚启群奸。阋墙更有伤心事,卖国求荣仗外援。"其忧国忧民之心溢于言表。

中华人民共和国成立后,他热爱、拥护中国共产党,对人民政府寄予厚望,对祖国、对家乡尤爱独钟。虽风雨坎坷,劳改八年,但他心胸开朗,志向不移,尽显儒将风范。有其《寄怀》诗可鉴:"两纸家书对照看,叙情出入太相悬。弟云阿嫂浔阳去,女说伊娘邑里还。真像不明犹远虑,白头有愿祝平安。抛愁割恨于今日,一片痴心待月圆。"中共十一届三中全会后,吴击楫被选为都昌县政协委员,欣然挥毫写就七律《庆新生》二首。其一云:"白头此日庆新生,无限欢欣鼓舞情。感念党恩应效力,关怀国是愧无能。雄心欲偿苏秦愿,壮志难从乐毅行。热血填膺何所待,将看一统庆升平。"其二云:"且把新生庆白头,欢然情绪涌如潮。春风普及更气象,时雨频滋育后苗。社会乐园创万代,人间幸福颂全球。今朝好看风流事,及乐何叹吧二毛。"他积极参政议政,认真履行政协委员之职责,特别是主动撰写文史资料,为文史工作做出了很大贡献。

吴击楫于1989年2月病逝于汪墩老家,享年八十一岁。他少怀壮志,投笔从戎,爱国忧民,为人正直,深明大义,光明磊落,高风亮节,乃后人之楷模。他一生酷爱诗词,并以诗词代为人生旅途日记,创作颇丰,先后结为《忉怛集》《劫余集》和《野老随录》留于后世。

中共景德镇市委副书记罗迈生

邵继梅　周银生

罗迈生,生于1933年,祖籍江西都昌,幼时家境贫苦,十一岁到景德镇坯坊做学徒,出师后做瓷业成型剎合坯(即施釉工序)工人。

20世纪50年代初,罗迈生进入第四制瓷合作社,由于工作积极,对技术刻苦钻研,于1954年11月加入中国共产党。1958年7月,第四制瓷合作社被改为第十四瓷厂,同年9月,第十四瓷厂和第十一瓷厂合并为红星瓷厂。罗迈生任青年突击队队长,带领队员日夜奋战在成型车间。当时,成型生产的压坯工序使用了机器,而施釉却没有施釉机。他白天搞生产,晚上搞试验。20世纪60年代初,罗迈生首次改手工蘸釉、荡釉为半自动化管道的施釉机获得成功。他开始时搞单管输釉,成功后又搞双管输釉,最后完成了个别品种适用的三管输釉。此种施釉机既极大地提高了工作效率,又减轻了施釉工的劳动强度。20世纪60年代中期,罗迈生创制的双管施釉机不仅在本厂而且在许多大中型瓷厂得到了推广使用。

研制施釉机成功后,罗迈生又开始对难度更大的陶瓷成型技术进行革新。他和成型工人秦红生、木工彭欢祥、冯家金等一起,经过两年多时间的艰苦试验,创造了70型成型流水作业线(或称"自动成型机"),使磨坯、扫灰、补水、施釉、取釉(刮底釉)五道工序实现了连续自动操作。这一创造虽未得到推广使用,但对瓷业生产向连续化、自动化方向发展起到了推动、促进作用。

在十多年连续的技术革新中，罗迈生刻苦学习、日夜奋战，以致积劳成疾，六次住院，但他带病坚持革新，成为景德镇瓷业系统突出的先进代表。中共景德镇市委市政府号召全市人民学习罗迈生敢于革新技术的精神；1970年12月，中共江西省委授予罗迈生"优秀共产党员"光荣称号，并号召全省工人向他学习；1970年12月26日，中共江西省第三届委员会第一次全体会议通过了《关于开展向罗迈生同志学习的决定》；1971年4月5日，中共江西省委、省革委在八一礼堂召开罗迈生先进事迹报告会；1971年7月，江西新华出版社出版发行了《罗迈生》连环画；由于贡献突出，罗迈生同志还当选为中共江西省委委员；1971年6月，中共景德镇市第三次代表大会选举罗迈生同志为市委委员、常委、副书记；1972年6月，由于林彪事件，市委调整班子，罗迈生同志仍当选为市委副书记，为推动陶瓷系统和其他各行各业技术革新活动的开展做出了巨大的贡献。

1973年，罗迈生因病医治无效逝世，终年四十岁。

都昌、湖口两县县长詹日新

王显道

詹日新，生于1927年，都昌县和合乡庵前村人，幼年失怙，及入学，兄长为其负担费用。日新聪慧异常，每每过目成诵。从1935年起，他读了十三年私塾，而后再入公校学习教、理、化知识。为减轻兄长的经济负担，他自兼保学教职。

詹日新

1949年，都昌解放，政府乃招募知识青年以充实解放区的干部力量。5月，詹日新邀约三十余人报名。他们先参加解放军在九江举办的干部培训班，接受培训一个多月后便在九江县参加土地改革运动。1950年下半年，詹日新被派回都昌进行土改试点工作，因忠诚、积极而被提拔为南峰乡公安员。1953年3月，詹日新任北山区副区长，同年加入中国共产党。他一年后升任北山区区长，并于同年8月任区委书记。他于1955年当选为都昌县副县长，于1956年任县长、县委副书记。詹日新在都昌主政近十年时间，坚持真理，克己奉公，雷厉风行，勇于承担，深受干部、群众拥戴。1961年，因经济困难，中央要求精简人员。詹日新同志在县委常委会率先报名,将一家五口精简回乡,使全县精简工作顺利完成。

1962年,詹日新同志被划为"右倾保守分子"而遭受批判。1964年10月,他被革职降级,被调至九江行政专署任水利处机电排灌站站长,1966年12月又被下放至湖口县。1969年8月,詹日新被重新安排工作,任湖口轮渡码头基建指挥部副指挥。他于1972年任湖口县水电局局长,于1973年任九江地区水电局长江固岸指挥部副指挥兼办公室主任,又于1980年4月任中共湖口县委任副书记、湖口县人民政府县长。这期间,詹日新勤政爱国,廉洁奉公,尽心竭力,政绩卓著,言必信而行必果。1982年,他在年初的三级干部大会做报告,准备办六件大事;而他在1983年的三级干部会上做报告时,这六件大事已基本落实办成。县城东门扩街,困难重重,他亲自上门做动员说服工作;县城经南北港到东庄人民公社的公路修通后,他亲自督促检查;改造、修建湖口人民礼堂,他亲自参与设计,为每个人民公社设一间会议室,并设立服务设施;为普及农村用电,他力促农电网建设;他启动编修县志,一次拨款七万元,并亲自到县志办看望辛勤笔耕的编纂人员;他高瞻远瞩,做出安排,欲将行政机构搬迁至三里街,但由于当时一些保守观念的阻挠而未果。

詹日新生有三子二女,对子女教育要求甚严。1968年,当他还是"走资派"备受冲击时,他便对下放的大儿子詹二平说:"要好好学习,要相信党,要热爱祖国,做一个有用的人。"他还送给下放的儿子一本《中国共产党章程》。有一次,詹日新儿子带一个建筑承包商去景德镇买瓷器,詹日新担心商人贿赂儿子,当晚便令县政府办公室主任王柏华打电话给在景德镇东风瓷厂当厂长的侄子,让儿子立即返回湖口。1983年,詹日新的孩子在一个福建商人处买了一台走私彩色电视机,他非常气愤,责令家人将电视机退回原主,否则砸掉。

詹日新的廉洁奉公精神不仅影响了他身边的许多工作人员,也影响了他的众多亲属。他的爱人一直是临时工,直到国家的政策规定出来后才转正;他的亲属没有一个被违规调入党政机关和事业单位,至今大媳妇退休还是企业

编制。

  1984年"三八"妇女节时,湖口县妇联组织了一场篮球赛,詹日新同志在球赛中突发脑出血,经救治无效去世,终年五十七岁。他是湖口县第一位在县长职位上去世的领导人。

江西省基督教会常委万仞山

龚兴友　万荣生

万仞山,1919 年 7 月出生于都昌县鸣山乡万家湾村,曾任九江市、都昌县人民代表,都昌县政协委员,都昌县基督教三自爱国运动委员会主委,九江市政协常委,九江市三自爱国运动员会主委,江西省基督教会常委。1994 年 3 月,万仞山被江西省基督教协会按立为牧师。2001 年,万仞山在老家因病逝世,享年八十二岁。

万仞山牧师出身基督教家庭,1939 年毕业于南昌商业职业学校(现江西财经大学),曾在吉安银行部门任会计。1944 年至 1947 年秋,他在重庆神学院就读,毕业后被分配在南昌内地会传道。在受英帝国主义宗教势力控制的教会工作的万仞山目睹了国民党政府的腐败和战乱中满目疮痍的国家,愤然托病回到都昌老家。1950 年,万仞山积极响应上海基督教"三自"爱国运动,脱离了外国教会的控制,率先在江西倡导并组建了爱国宗教组织——中国基督教江西分会,并当选为副会长。1957 年,万仞山被错划为右派分子,回到都昌农村劳动,直至 1978 年才恢复公职。

万仞山恢复公职后,担任鸣山中学英语老师。在教书育人的工作岗位上,他以无比感恩的心兢兢业业、全身心投入教学第一线,用自己的外文专长回报社会。

万仞山不仅是一名出色的牧师,而且是一位博学多才的学者。万仞山早年长期与外国牧师一起工作,练就了一口流利的英语,能同声翻译,听说读写样样皆能。他在音乐方面也有很高的造诣,能唱能弹。万仞山先生还是一位不为人知的中医,曾在家乡救助过很多病人。另外,他还精通书法、哲学、古代汉语等。

万仞山先生最初的专业是会计,他的会计水平在全县首屈一指。曾有人说,都昌有三把半算盘,万仞山先生占一把。万仞山先生能双手同时分别打一把算盘,看得人眼花缭乱。

20世纪80年代,随着党的宗教政策的贯彻落实,都昌的基督教活动也逐渐恢复。退休在家的万仞山先生自然成了党和政府联系广大信教群众的桥梁。1989年,万仞山在都昌县委、县政府和有关部门的支持下组建了都昌县基督教"三自"爱国运动委员会,并当选为主席。长期以来,这样一个爱国宗教组织在办好教务、播种爱心的同时,还维护着都昌宗教界的团结和社会稳定,抑制异端邪说和境外敌对势力的宗教渗透。短短的几年时间里,都昌的基督教信徒就从几十人发展到一万多人,各乡镇都建立了自己的教堂。万仞山把全县的教务工作管理得井井有条,1994年9月当选为九江市政协常委,任九江市基督教两会主委兼都昌县基督教主委。

万仞山牧师晚年致力于教会工作和圣经研究,写出了大量的心得笔记。其研究文章主要在《天风》和重庆神学院《通信录》中发表,手稿现已被都昌县教会收藏。

万仞山牧师作为江西省九江地区基督教的领路人,不为名,不为利。外地的"传道人"找到万牧师说,如果万仞山牧师愿意跟随他们,他们保证他很快会成为国内外有名的大牧师,但万牧师不假思索地拒绝了。不但如此,这位倔强的老人还把自己每月的退休金以扶贫济困、爱心奉献的形式捐了出去。为此,1995年9月22日,《九江日报》以《风雨同舟爱国路》为题,对万仞山牧师的事迹进行了专题报道。万仞山牧师是江西省知名的爱国宗教人士,他所做的工作为都昌基督教的发展与稳定奠定了扎实的基础,他言行一致,是全县信教群众的好师长。他的嘉言善行永远留在都昌父老乡亲心中!

中共九江地委副书记周遇炳

周遇会

周遇炳同志于1929年11月23日出生在江西省都昌县大树乡龙门村裕梧周村的一个雇农家庭,1950年10月参加革命工作,1952年加入中国共产党。他1950年11月至1951年11月任都昌县汪墩区干事,1951年12月至1952年9月任汪墩区团委书记,1952年10月至1953年3月任中共都昌县委组织部组织员,1953年4月至1955年8月任中共都昌县汪墩区委书记,1955年9月至1958年10月任中共都昌县委农工部部长,1958年11月至1965年11月任中共都昌县委常委、县人民政府副县长,1965年12月至1968年3月任中共都昌县委副书记,1968年3月至1970年1月任都昌县革命委员会主任、党的核心小组组长,1971年2月至1973年1月任中共都昌县委书记,1971年5月至1973年10月任中共九江地委副书记,1973年10月至1974年10月任江西省吉安地区革委会副主任兼吉安地区水电局局长,1974年10月至1976年12月任中共吉安地委常委、吉安地区革委会副主任,1991年3月经组织批准退休。2001年5月25日,周遇炳同志因病在吉安逝世,享年七十二岁。

周遇炳同志曾在1957年荣获"模范干部"称号,并两次受到毛泽东主席接见。1971年5月至1975年,周遇炳是中共江西省第七届委员会候补委员。在周遇炳同志逝世后的生平事迹介绍会上,吉安市政府的负责同志说:"周遇炳同志的一生,是不断学习、不断完善自己、不断走向成功的一生;是鞠躬尽瘁、全心全意为人民服务的一生。他一生想的是人民的利益，为的是革命事业；他居功不傲，位显不骄，平易近人，严于律己，一身正气，作风正派，廉洁奉公，两袖清风。他把自己毕生的光和热毫无保留地、无私地奉献给了人民，不愧为我们尊敬的好领导。"

周遇炳同志生前曾在他写的《难忘的岁月》（刊在《鄱阳湖上都昌县》一书第241页）一文中写道："我是都昌县人民的儿子，出身农民，来自田野，是农村的水土养育了我，是党教育、培育我从一个雇农成长为党的地方领导干部。但是不管地位如何变迁，我心中始终保持着与土地、与人民的那份天然的亲切。"周遇炳同志幼时帮人家放过牛，打过长工。苦难的童年使他认识到要想翻身得解放只有跟定共产党。他总是头戴草帽，脚穿草鞋，踏遍了都昌的山山水水，跑遍了都昌三千多个自然村，白天在田头地角同农民一起扶犁踏耙，晚上入农户向农民嘘寒问暖。20世纪六七十年代的都昌，提起周遇炳的名字，几乎无人不晓。在水利工地，白天，他与农民一起打赤脚挖泥挑土；夜晚，他跟民工一样住工棚，睡地铺。在他任县委书记期间，每逢下乡检查农业生产，在路上发现狗屎牛粪时，他总是用双手将其捧到田里，弄得跟随他下乡的干部手足无措。《江西日报》曾在头版头条对这件事做过报道，"县委书记捧狗屎"成了当时的一大新闻。每当说起这件事，周遇炳同志总是说，庄稼一枝花，全靠肥当家，这么好的肥料浪费怪可惜的。就这样，周遇炳同志始终保持着农民本色。他认为，中国的农民是伟大的，有的是绿色情怀，做出的是金色奉献，是真正的英雄。

都昌，地处鄱阳湖北岸，北旱南涝，"大雨水横流，天旱水难求"。自古以来，都昌人民就在这样恶劣的环境中繁衍生息，受尽了洪妖旱魔的折磨。周遇炳同志是都昌当地土生土长的干部，非常了解都昌的实际情况。因此，他自参加工作起，就同兴修水利、建水库筑圩堤结下了不解之缘。他任农工部部长、副县长、县委书记期间，同县委政府一班人，带领全县人民大兴水利建设。他1957年开始负责北炎乡田民水库的建设工作。从规划设计到组织民工施工，他精心操办,事事亲自过问,生怕出现一点疏忽,生怕出一点纰漏,生怕一不小心会给国家财产和人民生命安全造成损失。因此,他处处身先士卒,同民工们同吃同住同劳动。那时的条件非常艰苦,大家吃的是萝卜和辣椒酱,睡的是稻草地铺。经过半年的奋战,一座筑土300余万立方米、库容达179万立方米的蓄水工程——田民水库胜利竣工,灌溉面积达22000余亩。接着,他1960年开始规划建设张岭水库。1965年11月,一座兼防洪、养鱼、发电的总库容为1270万立方米的张岭水库胜利竣工,昔日经常遭受严重旱灾的张岭、北炎、春桥、徐埠以及县良种场等的近4万余亩农田得以自流灌溉。1969年,大港水库建成。1970年元月,周遇炳又组织全县十万劳力上阵,打响了大港水库配套设施——百里渠道的建设大会战,使大港水库的水源源不断地流向盐田、鸣山、中馆、狮山、南丰、万户等的7万多亩良田。在初步解决山区干旱问题的同时,从1969年开始,周遇炳又组织全县人民开始向湖汉进军,陆续建起了长达5200多米的周溪圩堤、2800米长的三汊港东风圩堤,还有南丰的破絮圩堤、大树的大沩池圩堤、沙岭圩堤、和合圩堤,等等。1969年至1973年的五年间,经他亲手筹办的水利工程遍布全县20多个乡镇。大大小小的水库星罗棋布,达100余座,土方达4200万立方米,隧洞达10多里长,渡槽长约20公里,干支渠道300余条,总长达1000余公里,圩堤20多座。据专家测算,都昌水利建设的工程总土方量如果用来筑一条高宽各一米的小堤,这小堤可以绕地球一周。都昌县水利建设的巨大成就得到了省政府和中央有关部门的充分肯定和表扬,成为全省水利建设的一面先进红旗,成为江西省各县"远学大寨,近学都昌"的榜样。周遇炳同志也因此获得了"水利专家""南征北战勇士"等光荣称号。

在治水的同时,周遇炳同志还带领全县人民开始了以植树造林为中心的治山工程。当年都昌的状况是"山上秃顶岭上荒,到处一片精光光"。1971年,周遇炳组织专业人员驻扎武山,科学造林500多亩,建立了第一个国营红光林场,从而带动了全县的植树造林工程,徐埠、土塘、张岭、左里、苏山、春桥、三汊港等公社的林场如雨后春笋般建立起来。仅1971年,全县就完成造林9.7万亩。经过几年的艰苦奋斗,全县营造杉树林22万亩,既有效地防止了水土流失,又发展了林业生产。

随着都昌水利建设渐成规模,都昌的农业生产也得到了长足的发展,粮、棉获得了丰收。从1968年起,都昌每年向国家提供大量的粮、油、棉,扎扎实实地如数完成了国家下达的四大指标,成为当时粮、棉、鸡、猪上交国家的第一县。《人民日报》撰文《自来风不如改造风》对此予以了充分肯定。

在这些治山治水的工程中,周遇炳同志既是指挥员,又是战斗员;既是领导组织者,又是一个普通民工。他当官不像官,深受都昌人民的爱戴和尊敬。

1973年,周遇炳同志被调离都昌。之后,他仍不忘故里,心系都昌,那种思乡之情始终挥之不去。特别是退休以后,周遇炳经常带着妻子、孩子回家看看。每次回来后,周遇炳都要到各乡各村转转看看,看到家乡的变化,喜悦之情溢于言表;看到不如意的地方,就找到当地干部提出建议。周遇炳始终关注都昌的建设和发展,还经常帮助到吉安办事的都昌人排忧解难,给予温暖。20世纪八九十年代,不少都昌人修建房子急需木材。他们到吉安找他,他总是千方百计给予帮助,先后为都昌批计划木材几千立方米。特别是1998年都昌遭受了百年不遇的洪涝灾害,周遇炳整天坐卧不安,毅然从自己微薄的退休金中拿出2000元,并动员子女募集衣服100余件,专程赶到都昌,将钱物捐赠给家乡的受灾群众。

如今,周遇炳同志永远地离开了生他养他的都昌人民,但他的精神将永远留在都昌人民的心中。

梦满梅枝总迎春
——代后记

转眼又是一年花落尽,片片纷飞的叶子残骸落入泥土,化作一缕生命的暗香。寂然辗转的时光把我们带进了浅浅的冬天。在这寒冷的冬天,追梦的脚步并没有停留。其实我们是同路人,都是追梦者。我们有一个共同的梦:竭尽全力编写、出版好《文化都昌丛书》。为了心中的目标,我们一样地义无反顾,一样地燃烧激情。如今,《文化都昌丛书》的编辑、校对工作已近尾声,丛书即将付梓与广大读者见面。这让我们心头涌起一阵阵温暖,仿佛春风拂面,梦满梅枝。

其实,出版《文化都昌丛书》是我们酝酿已久的事了。都昌是江西十大文明古县之一,受赣文化和鄱湖文化的影响,文化底蕴十分厚重。早在2017年的全县文化普查工作中,全县各乡镇就花了大力气,凝聚全力挖掘、搜集了大量有价值的文化资料,积累的素材数以万计,为编写《文化都昌丛书》打下了坚实的基础。在这里,我们对在文化普查工作中付出辛勤劳动和给予大力支持、配合的各级领导以及参与文化普查的工作者表示衷心的感谢,你们是梦满梅枝的奉献者。

编写《文化都昌丛书》是个系统工程,县委、县政府领导非常重视和支持,各部门、各单位全力配合,编写人员则呕心沥血地采访、编写,还有方方面面的人员提供相关稿件和精美图片。我们在丛书中采用的大量精美的彩色图片,一部分是本县摄影爱好者提供的,尤其是朱彼得、黄勇、杨帆等同志提供了很多有价值的照片;县政协、县档案局、县旅游局、县文化馆、县党史办、县志办等单位也为本丛书提供了大量的书稿资料和图片底片。特别值得一提的是，都昌文化界老前辈董晋同志把自己编写的历代名人歌咏都昌的诗词无私奉献给了本丛书，我们深表谢意。还有很多热心人对丛书的出版给予了关心和帮助。江西高校出版社从总编辑到责任编辑则对丛书进行了精细的编审，勘误了不少难以细说的误漏和差错。在此，我们郑重地对各位说一声："谢谢了！"

为了表达谢意，我们唯有尽量将丛书做得完美、厚重。我们采纳了一些同志的正确建议，在文字的组织上，尽量做到内容翔实、生动、鲜活，使其具有传承的价值；在图片的选择上，尽量选用有视觉冲击力、构图新颖、富有动感、色彩鲜明的图片；在素材的选择上，尽力保证素材典型、真实、不虚幻；在丛书的结构上，尽力做到严谨、完美。整体而言，我们尽力使本丛书达到图文并茂、设计新颖、包装精美的要求，从而使其具有长久的传承价值。

编书的过程是孕育的过程，犹如十月怀胎，出书则像一朝分娩。梅花香自苦寒来，梦满梅枝总迎春。回顾《文化都昌丛书》面世的过程，我们永远不会忘记付出辛勤汗水的追梦人和鼎力相助的筑梦者。是你们用最美的语言书写生活的点滴，谱写出最美的音符，留下光阴故事里最寻常的足迹。

《文化都昌丛书》编辑委员会

二〇一九年一月八日